NOUVELLE BIBLIOTHÈQUE LITTÉRAIRE

JULES LEMAITRE

IMPRESSIONS
DE THÉATRE

SIXIÈME SÉRIE

EURIPIDE — TÉRENCE ET MOLIÈRE — IBSEN
SHAKESPEARE — SAUCET
MISTRAL — J.-J. ROUSSEAU ET LE THÉATRE — BALZAC
A. DUMAS — LABICHE — A. DUMAS fils
V. SARDOU — THÉATRE LIBRE
JEAN JULLIEN — PORTO-RICHE — LE CHAT NOIR
P. DESJARDINS — M. BOUCHOR

PARIS
SOCIÉTÉ FRANÇAISE D'IMPRIMERIE ET DE LIBRAIRIE
(ANCIENNE MAISON LECÈNE OUDIN ET Cⁱᵉ)
15, RUE DE CLUNY, 15

1898

Tous droits de traduction et de reproduction réservés.

IMPRESSIONS DE THÉATRE

SIXIÈME SÉRIE

DU MÊME AUTEUR

EN VENTE

Les Médaillons, poésies, 1 vol. in-12 br. (Lemerre). . **3** »
Petites Orientales, poésies, 1 vol. in-12 br. (Lemerre). **3** »
La Comédie après Molière et le Théâtre de Dancourt,
    1 vol. in-12 br. (Hachette et Cie). **3 50**
Les Contemporains : *Etudes et portraits littéraires.*
Six séries. Chaque série forme un vol. in-18 jésus, br. **3 50**
    Ouvrage couronné par l'Académie française
   Chaque volume se vend séparément (Lecène, Oudin et Cie).
Impressions de théâtre.
Dix séries. Chaque série forme un vol. in-18 jésus, br. **3 50**
   Chaque volume se vend séparément (Lecène, Oudin et Cie).
Corneille et la Poétique d'Aristote.
    Une brochure in-18 jésus (Lecène, Oudin et Cie). **1 50**
Sérénus, *Histoire d'un martyr*, 1 vol. in-12 br. (Lemerre). **3 50**
Myrrha, *vierge et martyre*, 1 vol. in-18 jésus, édition br.
   (Lecène, Oudin et Cie). **3 50**
Dix Contes, 1 superbe volume grand in-8° jésus, illustré par
   Luc-Olivier Merson, Georges Clairin, Lucas, Cornillier,
   Loévy, couverture artistique dessinée par Grasset, édition
   de grand luxe sur vélin, broché. . . . . . . **8** »
   Reliure percaline, plaque spéciale, tranches dorées (Lecène,
   Oudin et Cie). . . . . **12** »
Les Rois, roman (Calmann-Lévy). **3 50**
Révoltée, comédie en quatre actes (Calmann-Lévy). **2** »
Le député Leveau, comédie en quatre actes (Calmann-
   Lévy). . . . . **2** »
Mariage blanc, drame en trois actes (Calmann-Lévy). **2** »
Flipote, comédie en trois actes (Calmann-Lévy). . **2** »
Les Rois, drame en cinq actes (Calmann-Lévy). . **2** »
L'Age difficile, comédie en trois actes (Calmann-
   Lévy). . . . . **2** »
Le Pardon, comédie en trois actes (Calmann-Lévy). **2** »
La Bonne Hélène, comédie en deux actes, en vers
   (Calmann-Lévy). . . . . **2** »
L'Aînée, comédie en quatre actes, cinq tableaux (Cal-
   mann-Lévy. . . . . **2** »

IMPRESSIONS DE THÉATRE

EURIPIDE

ODÉON : *Alceste*, drame lyrique en cinq actes, en vers, d'après Euripide, par M. Alfred Gassier, musique de M. Alexandre Georges.

6 avril 1891.

Le représentation d'*Alceste*, à l'Odéon, m'a fait relire mes vieilles notes de collège sur le poète Euripide.

La vie et la mort d'Euripide furent pittoresques. Il naquit à Salamine, le jour même de l'immortelle bataille. Son père était un ancien banqueroutier, venu de Béotie à Athènes, et sa mère fut marchande de légumes. Avant d'être poète tragique, il fut athlète de son état, puis peintre, puis philosophe. Il fut le dramaturge le plus contesté de son temps. Il n'obtint que cinq fois le prix au concours des Dionysiaques ; c'est-à-dire que, sur quatre-vingt-douze pièces, il eut quatre-vingt-sept fours. Il se maria deux fois et fut horriblement trompé par ses deux femmes. Pour toutes ces raisons, il était d'humeur morose et bizarre. Il se donnait pour « misogyne », peut-être justement parce qu'il avait trop aimé les femmes... *En cliné dé philogunos*, dit un jour de lui Sophocle, dans une spirituelle repartie que je n'ose pas vous traduire. Sa fin fut atroce. Il s'était d'abord réfugié dans une grotte aux environs d'Athènes pour ne plus voir les hommes. Puis, il se retira près du roi de Macédoine Archélaüs, qui l'aimait beaucoup. Sa faveur souleva contre lui de telles haines, que les courtisans et les poètes macédoniens gagnèrent à prix d'or un des piqueurs du roi ; et un jour qu'Euripide se promenait dans la campagne, les chiens d'Archélaüs se jetèrent sur lui et le mirent en pièces.

Si peut-être il y a dans cette biographie pas mal de légende, cela nous est égal.

Euripide était un esprit curieux, aventureux, très hardi, très « avancé » pour son temps. Disciple d'Anaxagore et ami intime de Socrate, il fut initié à l'orphisme qui était, comme vous le savez, une religion épurée ou, pour mieux dire, une philosophie idéaliste, symbolisée par un émouvant appareil de rites secrets et de belles liturgies. Son théâtre est excessivement original ; il est tout plein, à la fois, de pédanterie, d'ironie et de larmes. Euripide a fait de la tragédie le genre le plus libre, le plus souple, le plus varié. Beaucoup moins « homme de métier » que Sophocle, ce n'est pas lui qui rendrait des points à M. d'Ennery. Sauf dans trois ou quatre de ses pièces, il néglige la composition, il fait exposer son sujet, directement et *ex professo*, par le commode personnage du « Prologue », et, quand le drame est noué, il le dénoue n'importe comment, souvent par l'intervention brusque d'un dieu. Mais, le premier, il a déchaîné sur la scène les passions de l'amour (*Hippolyte, Médée, Andromaque*); le premier, il a senti le charme du romanesque (*Hélène, Ion*). J'ose dire, enfin, qu'il a été le premier en date des humoristes. Il mêle à ses drames les plus sombres une raillerie subtile et, d'autres fois, une poésie charmante, un peu sensuelle, et qui s'attarde. On dirait que c'est pour lui qu'il écrit plus que pour le public. Ses tragédies sont, avant tout, des fêtes capricieuses qu'il donne à son esprit et à son imagination. Il n'y suit, le plus souvent, que sa fantaisie. De là, sans doute, le peu de succès qu'il obtint de son vivant.

Quand on songe que Racine croyait fermement faire tout au moins quelque chose d'*analogue* aux tragédies d'Euripide, on est effrayé de l'étrange pesée que l'éducation et la tradition exercent sur nos jugements, et l'on sent combien il est difficile de voir dans les œuvres du passé, — et je crois bien aussi dans celles du présent, — ce qui y est en effet. Ne s'est-il pas rencontré chez nous des grammairiens, amoureux de parallèles, pour assimiler les trois tragiques grecs aux trois tragiques français et pour retrouver Euripide dans Voltaire !

On ne sait de quel nom nommer *Alceste.* C'est quelque chose comme une tragi-comédie fantastique, où le poète tantôt s'amuse et s'égaye, tantôt disserte ou s'enchante lui-même de gracieuses images, et tantôt s'attendrit ; une féerie philosophique où la gaieté la plus âcre et la poésie la plus suave s'allient à l'observation la plus brutale et la moins arrangée de l'égoïsme humain. Le drame abonde en épisodes délicieux et en scènes si choquantes dans leur vérité, que le public d'aujourd'hui ne les supporterait, si on les lui mettait sous les yeux, qu'à la faveur de leur antiquité vénérable. Je dis : « ne les supporterait », car toutes ces scènes ont disparu de l'adaptation de M. Alfred Gassier. J'en conclus que le public d'Athènes (*Alceste* fut un des succès d'Euripide) était donc plus intelligent et d'esprit plus brave que le nôtre. Il était, semble-t-il, exempt de timidité, d'hypocrisie intellectuelle et de « scribisme ». Et à cause de cela — sans compter les autres raisons — le peuple athénien est la merveille unique des anciens âges, le diamant de l'histoire.

Euripide commence par esquiver ouvertement ce

que son sujet présentait de plus dangereux. On n'eût pas écouté sans peine la scène où le roi Admète, apprenant qu'il peut être sauvé si une autre personne se substitue à lui dans la mort, et tous les autres s'étant dérobés à cet honneur, accepte le sacrifice volontaire de sa femme Alceste. Ici, c'est Apollon qui nous raconte la chose en quelques mots : « Les Parques m'accordèrent qu'Admète échapperait à la mort s'il livrait aux Enfers une autre victime à sa place. Il éprouva successivement tous ses amis, et son père, et sa vieille mère ; et il ne trouva que sa femme qui voulût mourir pour lui et renoncer à la lumière. Elle est maintenant dans le palais, entre les bras des siens, expirante ; car c'est aujourd'hui qu'elle doit mourir. »

Là-dessus Apollon rencontre, à la porte du palais, la Mort qui attend sa proie. Je voudrais pouvoir ôter, de l'amusant dialogue qui s'engage entre eux, la raideur et la gaucherie que conserve toujours le mot-à-mot d'une traduction.

APOLLON : ... Voyons, est-ce que tu ne pourrais pas laisser vivre Alceste et prendre un vieux à sa place ?

LA MORT : Non, mon ami. Qu'est-ce que tu veux ? On a son petit amour-propre.

APOLLON : Mais puisque tu n'as droit, ici, qu'à un seul mort, qu'est-ce que ça peut bien te faire ?...

LA MORT : Plus le mort est jeune, et plus cela me fait d'honneur.

APOLLON : Ecoute, si Alceste meurt vieille, tu n'auras pas à t'en repentir ; on lui fera des funérailles d'autant plus belles.

LA MORT : Ah non ! Si je t'écoutais, les riches auraient trop de chance.

APOLLON : Comment ça, subtile raisonneuse ?

LA MORT : Dame ! ceux qui ont de quoi achèteraient le droit de mourir vieux.

APOLLON : Ainsi tu me refuses la grâce d'Alceste ?

LA MORT : Oui, mon ami. Je suis comme ça. Tel est mon caractère.

APOLLON : Un bien vilain caractère, et qui ne te fait aimer ni des homme ni des dieux.

Alors Apollon, très peu soucieux de tenir notre curiosité en éveil, annonce à la Mort qu'elle aura beau faire, Hercule lui enlèvera sa proie. Le dénouement nous est donc révélé dès la première scène. C'est presque toujours ainsi dans le théâtre grec. Apparemment, le peuple d'Athènes eût été peu sensible aux suspensions palpitantes de nos romans-feuilletons, et « la suite au prochain numéro » l'eût laissé froid. Ce qui l'intéressait le plus dans un drame, ce n'était point de savoir ce qui arrivera, mais *comment* les choses arriveront. Je vous dis que ce fut un peuple extraordinaire.

Entre le chœur, composé de vieillards qui se demandent entre eux si l'on a des nouvelles de la reine. Une servante vient les renseigner. Elle raconte

qu'Alceste s'est baignée et parée pour la mort, et
qu'elle a prié à tous les autels qui sont dans le palais, et qu'elle en a renouvelé les fleurs. Et voici qui
est d'une belle et franche et naïve vérité, et qui,
sans doute, choquerait nos dames et suggérerait des
réflexions gaillardes aux vieux messieurs de nos
orchestres :

« ... Quand elle est entrée dans sa chambre et
qu'elle a vu son lit, elle s'est mise à pleurer et elle
a dit : « O lit! où ma ceinture a été dénouée par
« l'homme pour qui je meurs, adieu! Je ne te hais
« point. Tu m'es funeste pourtant : car, si je meurs,
« c'est pour ne pas te trahir, toi et mon époux. Sans
« doute, une autre femme te possédera, plus heu-
« reuse peut-être, mais non plus fidèle. » Elle tombe
alors sur le lit qu'elle baise et qu'elle arrose de
larmes. Quand elle a soulagé sa douleur à force
de pleurer, elle s'arrache de sa couche et se retire le
front baissé. Mais à peine sortie de la chambre, elle
revient sur ses pas et se jette de nouveau sur le lit,
et s'y jette encore... »

Nous aimons, dans sa hardiesse, ce mouvement
si naturel, et nous aimons les pleurs où se noie l'héroïsme d'Alceste. Ce qu'elle fait est admirable. Ce ne
serait presque rien de se sacrifier pour son mari sans
qu'il le sût et sans qu'il y consentît. Mais lui donner
sa vie en sachant qu'il accepte le sacrifice, et entrer
dans ses raisons, et continuer à l'aimer, et même
l'aimer davantage à cause de cela, par une sorte de

perrichonisme sublimisé : c'est cela qui est méritoire et vraiment magnifique. Et nous savons gré à Alceste de ne pas nous cacher ce que cela lui coûte.

La voici venir mourante, et soutenue par son mari. La scène est d'une tendresse délicieuse. Mais l'héroïsme de la victime reste tout humain ; elle-même en donne des raisons égoïstes : «... Je n'ai pas voulu vivre séparée de toi avec mes enfants orphelins ; et je me suis sacrifiée, bien que parée de ces dons de la jeunesse qui faisaient ma joie. » Elle fait promettre à Admète de ne point donner de marâtre à ses enfants. Et elle se lamente ; elle songe qu'elle ne verra point sa fille mariée, qu'elle ne sera point là pour l'aider dans ses premières couches « où la présence d'une mère est si utile ».

Bref, l'héroïsme d'Alceste n'est nullement discret. Racine, dit-on, voulait écrire une *Alceste*. Rappelez-vous ce qu'il a fait de l'exubérante Iphigénie d'Euripide, et vous concevrez aisément ce qu'il eût pu faire de l'épouse d'Admète. Il lui eût prêté toutes les délicatesses et toutes les pudeurs morales, et d'adorables silences. Mais, au contraire, une des habitudes et, je crois, un des partis pris d'Euripide, c'est de faire dire à ses personnages, même sympathiques, tout ce qu'ils sentent en effet, et non point seulemen ce qu'il convient qu'ils disent et ce qui peut donner bonne opinion d'eux. Il nous ouvre entièrement leur cœur ; il les fait parfois parler *comme s'ils étaient sans témoins*. En somme, c'est déjà un peu le procédé des jeunes auteurs du Théâtre-Libre, en quête de « mots de nature ». C'est à cause de cela qu'Euripide nous heurte si souvent. Il est même beaucoup plus brutal que le vieil Eschyle. Il est d'une sincérité terrible ; rien ne l'étonne ni ne l'arrête.

La douce Alceste dit à son mari avec une entière franchise : « Montre aujourd'hui que tu m'es reconnaissant. La grâce que je te demande n'est point égale à ce que je fais pour toi... » Et plus loin : « Tu peux te vanter, mon cher seigneur, d'avoir eu la meilleure des femmes, et vous, mes enfants, d'être nés de la meilleure des mères. »

Et Admète ? Il pleure, il embrasse sa femme, il lui jure qu'il sera éternellement malheureux sans elle, il lui crie : « Je meurs si tu meurs ! » On est tenté de lui dire : « Eh ! mais, tu sais bien que, si elle meurt, c'est ta faute. » On aurait tort. Il est également vrai qu'Admète n'a pas le courage de mourir et qu'il est désespéré de voir mourir Alceste. Il a accepté son sacrifice parce qu'en effet il se préfère à elle, et aussi parce que la vie du chef de la famille et de la cité est de plus de conséquence que la vie d'une femme. Mais, si la douleur de perdre sa compagne lui a paru moindre que l'ennui de mourir en personne, elle n'en est pas moins réelle et profonde pour cela. Car tel est notre cœur. Cette douleur d'Admète s'emporte à d'étranges excès de langage. Il ne pardonne pas à son père ni à sa mère de ne s'être point sacrifiés pour lui ; il déclare les haïr, et Alceste semble trouver qu'il a raison. Et lorsque, la jeune femme expirée, le vieux Phérès se présente aux funérailles, apportant des couronnes : « Remporte ça, et vite ! lui dit son fils. Qui est-ce qui t'a invité ?... Vieux comme tu es, qu'est-ce que ça te coûtait de mourir à ma place ?... Non, non, tu n'es pas mon père, et ma mère n'est pas ma mère ! » Il continue longtemps sur ce ton. Et le père réplique avec une égale violence : «... En quoi donc t'ai-je fait tort ? Qu'est-ce que je t'ai pris ? Est-ce que moi je t'ai jamais demandé de mourir pour moi !... Eh quoi ! tu te débattais sans vergogne contre la mort, tu as prolongé tes jours en sacrifiant ta femme, et c'est toi qui viens m'accuser de lâcheté ! lâche pour les beaux yeux de qui une femme est morte !... Tu as vraiment trouvé un moyen bien ingénieux de ne jamais mourir : c'est de persuader à ta femme, quelle qu'elle soit, de mourir à ta place !.. » La querelle s'échauffe, de plus en plus odieuse et brutale ; et Admète finit par mettre son père à la porte. Et jamais, je crois, on n'a plus cruellement exprimé l'affolement égoïste où la terreur de la mort peut jeter les malheureux mortels, et qu'il n'y a plus alors ni convenances, ni affections naturelles, ni bons sentiments qui tiennent, et comme cette terreur déchaîne éperdument en nous la bête qui veut vivre. Oui, sans doute, la scène est atroce. Admète et Phérès y disent tout ce qu'ils ne devraient pas dire, et ce que d'« honnêtes gens » comme eux ne diraient pas dans la réalité. Mais, ce qu'ils disent, dans la réalité ils le pensent. Et, je le répète, ce qu'Euripide a coutume de noter, ce ne sont point seulement les propos qui peuvent tomber vraisemblablement des lèvres des hommes : c'est encore, et c'est surtout, les mouvements secrets de leur conscience ; ce qu'il transcrit, *c'est leur involontaire parole intérieure.* Réfléchissez-y un moment. Vous ne parleriez certainement pas comme Admète ni Phérès ; mais je jure que vous sentiriez comme eux. Tous ces sentiments cachés, fils non encore redressés de l'instinct, qui s'agitent au plus profond de nous, que nous taisons soigneusement et que nous ne nous avouons pas toujours à nous-mêmes, Euripide les saisit et les tire à la lumière. Et j'imagine qu'il prend à cette sorte de dénonciation de nos cœurs un plaisir de vive ironie, non pas toujours âpre pourtant, mais plutôt attendrie d'indulgence, et tempérée par ce sentiment qu'il faut accepter la vie tout entière, avec ses conditions inéluctables, dont une des premières est l'instinct de conservation et l'égoïsme de tout être vivant.

Là est la marque d'Euripide, et je crois que, si vous partez de cette réflexion, beaucoup moins de choses vous offenseront dans son singulier théâtre.

Je ne puis que résumer très brièvement la fin du

drame. Hercule se présente et demande l'hospitalité. Admète, qui est, tout compte fait, un homme fort bien élevé, dissimule la mort de sa femme pour ne point éloigner l'étranger de son toit. Il lui fait servir un festin magnifique dans une salle reculée du palais. Hercule s'empiffre et s'enivre, et s'abandonne à des propos bruyants de membre du Caveau : « Aimons ! buvons ! la vie est courte... » Au fait, la philosophie du Caveau n'est que l'antique épicurisme dégénéré et épaissi. Le divin goinfre scandalise si fort les serviteurs, qu'un deux laisse échapper le secret d'Admète. Sur quoi, l'ivrogne redevient demi-dieu, et même galant homme. Il jure qu'il arrachera à la Mort la femme de son hôte, et il le fait comme il l'a dit. Il ramène au palais Alceste voilée ; il la donne pour une esclave qu'il a gagnée dans les jeux et dont il veut faire présent à Admète. Le roi repousse la belle esclave : jamais une autre femme qu'Alceste n'entrera dans son lit. Car, — et ceci est très bien vu, — depuis qu'Alceste est morte, Admète ne se console plus de l'avoir laissée mourir ; il ne tient réellement plus à la vie et trouve que, en somme, il a fait un très mauvais marché. Mais Hercule insiste : « Au moins, tends la main à cette étrangère et soulève son voile. » Admète obéit, reconnaît Alceste. La jeune femme revenue des Enfers reste silencieuse : elle ne parlera qu'après s'être purifiée de son contact avec les dieux infernaux. Et la scène est d'une grâce infinie et rappelle, avec plus de solennité et de grandeur, celle où Claudio met la bague au doigt de Héro masquée, dans *Beaucoup de bruit pour rien*.

M. Alfred Gassier a allégé le drame d'Euripide de presque tout ce qu'il contenait de situations trop dures, de sentiments trop crus, ou de gaietés trop débridées. Dans son adaptation, notamment, Alceste se sacrifie *à l'insu* d'Admète et meurt *malgré lui* ; et la scène féroce du père et du fils est réduite à quelques vers à peu près inoffensifs. Bref, M. Gassier a rapproché *Alceste*, autant qu'il a pu, du type de notre tragédie classique. Ses vers ne manquent ni d'énergie, ni de couleur ; mais ils manquent parfois de propriété dans les termes et très souvent d'harmonie.

TÉRENCE ET MOLIÈRE

Comédie française : *Phormion* et *Les Fourberies de Scapin*.

20 avril 1891.

Je ne dis pas que le comique des *Fourberies de Scapin* soit d'une qualité très fine. Il faut sans doute, pour s'y plaire entièrement, ou bien un esprit très ingénu, ou bien, au contraire, un peu de curiosité érudite. Mais *les Fourberies* ont un mérite singulier. Elles donnent, aux personnes qui n'ont pas eu le loisir de lire Plaute et Térence, une idée, assez exacte en somme, de ce que fut, il y a vingt-deux siècles, la comédie romaine. Elles nous en traduisent tout l'essentiel; elles en rendent, avec une légère transposition de mœurs, le mouvement, le tour et la couleur générale. Et elles y mêlent ce qu'eurent de meilleur et de plus irrésistible les tréteaux de Tabarin. *Les Fourberies* sont donc un excellent résumé de bouffonneries moitié anciennes, moitié italiennes ou gauloises; le type même de la farce, une œuvre éminemment synthétique et tout à fait vénérable.

Si l'on met à part deux ou trois pièces, où certains passages annoncent déjà la comédie bourgeoise, cette *comœdia togata* où excella, dit-on, Cécilius, et dont nous ne possédons aucun exemplaire, — rien de plus simple que ce qui nous reste de la comédie latine. La fable, c'est généralement l'histoire de deux jeunes gens amoureux de deux jeunes esclaves étrangères (car tout ici va par deux) et qui, par la ruse de leurs valets, triomphent de la résistance de leurs pères, lesquels reconnaissent à la fin, dans les deux jeunes captives, des filles qu'ils ont eues jadis de quelque liaison secrète ou de quelque rencontre oubliée. — Les personnages se ramènent à une demi-douzaine de types : pères sévères ou indulgents, avares ou généreux ; esclaves bavards et rusés ; parasites gloutons ; soldats vantards ; marchands de femmes insolents et astucieux ; matrones grondeuses ; jeunes gens tendres ou gais ; jeunes filles timides ou enjouées. — La composition est irrégulière et capricieuse : beaucoup d'épisodes burlesques et qui ne sont que des parades de foire ; les esclaves s'injurient ou courent pendant cinq minutes l'un après l'autre, afin d'amuser le populaire. Chaque stratagème, avant d'être exécuté, nous est d'abord annoncé et expliqué longuement. L'action est presque toute de rue et de place publique. Ce que le sujet comporterait de scènes domestiques et de descriptions de sentiments intimes n'est qu'à peine indiqué, et encore assez rarement. Récits faits aux esclaves par les fils de famille; délibérations et plaisanteries des esclaves ; récits mensongers que ceux-ci font aux pères pour leur extorquer de l'argent ; enfin, reconnaissances : telles sont les principales parties d'une comédie latine. Les esclaves, les parasites farceurs et les marchands de femmes (*lenones*) y jouent le premier rôle.

Ce sont là les commencements d'un art auquel nous devons *Tartufe*, *le Mariage de Figaro*, *le Gendre de Monsieur Poirier*, *l'Ami des femmes* et *Froufrou*.

Ne vous étonnez point. La comédie latine n'a pu être que ce qu'elle était. Cette lutte des enfants amoureux contre les pères qui ne veulent point consentir à leur mariage, c'est le sujet comique par excellence. C'est encore, à ne considérer que l'action, le sujet des trois quarts des comédies de Molière, des neuf dixièmes des comédies du siècle dernier, et de la moitié des comédies de notre temps. Cet éternel sujet-là peut admettre en effet, dans ses développements, et par la peinture des personnages divers qui peuvent s'y trouver mêlés, presque toute la comédie humaine. La lutte des enfants et des parents, c'est la comédie de la famille, et c'est déjà, par suite, celle de la société. La comédie de l'argent y est en germe, et il suffit d'y joindre le drame de l'adultère (ce qui s'est fait il y a une soixantaine d'années, quand on a commencé à prendre au sérieux le « cocuaige ») pour avoir à peu près tout le théâtre contemporain.

Ne croyez pas non plus que ces enlèvements, ces naufrages, ces disparitions et ces reconnaissances, sans lesquels il n'y a point de comédie romaine, soient des machines de pure convention. Ces événements n'étaient point alors de si rares exceptions. La vie humaine était autrement variée, ballottée et sujette aux aventures dans le monde antique qu'elle ne l'est aujourd'hui. Que dis-je ? Les comiques latins eux-mêmes avaient eu des existences toutes pleines de ces hasards. Cécilius, le plus grand de tous de l'aveu de Cicéron et de César, Cécilius était un ancien esclave *gaulois* (et je m'en réjouis), venu à Rome on ne sait comment. Plaute, comme vous savez, fut esclave et tourna la meule. Térence était un esclave né à Carthage, d'un sang probablement très mêlé, et vendu aux Scipions entre la seconde et troisième guerre punique. Il mourut dans un naufrage. — Tous ces poètes comiques étaient de pauvres diables roulés d'un bout du monde à l'autre, aventuriers par goût et par force, de destin très cahoté, et qui ignoraient totalement la sécurité de nos vies bourgeoises. Le « romanesque » de leurs pièces devait leur paraître simple comme bonjour.

La composition et la forme des comédies latines s'expliquent encore plus aisément. Je vous rappelle qu'une représentation à Rome, au temps des Scipions, n'avait pas grand'chose de commun avec une représentation du Vaudeville ou des Variétés.

Les Romains avaient le théâtre trois fois par an, régulièrement (*ludi scenici*) ; il faut ajouter à cela les spectacles offerts à l'occasion de l'entrée en charge (*ludi honorarii*) ou des funérailles des très hauts fonctionnaires (*ludi funebres*). En tout, de dix à quinze représentations chaque année. Le poète qui fournissait la pièce recevait en moyenne cinq ou six cents francs (2,500 ou 3,000 sesterces), et il était tenu de réussir. Si la pièce tombait, l'auteur rendait l'argent à l'édile. Certains textes semblent du moins l'indiquer. Or, c'est à une foule de plusieurs milliers de têtes, assemblées dans un énorme théâtre, à ciel ouvert, ou abrité de toiles, que l'auteur devait plaire. Il n'était vraiment pas libre de raffiner beaucoup. Imaginez quelque chose comme une représentation dramatique gratuite à l'Hippodrome, un jour de fête nationale. Voyez-vous l'effet que produirait là une pièce de Marivaux, ou quelque drame de la vie intime ? Les comiques latins se préoccupaient donc, avant tout, de deux choses : premièrement, d'être compris et, secondement, de n'être pas ennuyeux. Pour être clairs, ils annonçaient et expliquaient, dans un dialogue préalable, chacune des grandes scènes de leur pièce ; et, pour être amusants, ils multipliaient les grosses plaisanteries.

Dans ces conditions, il est merveilleux que les

comédies de Térence soient ce que nous les voyons, et que le *Phormion* en particulier (c'est du *Phormion* que sont imitées *les Fourberies de Scapin*) contienne, au premier acte, un récit si élégant et si tendre et, au dénouement, une esquisse si jolie et si juste de scène domestique.

Sur le génie de Térence, sur le caractère original de son théâtre, je ne puis mieux faire que de vous citer ces vers délicieux d'Anatole France, qui pourraient être d'André Chénier :

> Térence, le premier entre ceux d'Italie,
> Mit la sainte pudeur sur le front de Thalie.
> La déesse, par lui, d'un doigt chaste assembla
> Sus ses beaux brodequins les plis de la stola.
> Il fit sortir du masque à la vive peinture
> Une voix qui savait exprimer la nature,
> Et retrouva, pour plaire aux délicats esprits,
> Le pur cristal du sel que Ménandre avait pris,
> Entre les goémons d'une grotte sacrée,
> Dans cette mer d'azur où naquit Cytérée.
> Mais il lui souvenait de ses anciens malheurs ;
> Il fut mélancolique et sourit dans les pleurs.
> Il excellait à dire, en paroles plaintives,
> Les amis séparés et les vierges captives.
> Au théâtre, par lui, prenant un autre cœur,
> Le dur Campanien et l'Etrusque moqueur
> Donnèrent des soupirs et des larmes légères
> Aux jeunes Grecs amants des belles étrangères.

Oui, pour cette populace bruyante qui se battait et mangeait de l'ail pendant la représentation, sur cette scène démesurée, par l'embouchure de cuivre de ces masques immobiles dont s'affublaient les acteurs, Térence a su, je ne sais comment, exprimer parfois les sentiments les plus délicats et dire les plus charmantes et les plus mélancoliques paroles d'amour. Ces paroles sont peut-être plus nombreuses dans d'autres comédies de Térence que dans le *Phormion*; mais, dans le *Phormion* même, quelle aimable scène ! Et c'est un esclave qui la conte ! L'esclave Géta a été chargé de veiller sur le jeune Phœdria et sur le jeune Antiphon, en l'absence de leurs deux pères. Les deux jeunes gens n'ont rien eu de plus pressé que de chercher de petites amies. Phœdria a trouvé tout de suite une jolie petite chanteuse. « La première fois qu'il l'a rencontrée, c'était chez un pâtissier, en face du Conservatoire. » Je vous assure que c'est presque cela. Phœdria la suit quand elle va à sa leçon ; il l'attend chez un barbier, en face de l'école de musique, et son ami Antiphon et le bon esclave Géta lui tiennent compagnie.

« Un jour, raconte Géta, que nous étions à notre
« poste, arrive un voisin tout en larmes. Nous lui
« demandons ce qu'il a. « Ce que j'ai ? nous dit-il. J'ai
« que je viens de voir ici près une malheureuse
« jeune fille pleurer sa mère, qui est morte. Elle
« était assise auprès du corps ; et pas un ami, ni une
« connaissance, ni un parent, personne d'autre
« qu'une vieille bonne pour l'assister et pour s'occu-
« per avec elle des funérailles. J'ai été saisi de pi-

« tié. Et, vous savez ? elle est charmante, cette fille. »
« Bref, il nous attendrit tous. « Si nous allions
« voir ? » s'écrie Antiphon. « Soit ! » dit un autre.
« Allons ! conduis-nous, veux-tu ? » Nous partons,
« nous arrivons, nous la voyons. Une belle fille, en
« effet, et d'autant plus belle qu'elle ne faisait rien
« pour le paraître : les cheveux dépeignés, les pieds
« nus, toute sa personne en désordre, les yeux noyés
« de larmes, des vêtements misérables. Tout cela
« eût effacé sa grâce, si sa grâce n'eût été plus forte
« que tout. Phœdria, n'ayant que sa chanteuse en
« tête, se contentait de dire : « Elle n'est pas mal. »
« Mais l'autre, Antiphon, était pris, bien pris. Le
« lendemain, il va droit chez la vieille ; il la supplie,
« il veut la fille. Elle refuse : la fille est honnête,
« et née d'honnêtes gens : s'il veut l'épouser, c'est
« bon ; sinon, rien. Voilà Antiphon bien embarrassé.
« Epouser ? Il ne demande pas mieux ; mais jamais
« son père n'y consentira, car la fille n'a pas le
« sou... »

Bref, Antiphon, en l'absence de son père Démiphon, a épousé Phanium, la belle pleureuse. Et il se trouve à la fin avoir épousé sa cousine germaine, attendu que son oncle, le bonhomme Chrémès, gros marchand d'Athènes, avait un faux ménage à Lemnos et que Phanium est sa fille. Quand Mme Chrémès apprend la chose, elle jette les hauts cris : « Quelle indignité ! Quelle infamie !... Voilà donc la cause de tous ces voyages, de ces interminables séjours à

Lemnos ! Le voilà, ce bas prix des denrées qui diminuait nos revenus ! » En vain Démiphon intervient : « Voyons, puisqu'on te dit que la mère est morte ! Tu n'as plus rien à craindre d'elle. Montre-toi indulgente, comme tu l'as déjà été tant de fois. — Indulgente ? s'écrie Mme Chrémès. Oui, si seulement je pouvais en être quitte pour cette dernière folie ! Mais il était déjà vieux quand il a fait cette bêtise-là. Ou bien, crois-tu, Démiphon, que ma vieille figure aura maintenant plus de charmes pour lui ? Qu'as-tu à me dire pour me convaincre, pour me faire espérer qu'il ne recommencera plus ?... Et tu sais ce que j'ai toujours été pour lui, et si je mérite d'être ainsi traitée ! etc... »

Mais, si fort en colère que soit Mme Chrémès, elle s'apaise cependant, et cela par une raison à la fois imprévue et bien naturelle, et comme qui dirait par un sentiment de maternité gauloise. La forte somme extorquée au vieux Démiphon, sous prétexte de défaire le mariage d'Antiphon et de Phanium, Mme Chrémès apprend tout d'un coup que c'est son propre fils Phœdria qui en a profité, et que, avec cet argent-là, il a arraché sa petite bonne amie des griffes du « marchand de femmes ». Elle trouve cela très drôle, en bonne Athénienne qu'elle est ; elle est fière, au fond, d'avoir un fils si précoce et si avisé ; et comme Chrémès s'indigne : « Eh quoi ! lui dit cette excellente mère, tu trouves mauvais que ton fils, à son âge, ait une maîtresse, quand, toi, tu as deux femmes? N'as-tu pas de honte? De quel front oserais-tu le gronder ? » Et elle a cette admirable idée : « Voici mon dernier mot : N'attends pas que je te pardonne avant que j'aie vu mon fils ; je le fais juge de tout. Quoi qu'il décide, j'y souscris. Cela t'arrange-t-il ? — Moi ? répond Chrémès. Oui, certes, je m'en tire à meilleur compte que je n'espérais. »

Ainsi, c'est l'attendrissement de la mère sur les jeunes frasques du fils qui la rend indulgente aux vieilles farces du mari. La scène est savoureuse, d'une vérité plaisante et hardie, et elle nous apprend par surcroît que, du temps de Ménandre, à qui le *Phormion* est emprunté, il y eut à Athènes de bien joyeuses commères et que le lien du mariage, ô Xénophon ! y était déjà passablement relâché.

Cette scène, Molière ne l'a point conservée dans *les Fourberies de Scapin*, et je le regrette un peu. En revanche, il a très agréablement traduit le récit du premier acte, je veux dire traduit à sa façon, en y ajoutant des détails d'un goût assez réaliste : «... Elle n'avait pour habillement qu'une méchante petite jupe avec des brassières de nuit qui étaient de simple futaine, et sa coiffure était une cornette jaune, retroussée en haut de la tête, qui laissait tomber en désordre ses cheveux sur ses épaules » ; et aussi en égayant son original de quelques traits d'un esprit non cherché : « Ses larmes n'étaient point de ces larmes désagréables qui défigurent un visage ; elle avait à pleurer une grâce touchante, et sa douleur était la plus belle du monde. »

Pour le reste, Molière a suivi à peu près la marche du *Phormion*. Il a gardé la belle orpheline pauvre et l'a appelée Hyacinthe. Il a remplacé la petite chanteuse par l'Egyptienne Zerbinette et substitué au marchand de femmes un frère capitan qui, du reste, ne paraît point dans la comédie. Il a pris à Térence la scène de Scapin et d'Argante. Il a pris à Cyrano de Bergerac la scène de Scapin et de Géronte et le : « Qu'allait-il faire dans cette galère » ? et la scène où Zerbinette, avec des éclats de rire, raconte à Géronte lui-même la plaisanterie dont Géronte a été victime. Il a pris à Tabarin la scène du sac. Il a pris à Rotrou le dialogue qui ouvre les *Fourberies*. Et j'oublie d'autres menus emprunts.

Vous vous demandez, après cela, ce que Molière a bien pu apporter de son cru. Rien, si ce n'est son lucide génie. Comparez sa prose aux divers textes dont il s'inspire, et vous verrez que, tout ce qu'il a pris aux autres, il l'a fait plus clair, plus simple, plus rapide, plus vivant. Il l'a animé d'une verve qui, par endroits, devient lyrique, comme dans les couplets de Scapin sur l'enfer de la procédure. — Il est évident, d'autre part, que Molière a déjà écrit les *Fourberies* dans le même sentiment de curiosité amusée que Théodore de Banville a rimé *le Beau Léandre*, et Jean Richepin *Monsieur Scapin*. — Les « reconnaissances » du dénouement sont menées avec un sans-façon et une rapidité bien plaisantes. « Que vois-je ? dit Géronte. Te voilà, nourrice ? Où est ma fille et sa mère ? — Ah ! dit la nourrice, votre fille n'est pas loin d'ici. Mais avant que de vous la faire voir, il faut que je vous demande pardon de l'avoir mariée. — Ma fille mariée ! — Oui, Monsieur. — Et avec qui ? — Avec un jeune homme nommé Octave, fils d'un certain seigneur Argante. — O Ciel ! dit Géronte. — Quelle rencontre ! » dit Argante. Et, un moment après, Léandre expliquant que Hyacinthe est de bonne famille, qu'elle a été enlevée à l'âge de quatre ans, et qu'elle porte un bracelet qui pourra aider à la reconnaître : « Hélas ! dit Argante, à voir ce bracelet, c'est ma fille que je perdis à l'âge que vous dites. — Votre fille ? dit Géronte. — O Ciel ! dit Hyacinthe, que d'aventures extraordinaires ! » Et c'est tout. Banville devait goûter ce dénouement simple et vertigineux, lui qui a écrit ce vers synthétique, merveilleusement évocateur, et où apparaissent, comme dans un éclair, Plaute, Térence, la comédie italienne, tous les naufrages et toutes les histoires de pirates des romans grecs, et la moitié des dénouements de Molière lui-même :

Messine est une ville étrange et surannée.

Et Scapin ? Eh bien ! nous l'aimons encore, quoique suranné lui aussi. Nous l'aimons pour tout ce qu'il nous rappelle : parce qu'il est le petit-fils des

Daves romains, et des Trivelins d'Italie, et de maître Renard le Gaulois, et qu'il est le grand-père de Figaro ; parce qu'il est le premier personnage comique, et le plus considérable, qui soit sorti de l'imagination populaire à l'origine du théâtre ; parce qu'il représente quelque chose de très clair, de très bon en somme, et d'éternellement cher à la foule : la gaie revanche du faible contre le fort. Et toutes ces idées bienveillantes et joyeuses qu'il éveille en nous, nous les voyons habillées d'un costume qui ressuscite en même temps à nos yeux tout le lointain pays bleu, le pays des aventures et des songes pittoresques, le paradis traditionnel de l'imagination latine...

Messine est une ville étrange et surannée...

IBSEN

Théatre-libre : *Le Canard sauvage,* drame en cinq actes, de Henrik Ibsen.

Du 11 mai 1891.

Je ne prétends pas que *le Canard sauvage* (1) soit aussi limpide qu'un vaudeville de MM. Blum et Toché, ni que la pièce d'Ibsen n'exige pas, au moins, un petit effort d'esprit pour être comprise. Mais il me semble vraiment que la plupart des critiques l'ont jugée beaucoup plus énigmatique qu'elle n'est en effet. Pour peu qu'on se rappelle le reste du théâtre d'Ibsen, ou pourvu seulement qu'on ait lu *les Revenants, Maison de poupée* et *Rosmersholm,* l'idée du *Canard sauvage* apparaît, au bout d'assez peu de temps, avec une netteté lumineuse.

(1) Sur le théâtre d'Ibsen on lira avec profit le volume très intéressant que vient de publier M. Ehrhard, professeur à la Faculté des Lettres de Clermont-Ferrand, sous ce titre : *Henrik Ibsen et le théâtre contemporain,* 1 vol. in-18 jésus (Lecène, Oudin et Cⁱᵉ, éditeurs).

Car *le Canard sauvage* est tout simplement une moquerie éclatante, une dérision passionnée et amère des autres pièces du grand poète norvégien.

Ce qu'Ibsen prêche ailleurs, c'est l'amour de la vérité et la haine du mensonge, ce sont les droits de la conscience individuelle contre les lois écrites et de la grande morale humaine contre le pharisaïsme bourgeois ; c'est le rachat et la purification par la souffrance ; c'est, dans nos relations avec autrui, la miséricorde indépendante, le pardon de certaines fautes que le pharisaïsme, lui, ne pardonne pas ; c'est, dans le mariage, l'union parfaite des âmes, union qui ne saurait reposer que sur l'absolue sincérité des époux et sur l'entière connaissance qu'ils ont l'un de l'autre ; c'est enfin la conformité de la vie à l' « Idéal », un idéal où il entre beaucoup d'évangile, mais d'un évangile un peu orgueilleux et raisonneur, d'un évangile en perpétuelle insurrection contre les hypocrisies de la société humaine. J'ai tâché d'expliquer ces choses tant bien que mal, à propos de *Maison de poupée* et des *Revenants* (1).

Or, cette fière doctrine de vérité, Ibsen, dans *le Canard sauvage*, n'en est plus si sûr. Du moins il croit qu'elle n'est faite que pour quelques esprits. Il la voit malfaisante et funeste au commun des

---

(1) Cf. Les IMPRESSIONS DE THÉATRE, *cinquième série*, article sur Ibsen.

hommes, et alors, avec une âpreté qui révèle une ancienne foi momentanément éteinte, avec une allégresse d'ironie féroce, il raille et bafoue son rêve. Il nous montre que la médiocrité des sentiments et l'ignorance de la vérité est encore ce qui permet le mieux aux hommes de vivre à peu près heureux. Le docteur Relling, qui est le philosophe de la pièce, le déclare expressément. « Docteur Relling, lui dit l'utopiste Grégers, je ne me rendrai pas avant d'avoir sauvé Hialmar. (Entendez « sauver » dans un sens mystique.) — Ce serait tant pis pour lui, réplique le médecin. Si vous ôtez le mensonge à un homme ordinaire, vous lui enlevez en même temps le bonheur. »

Et, en effet, Ibsen nous fait assister à la banqueroute piteuse et risible à la fois de son propre évangile. *Le Canard sauvage* est une franche comédie, et même par endroits une bouffonnerie, qui tourne finalement au tragique. J'estime que c'est ainsi qu'il fallait entendre et interpréter l'œuvre d'Ibsen. J'ai eu l'impression que M. Antoine et ses camarades l'avaient trop jouée en drame, trop lentement, trop sérieusement, trop majestueusement, et qu'ainsi ils en avaient peut-être rendu l'intelligence plus difficile à une partie du public.

Voici les faits imaginés par Ibsen :

Hialmar Ekdal, un pauvre diable, photographe de son état, est une espèce de cabotin sentimental qui fait songer au Micawber de Dickens et plus encore au Delobelle d'Alphonse Daudet. Un type excellent, et d'une vie intense, de raté emphatique et solennel. Il est sot, paresseux et lâche, — inoffensif d'ailleurs, — avec des attitudes très nobles, et des phrases dont il est la première dupe. Il daigne être photographe — encore qu'il laisse faire presque toute sa besogne, qui n'est pas considérable, par sa femme Gina et sa fille Edwige : mais il est, avant tout, un inventeur. Je puise au hasard dans ses impayables propos. «... Tu as fait une découverte? lui demande un de ses amis — Pas encore, mais j'y travaille. Tu te figures bien, n'est-ce pas? que si je me suis voué à la photographie, ce n'est pas pour faire tout simplement les portraits de ceux-ci et de ceux-là?... je me suis juré que, du moment où je consacrais mes forces à ce métier, je saurais l'élever à la dignité d'un art en même temps que d'une science. C'est alors que je me décidai à faire cette grande découverte. — En quoi consiste-t-elle, cette découverte? — Mon cher, il ne faut pas encore me questionner sur les détails. Cela demande du temps, vois-tu..... Une découverte, on ne règle pas cela à sa guise. Cela dépend de l'inspiration... d'une suggestion... Il est presque impossible de dire à quelle époque cela aboutira. — Mais cela avance cependant? — Naturellement, cela avance. Il ne se passe pas de jour que je ne travaille à mon invention : elle me remplit tout entier. Tous les jours, après les repas, je m'enferme au salon, où je puis me recueillir en silence. Seulement, il ne faut pas me presser, cela ne sert à rien... »

Outre sa femme Gina, une bonne créature toute simple, et sa fille Edwige, une charmante enfant de quatorze ans, très douce, très tendre, d'un tour d'esprit rêveur et un peu bizarre, le photographe Hialmar a auprès de lui son père, le vieil Ekdal, ancien lieutenant, qui a eu un malheur : il a fait jadis de la prison pour avoir pratiqué frauduleusement des coupes dans les forêts de l'Etat. Depuis, il est retombé en enfance. Le grand plaisir de ce vieux forestier est d'élever, dans le grenier de la maison, des lapins, des pigeons et des canards, et de les tirer au pistolet en se figurant qu'il chasse à l'ours, comme autrefois dans les grands bois. Cet étrange grenier, où vit tout un monde, où les pigeons perchent sur de vieilles armoires pleines de vieux livres de voyages, est le paradis de la petite Edwige.

Ces quatre personnages sont à peu près heureux, chacun avec son rêve, — sauf la grosse Gina qui n'a pas besoin de rêver pour se trouver bien. Hialmar, quelquefois, songe vaguement qu'en attendant la grande invention, il se laisse nourrir par sa femme et sa fille ; et alors il s'attendrit sur elles, et il repousse les pots de bière et les rôties beurrées... et il les redemande ensuite avec une résignation digne...

Et bien ! sachez-le, ces quatre personnages vivent, les uns sans le savoir et les autres sans en souffrir, dans une parfaite ignominie. Vous allez voir comment.

Au temps de sa prospérité, le vieil Ekdal a eu pour associé un gros industriel, du nom de Werlé. Ce Werlé a été son complice dans l'affaire des coupes frauduleuses, mais il s'est arrangé de façon à tirer son épingle du jeu, et Ekdal seul a été condamné. Depuis, Werlé, qui est sans doute un malhonnête homme, mais qui n'est pas un méchant, est venu au secours de son ancien camarade et de sa famille. Il fournit au vieil Ekdal de l'ouvrage, des copies à faire, et qu'il lui paye beaucoup plus cher que cela ne vaut. C'est aussi Werlé qui a aidé le fils du bonhomme à s'établir photographe. Bien plus, c'est lui qui a marié Gina à Hialmar. Or, Werlé a eu longtemps Gina pour servante-maîtresse, et elle était grosse de ses œuvres quand il l'a donnée au photographe. Bref, la famille Ekdal vit des bienfaits secrets d'un homme qui l'a déshonorée de toutes les façons.

Mais avec cela, encore une fois, elle vit heureuse, — et même innocente : car la bonne Gina, qui est seule à savoir tout, n'a été dotée par le ciel que d'une conscience morale tout à fait élémentaire.

Telle est la situation exposée dans les trois premiers actes du *Canard sauvage*. L'exposition est longue : elle est confuse, ou plutôt diffuse. Ces détails, nous ne les apprenons que peu à peu, à mesure qu'ils se présentent dans le cours de lentes conversations ; ils ne sont point groupés méthodiquement pour notre commodité ; nous sommes obligés de les retenir au passage et, pour ainsi parler, d'en

faire nous-mêmes le total. Cela exige de nous une
assez grande tension d'esprit, et cela certes passerait
pour un grave défaut sur une scène française. Mais,
en revanche, grâce à la lenteur même de ces causeries, à cette sorte d'insouciance où l'auteur paraît
être de son objet principal, grâce à l'abondance des
petits faits familiers et superflus, nous avons, à un
degré extraordinaire, le sentiment de la réalité du
milieu où va se passer l'action ; nous sommes vraiment « dépaysés », nous avons vraiment vécu, pendant une heure ou deux, avec la famille Ekdal.

Et maintenant l'action va commencer. Cette vie
paisible de deux maniaques, d'une enfant rêveuse
et d'une excusable brute, va être irréparablement
troublée ; Hialmar et Gina vont être malheureux, et
la petite Edwige va mourir. Et qui fera tout ce mal ?
Un apôtre, un croyant, presque un saint : Grégers,
le fils du vieux Werlé. Et ce mal, c'est au nom de
l'Idéal qu'il le fera.

Ce Grégers est un homme terrible. Il y a bien, dans
le théâtre d'Emile Augier, deux ou trois fils de banquiers qui ne peuvent supporter cette idée que leurs
pères doivent leur fortune à des manœuvres réprouvées par la morale, encore que tolérées par le Code,
mais qui n'en perdent pourtant pas le sommeil et
n'en continuent pas moins à mener assez joyeuse vie.
Grégers est autrement radical. Il est d'une intransigeance polaire. Grégers est comme la caricature
énorme, à la fois grotesque et sympathique, des per-

sonnages qui, dans les autres drames d'Ibsen, sont affectés de la manie de l'idéalisme et d'une pléthore du sens moral : Mᵐᵉ Alving, Rosmer et la Nora inattendue du dénoûment de *Maison de poupée*.

Grégers a découvert les canailleries du vieux Werlé. Il n'hésite pas à donner à son père sa malédiction, et il quitte la maison paternelle pour évangéliser le monde. Gare à ceux qu'il rencontrera !

L'infortuné Hialmar est sa première victime. Grégers se dit : — Mon devoir est de réparer les torts de mon père. Hialmar vit dans une paix honteuse et dans un ignoble bien-être. Cela ne peut pas durer. Dessillons-lui les yeux. Quand il saura qu'il a épousé une gourgandine et qu'il vit d'un argent infâme, c'est alors qu'il sera réellement heureux ! Car Gina se confessera ; Hialmar pardonnera ; tous deux souffriront, et cette souffrance les retrempera ; et leur mariage, jusqu'à présent fondé sur le mensonge, reposera enfin sur la vérité et sera l'union complète de deux âmes. Oui, c'est le bonheur que je leur apporte. Ne balançons point.

Et il dit tout à Hialmar.

L'effet de cette révélation est d'un comique immense, avant de devenir tragique.

Je vous ai dit que le photographe Hialmar n'était point dénué de lettres ni de rhétorique, et qu'il avait quelque chose de Delobelle et de M. Micawber. Il a quelque chose aussi de M. Cardinal et de Tartarin. Au fond, tout au fond, ce que lui révèle Grégers lui est à peu près égal. Mais c'est un homme d'imagination. Puis, il veut être à la hauteur de ce qu'attendait de lui son ami. Il se croit donc obligé de faire certains gestes, de prendre certaines attitudes et de prononcer certaines phrases. Et quant à Gina...

Gina, elle, ne comprend pas du tout, mais pas du tout ! Elle est délicieuse de simplicité et de bonhomie. Hialmar, très solennel, l'interroge sur son passé. Elle finit par avouer sa liaison avec Werlé. Alors Hialmar, joignant les mains : « Et c'est la mère de mon enfant ! Comment as-tu pu me cacher une pareille chose ?

GINA : Oui, ça n'est pas bien à moi, j'aurais dû te l'avouer depuis longtemps.

HIALMAR : Tu aurais dû me le dire tout de suite. Au moins j'aurais su qui tu étais.

GINA : M'aurais-tu épousée tout de même, dis ?

HIALMAR : Comment peux-tu le supposer ?

GINA : Voilà pourquoi je n'ai rien osé dire. Je t'aimais tant ! Tu le sais bien. Et je ne pouvais pourtant pas faire mon propre malheur.

HIALMAR (marchant dans la chambre) : Et c'est là la mère de ma petite Edwige ! Et savoir que tout ce qui m'entoure (il donne un coup de pied à une chaise), tout mon foyer, je le dois à cet homme !

GINA : Est-ce que tu regrettes les quinze ans que nous avons vécus ensemble ?

HIALMAR (la regardant dans les yeux) : Dis-moi, n'as-tu pas gémi, chaque jour, à chaque minute, sur ce tissu de mensonges que tu as filé autour de moi, comme une araignée? Réponds-moi! N'as-tu pas vécu torturée de remords et d'angoisse?

GINA : Ah! mon pauvre ami, j'avais, ma foi, assez à faire de penser à mon ménage et à la vie de tous les jours!

HIALMAR : Et jamais tu ne jettes un regard en arrière, sur les fautes de ton passé?

GINA : Non; je les avais presque oubliées, ces vieilles histoires-là, tu sais.

HIALMAR : Oh! cette insensibilité! ce calme de brute! Il y a là quelque chose qui m'indigne. Pas même de remords!

GINA : Dis donc, Ekdal, que crois-tu que tu serais devenu, si tu n'avais pas trouvé une femme comme moi? » etc.

Mais Hialmar ne faiblira pas; il tient absolument à être sublime. Il rendra, jusqu'au dernier sou, ce que le bonhomme Ekdal a touché à la caisse de Werlé. L'argent, il n'est pas en peine de le trouver : n'a-t-il pas les bénéfices de sa future invention ?

Nouvelle occasion d'être plus sublime encore. Werlé a écrit à Edwige que son vieux grand-père n'a plus besoin de se fatiguer à faire de la copie, qu'il n'a qu'à passer aux bureaux pour toucher 100 couronnes par mois et que, après la mort du bonhomme, cette donation passera sur la tête de sa petite-fille.

Hialmar, toujours héroïque, déchire le papier. Puis il interroge de nouveau Gina, car un soupçon lui est venu : Edwige serait-elle la fille de Werlé?

— « Comment veux-tu que je sache? » répond la naïve Gina. Sur quoi Hialmar met son paletot et dit : « Je m'en vais, je n'ai plus rien à faire dans cette maison. — Réfléchis ! dit Grégers. — Il n'y a pas à réfléchir pour un homme comme moi, dit Hialmar. — Au contraire, dit Grégers, il y a là un abîme de réflexions. Pour commencer, il faut que vous restiez tous les trois ensemble, si tu veux atteindre à cet esprit de sacrifice qui mène aux dévouements sublimes. » Mais Hialmar ne veut rien entendre : il bouscule la petite Edwige qui voulait le retenir, et part comme un fou.

Rassurez-vous. Cela ne l'empêchera point de rentrer chez lui à l'acte suivant, d'y avaler une pile de tartines beurrées, de ramasser les deux morceaux de l'acte de donation et de les recoller avec soin.

Et le « canard sauvage? »

C'est très simple. Il y a, dans le fantastique grenier des Ekdal, parmi les pigeons et les lapins, un canard sauvage qui, blessé à l'aile, a été repêché et ramené par un chien. Ce canard, Werlé en a fait cadeau à la petite Edwige, et l'enfant l'aime et le soigne avec passion. Mais Hialmar, depuis qu'il connaît la vérité, a pris cette bête en horreur. Il a dit devant Edwige : « Ah! ce canard, je voudrais lui tordre le cou! » Et, un peu plus tard, quand il a su qu'Edwige n'était pas sa fille, il a dit à Grégers : « Non, cette enfant ne m'aime pas. Serait-elle capable seulement de me sacrifier son canard? » Et alors, voyant Edwige bousculée par son père et folle de douleur (elle se figure, la pauvre petite, qu'elle est une enfant trouvée), Grégers, dans sa monomanie de purification et de rapprochement des âmes par le sacrifice, conseille à la fillette de tuer elle-même son canard pour prouver à son père sa tendresse filiale. Edwige s'exalte sur cette pensée (on vous a dit que c'était une petite fille singulière); elle prend un pistolet, entre dans le grenier ; mais, au dernier moment, le courage lui manque : éperdue, désespérée de ne rien comprendre à ce qui se passe autour d'elle, se croyant rejetée et désormais seule au monde, c'est sur elle-même qu'elle tourne le pistolet. Elle tombe morte. Et voilà le fruit merveilleux de la prédication de Grégers.

Et, contraste ironique (car ce drame, je ne vous le dissimule pas, est assez touffu, et j'ai dû omettre une foule de détails), tandis que la Vérité, apportée par l'apôtre Grégers, tue un enfant et ne sert qu'à enfoncer le ménage Ekdal dans un peu plus d'ignominie, c'est sur la Vérité que se fonde, dans la maison d'en face, une autre union, tranquillement cynique : Werlé épouse sa gouvernante, une Mme Sœrby ; et, sans doute, Mme Sœrby n'est qu'une coquine ; mais le ménage sera heureux, justement parce que Mme Sœrby n'a rien caché à son amant : « Votre père, dit-elle à Grégers qui la menace, sait, jusque dans le moindre détail, tout ce qu'on pourrait lui dire de vrai sur mon compte. Je lui ai tout dit moi-même dès qu'il m'a laissé soupçonner ses intentions... Werlé non plus ne m'a rien caché de ce qui le concerne. C'est encore cela qui nous a le plus solidement liés l'un à l'autre. »

Ainsi, meurtrière d'une part, immorale de l'autre, telle a été l'œuvre de la Vérité. — Je vous le disais bien que cette étrange comédie d'Ibsen « blaguait » le reste de son répertoire, et l'idéal, et la vie intérieure, et la morale absolue, et le tolstoïsme et, déjà, le desjardinisme, si j'ose m'exprimer ainsi. C'est, dans l'œuvre du grand poète norwégien, comme un accès de désespoir philosophique, un désespoir qui se venge par un âpre et long ricanement. Quand ces gens du Nord se mettent à railler !...

Mais enfin direz-vous, ce « canard sauvage » sur lequel on a tant discuté, qu'est-ce qu'il signifie ?

Oh ! rien de bien compliqué, en somme. Ce canard est d'abord un oiseau, et j'ai indiqué son rôle dans la pièce. Mais, de plus, ce canard est un symbole. Et, ici, je ne puis mieux faire que de transcrire une lettre que j'ai reçue de M Armand Ephraïm :

«... Pourquoi de très fins lettrés, comme il s'en rencontre quelques-uns parmi les critiques de nos grands journaux, se sont-ils donné tant de mal pour ne pas comprendre le symbolisme d'Ibsen ? Y a-t-il rien de plus simple au fond ? Un oiseau sauvage (supposez un instant que ce soit un aigle) est tombé dans la boue et dans la vase ; on l'a ramassé, il s'est laissé domestiquer et a même fini par engraisser dans la servitude. Un fou, un apôtre arrive, et il compare à cet oiseau tantôt le vieil Ekdal, tombé lui aussi dans la boue, tantôt Hialmar Ekdal qui s'est laissé domestiquer et a engraissé dans les douceurs de la servitude.

« Voilà tout. Qu'y a-t-il de si obscur, de si étrange ? A-t-on été dérouté parce qu'Ibsen, au lieu d'un aigle, a choisi un oiseau de son pays, un canard sauvage ? Mais ce canard sauvage est-il plus bizarre que l'aigle, « pauvre oiseau plumé », que Hugo fait bouillir « dans une marmite infâme » et qui ne choque nullement nos Parisiens les plus spirituels ?

« Remarquez que le symbolisme de Nicolas Boileau, oui, de Boileau lui-même, est bien plus difficile à accepter que celui d'Ibsen. Quand le Rhin tranquille et fier du progrès de ses eaux secoue sa barbe limoneuse, c'est un symbole assez *corsé*. Seulement c'est un symbole classique et il ne nous étonne plus parce que toute notre enfance s'est passée sinon à comprendre, du moins à révérer le symbolisme grec et latin. Mais n'est-il pas singulier que, trois cents ans après Shakespeare et cent ans après Gœthe, on affecte encore en France de ne pas comprendre un auteur parce qu'il prend pour terme de comparaison, dans un drame, un oiseau qui n'est pas consacré par la mythologie grecque ! »

Tout cela est juste ; et pourtant il me semble que M. Armand Ephraïm veut avoir trop raison. A vrai dire, il néglige certains passages qui compliquent et obscurcissent le symbole.

Ce canard sauvage, qui fut libre et qui maintenant engraisse dans un grenier, représente très exactement le vieil Ekdal et son fils Hialmar, lesquels, nés généreux, mais déprimés par d'anciens malheurs, vivent béatement et lâchement des bienfaits de l'homme qui les a déshonorés.

Cette signification apparaît assez clairement dans divers passages de la pièce, et par exemple dans celui-ci :

« GRÉGERS : Et le voici maintenant, ce digne canard, parfaitement heureux dans ce grenier ?

HIALMAR : Oui, mon cher, parfaitement heureux. Il a engraissé. C'est vrai qu'il est là depuis si longtemps, qu'il aura oublié la vie sauvage, et c'est ce qu'il avait de mieux à faire.

GRÉGERS : Tu as raison, Hialmar. Prends garde seulement qu'il n'aperçoive jamais le ciel et la mer... »

Mais voici qui complique l'apologue. Suivez-moi bien, je vous prie.

Ce canard sauvage a été pris dans une chasse en bateau. Il avait reçu quelques plombs dans l'aile, et alors il est tombé dans la mer et est allé au fond, comme l'explique le vieil Ekdal : « Ils font toujours ça, les canards sauvages. Vont au fond, tant qu'ils peuvent, petit père ; se retiennent avec le bec dans les herbes marines et les roseaux, et dans toutes les saletés qui se trouvent là-bas, — ne remontent jamais.

GRÉGERS : Mais, lieutenant, votre canard sauvage est bien remonté, lui ?

EKDAL : Il avait un fameux chien, votre père. Il a plongé, ce chien, et il a ramené le canard. »

Or, dans la suite du drame, les Ekdal sont comparés, tantôt au canard se gavant dans le grenier, tantôt au canard plongeant dans la mer. En d'autres termes, la même phase de la vie des Ekdal est figurée tour à tour par deux moments différents de la vie du canard. De là, un peu d'obscurité. Je vous ai cité un passage où se formule le premier symbole. Voici quelques répliques où le second symbole est énoncé :

« GRÉGERS : Il y a en toi, mon cher Hialmar, du canard sauvage... Tu as plongé jusqu'au fond et tu te tiens aux varechs... Tu es tombé dans une mare empoisonnée, Hialmar, tu as contracté une maladie latente, et tu as plongé pour mourir dans l'obscurité... Mais je saurai te repêcher, sois tranquille. »

Il est vrai qu'on soupçonne, ailleurs, que, dans la pensée d'Ibsen, les deux symboles n'en font qu'un. Comment cela? C'est que le grenier où vit le canard, et qui n'est d'abord qu'un simple grenier, devient, à un certain moment, un grenier symbolique.

Ce grenier, qui est à la fois un capharnaüm et une arche de Noé, ce grenier que des lapins traversent en sautant, et où des poules perchent sur de vieux arbres de Noël desséchés et sur de vieilles armoires, pleines de vieux livres de voyage, apparaît à la petite Edwige comme quelque chose de mystérieux et de démesuré, comme une image même du vaste univers. Mieux encore, ce lieu mal éclairé, aux profonds recoins d'ombres, où grouillent des formes confuses, évoque, dans l'imagination de l'enfant rêveuse, fille d'une race maritime, l'idée des vitreux abîmes de l'Océan impénétré... Elle confie à Grégers cette bizarre impression enfantine :

« Il y a, dit-elle, une chose extraordinaire... Ce canard sauvage, personne ne le connaît, et personne ne sait d'où il vient.

GRÉGERS : Et puis il a été dans les profondeurs de la mer.

EDWIGE (jetant un coup d'œil sur Grégers et réprimant un sourire) : Pourquoi dites-vous dans les profondeurs de la mer ?

GRÉGERS : Comment pourrais-je dire autrement ?

EDWIGE : Vous pourriez dire au fond de la mer, ou au fond de l'eau.

GRÉGERS : Pourquoi pas : « dans les profondeurs de la mer » ?

EDWIGE : Cela me semble si drôle quand d'autres disent : « les profondeurs de la mer » !

GRÉGERS : Pourquoi cela ? Pourquoi, dites ?

EDWIGE : Non, je ne peux pas, c'est trop bête.

GRÉGERS : Pas du tout. Dites-moi pourquoi vous avez souri.

EDWIGE : Voilà : toutes les fois que je pense à tout ça ensemble, à ce qu'il y a là-dedans, je me dis que le grenier et ce qu'il contient s'appelle d'un seul nom :

« les profondeurs de la mer ». Mais c'est si bête !

GRÉGERS : Ne dites pas cela.

EDWIGE : Si, puisque c'est tout simplement un grenier.

GRÉGERS : En êtes vous bien certaine ? »

Ainsi, ce grenier, où ce canard vit dans l'ignominie d'une confortable servitude, est encore, métaphoriquement, le fond de l'Océan où le noble oiseau a été précipité autrefois... Et ce grenier, qui représente également les ténèbres morales où les Ekdal se sont enfoncés à la suite d'une ancienne faute, figure, en outre, pour le vieil Ekdal, la forêt vierge où il chassait jadis, et, pour Edwige, l'inconnu du vaste monde. Il faut avouer que tant de significations diverses du même grenier et du même canard embrouillent un peu l'entendement du spectateur. Mais enfin, on s'en tire avec un peu d'attention et de patience, et c'est tout ce que j'ai prétendu.

Cet énigmatique grenier a d'ailleurs un avantage. Ce qu'il est pour la petite Edwige nous montre et nous fait comprendre et mesurer la naïve puissance d'imagination et la profondeur de sensibilité de cette aimable enfant. Pour elle, la porte de ce grenier s'ouvre sur le mystère, sur l'infini. Grâce à l'obscure féerie de ce grenier plein de bêtes et de livres à images, — et plein de songes, — cette petite recluse se sent plongée dans le vaste monde ; et, si ingénue et ignorante qu'elle soit, le ressouvenir de l'univers et, par suite, la pensée de la Vie et de la Mort se mêlent à toutes ses démarches et communiquent à tous les sentiments de cette humble petite vierge la grandeur et le sérieux. Oui, le grenier aux rêves explique l'exaltation morale qui pousse cette enfant, dès l'instant où elle ne se croit plus aimée, à s'évader de la vie, à s'en aller volontairement dans un inconnu encore plus beau que la féerie du grenier et plus mystérieux que « les profondeurs de la mer »...

Vaudeville : *Hedda Gabler,* drame en quatre actes, d'Henrik Ibsen.

21 décembre 1891.

Le Vaudeville nous a donné *Hedda Gabler* précédée d'une conférence. J'étais le conférencier. Comme j'ai encore aujourd'hui, sur la pièce d'Ibsen, le même sentiment que jeudi dernier, vous me permettrez de répéter ici, très brièvement, une partie au moins de ce que j'ai dit l'autre jour.

Pour bien comprendre *Hedda Gabler*, il est bon d'abord de savoir la place qu'occupe ce drame dans l'œuvre d'Ibsen.

Ibsen étudie surtout des crises de conscience, des révolutions morales. Il nous conte principalement des histoires de révoltés. Le sujet de la plupart de ses pièces, c'est la revanche de la conception païenne de la vie contre la conception chrétienne, de la « joie de vivre », comme il l'appelle, contre la tristesse religieuse, de la conscience individuelle contre les préjugés sociaux et contre le pharisaïsme des Codes ou des Eglises.

Mais, dans ses dernières pièces, un changement curieux s'est opéré. On dirait qu'il doute maintenant de la bonté pratique de ses idées favorites. Il nous a montré, dans *le Canard sauvage*, le mal que peut faire un apôtre en troublant les médiocres dans leur sorte d'innocence ignominieuse. Puis, il s'est aperçu que la revendication de l'autonomie morale, magnifique et bienfaisante chez un Luther ou chez un Rabelais, intéressante encore chez des âmes supérieures comme Mme Alving ou la petite Norah, peut devenir malfaisante et grotesque chez une vaniteuse névrosée comme Hedda Gabler, et n'est plus que l'adoration prétentieuse, féroce, — et stérile, — du « moi ».

Et ainsi Hedda se trouve être la parodie et la dérision de quelques-uns des personnages qui furent le plus chers à Ibsen.

En second lieu, pour bien comprendre *Hedda Gabler*, il faut connaître et admettre le procédé dramatique d'Ibsen, qui diffère considérablement du procédé habituel de nos dramaturges les plus réputés, et que j'ai déjà défini à propos des *Revenants* et du *Canard sauvage*.

Ibsen est moins clair que M. Burani, c'est entendu. Mais je vous prie de faire attention à ceci. Une belle comédie, un beau drame est, par définition, une peinture et une interprétation de la vie dignes d'un esprit sérieux ou même d'un grand esprit, — et doit en même temps être un spectacle accessible et agréable à des gens assemblés qui digèrent, dont la moyenne intellectuelle est forcément modeste, et qui demandent, avant tout, à être divertis. Il y a là quelque chose d'assez difficilement conciliable. Je voudrais, moi, qu'il fût admis qu'on ne va pas toujours au théâtre uniquement pour se laisser amuser, mais qu'il faut y aller quelquefois pour réfléchir, faire effort, travailler... — ce qui d'ailleurs peut être encore un plaisir.

Cela posé, le meilleur moyen de prouver que la pièce d'Ibsen est intelligible, c'est de la raconter. Voici, selon moi, comme qui dirait le scénario psychologique d'*Hedda Gabler*.

Hedda est la fille d'un général. Elle a perdu sa mère de bonne heure. Son éducation a été très peu surveillée. Elle a beaucoup *flirté*, étant très entourée. Enfin, elle a épousé Georges Tesman, un brave garçon qui l'adore, érudit de son état, et à qui l'on a promis une chaire à l'Université.

Pourquoi a-t-elle épousé ce professeur sans prestige ? Oh ! tout simplement parce que Tesman est le seul de ses soupirants qui lui ait parlé de mariage.

Au moment où la pièce commence, Hedda revient de son voyage de noces, dégoûtée de son mari, ennuyée, écœurée, pleine de mépris pour le milieu de bourgeoisie mesquine où son mariage l'a fait descendre.

Nous connaissons cela ; c'est, sauf les variantes, le cas d'Emma Bovary.

Parmi les soupirants d'Hedda, il y en avait un, Eilert Lövborg, un détraqué, perdu d'ivrognerie et de débauche, mais d'une rare et belle intelligence. Il y a eu entre eux une intimité assez vive : elle l'interrogeait avec une curiosité audacieuse sur la vie qu'il menait ; et il lui faisait une cour si hardie qu'elle a été obligée de se défendre, un jour, en le menaçant d'un pistolet.

Or, cet Eilert, ce pilier de taverne et de mauvais lieu, elle le retrouve corrigé, rangé, auteur d'un livre de philosophie sociale qui a fait sensation, aimé d'une autre femme, la blonde et douce Théa Elvsted, et paraissant l'aimer lui-même.

Nous connaissons encore cette situation-là. C'est le point de départ d'un drame qui a été fait vingt fois. Ou Hedda ressaisira Eilert, deviendra sa maîtresse, et je ne sais trop ce qui arrivera. Ou bien, ne pouvant le reprendre, elle le poussera, par dépit, à sa perte.

Et c'est, au fond, ce que nous voyons dans *Hedda Gabler*.

Mais cela ne va pas aussi simplement que cela irait chez nous. Nous assistons à un drame, non pas de jalousie sensuelle et amoureuse, mais de jalousie cérébrale ou, mieux, d'égoïsme démentiel.

Car d'abord Hedda est chaste, soit qu'elle ait les sens naturellement froids, soit que son médiocre mari l'ait dégoûtée de l'amour physique, soit que, à ses yeux, se livrer à un homme, ce soit se soumettre.

Et elle est monstrueusement orgueilleuse. Elle se croit élevée au-dessus des lois divines et humaines par la précellence et la distinction de sa nature. « Des devoirs? dit-elle quelque part. Qu'on ne vienne pas me parler de devoirs, à moi ! »

Mais elle a beau se figurer que cet orgueil est de la grande espèce : il y a, dans sa superbe, beaucoup de snobisme, beaucoup de cabotinage, et pas mal de névrose.

Il y a du snobisme. Car elle se trompe tout à fait sur ce qui est « distingué » et sur ce qui ne l'est pas. Elle méprise les tantes de Tesman : leurs manies de vieilles demoiselles et la simplicité de leurs manières l'empêchent de voir la rare valeur morale de ces deux bonnes créatures. Elle croit, la malheureuse ! qu'il n'y a pas de vie distinguée sans chevaux, sans piano, sans luxe. Elle croit qu'il est distingué d'avoir un salon. Elle croit qu'il n'est pas distingué d'avoir des enfants. Bref, elle a, sur ce qui fait « l'élégance » de la vie, des idées pitoyables.

Et il y a, dans son orgueil, du cabotinage. Elle est constamment préoccupée de l'effet qu'elle produit sur les autres ; elle se regarde ; même seule, elle pose pour une galerie invisible qu'elle porte partout en elle-même. Elle veut qu'il y ait dans toutes ses démarches « un reflet de beauté » ; mais cette beauté des actes et des attitudes, elle en a une conception très convenue, théâtrale ou livresque, parfaitement niaise au fond.

Il faut ajouter qu'elle est enceinte de plusieurs mois ; ce qui l'enrage, et ce dont elle ne veut pas qu'on lui parle. Elle est, par suite, très nerveuse, très capricieuse ; toutes ses résolutions particulières sont d'une extrême soudaineté ; sa volonté agit par « à-coups ».

Enfin, étant ibsenienne, elle est outrancière ; elle va jusqu'au bout de son caractère et de son rêve. Par là elle se distingue des Heddas de Paris. Car nous aussi nous avons nos Heddas, vaniteuses impitoyables, chétives émancipées, fausses « artistes », désireuses elles ne savent de quoi... Ou plutôt Hedda Gabler est le type exaspéré et grandi de ces déplaisantes personnes.

Et maintenant que nous connaissons Hedda Gabler, voyons-la à l'œuvre.

Parmi ses rêves confus, il y en a un qu'elle formule avec précision : « Je veux, une fois dans ma vie, peser sur une destinée humaine. » Cela, c'est la réduction féminine du rêve de Napoléon et de tous les conquérants.

Mais sur qui agira-t-elle ? Sur son mari ? Elle ne daigne. Il n'y a rien à faire de ce gros hanneton inoffensif et distrait. Elle s'aperçoit alors que ce fou d'Eilert Lövborg vaut la peine, lui, d'être pris et dominé. Il a renoncé à ses vices, il a travaillé, il a publié un beau livre ; il en a un autre tout prêt, en manuscrit, où il a mis toute son âme et tout son génie. Et qui est-ce qui a opéré ce sauvetage et cette transformation ? Une petite femme, très douce, très timide, qui s'est dévouée à Eilert, et qui, pour lui, a quitté son vieux mari ; une blondinette que Hedda jugeait insignifiante et dont les cheveux l'agaçaient déjà par leur blondeur excessive, quand elles étaient ensemble en pension. Oui, c'est ce petit mouton de Théa qui a changé la destinée de ce fou génial. Et elle se met à haïr Théa de toute son âme.

Serait-ce qu'elle aime Eilert ? Elle croit l'avoir aimé un instant, autrefois, le jour où il a voulu lui faire violence. Mais sa chair n'est pas tentée. Tout ce qu'elle sait, c'est qu'elle s'est moralement déclassée en épousant Tesman ; c'est qu'Eilert est, au fond, de la même race qu'elle ; c'est qu'il faut qu'Eilert lui appartienne ; c'est qu'elle le reprendra à cette petite niaise.

Mais, auparavant, elle veut s'assurer qu'Eilert est digne, en effet, d'être repris. Et alors elle tente sur lui une épreuve.

Voici. On prend du punch chez Hedda. Eilert refuse d'en boire. Il refuse également d'aller souper ce soir-là chez l'assesseur Brack, un joyeux célibataire, ami de Tesman. En le défiant, en doutant de lui devant celle qu'il aime, Hedda amène Eilert à boire coup sur coup deux ou trois verres d'alcool, pour montrer qu'il n'a pas peur, puis à accepter le souper de Brack.

S'il résiste à cette épreuve, c'est donc qu'il est vraiment « sauvé », et c'est à elle, Hedda, qu'il devra son salut définitif ; et elle le reprendra, car il sera digne d'elle. S'il retombe dans sa crapule, ce sera un homme perdu, mais au moins il l'aura été par elle, et il sera perdu aussi pour Théa.

Bien qu'ici il ne s'agisse pas précisément d'amour, c'est le cas de rappeler la pensée de La Bruyère : « L'on veut faire tout le bonheur et, si cela ne se peut ainsi, tout le malheur de ce qu'on aime ».

L'épreuve tourne mal pour Eilert. Tesman, rentrant le lendemain matin, raconte qu'Eilert s'est abominablement grisé et que, dans son ivresse, il a perdu son manuscrit, cette œuvre qui contient toute sa pensée et qui est le témoignage de sa régénération. Ce cahier irremplaçable, écrit de la main de Théa, Tesman l'a ramassé dans la rue.

« Donne-le moi ! » dit Hedda... Et elle le prend. Elle a donc entre les mains l'âme même d'Eilert et la vie de Théa. Qu'en fera-t-elle ?

Elle n'en sait rien encore. Mais Eilert arrive, désespéré. Il dit d'abord qu'il a lui-même déchiré son manuscrit dans un accès de folie. Puis il avoue à Hedda qu'il est allé chez une fillasse, une ancienne maîtresse, Mlle Diane, que c'est chez elle qu'il l'a perdu, ce livre « où l'âme pure de Théa avait passé », et que c'est là quelque chose de plus odieux qu'un infanticide...

Théa ! toujours Théa ! Si Eilert ne prononçait pas ce nom, peut-être que Hedda rendrait le cahier. Mais Eilert n'aime pas Hedda ; il n'a eu vers elle qu'un bref retour sensuel. Celle qu'il aime, au fond, c'est sa petite muse, cette douce et fadasse blondinette aux cheveux d'un jaune extravagant.

Donc elle ne rendra pas le manuscrit. Et, comme elle devine Eilert prêt à la mort, — parce qu'il a trahi sa chère inspiratrice, parce qu'il a perdu ce qui était, avec l'amour de Théa, la seule raison qu'il eût de vivre, et parce qu'il se sent repris par son vice et qu'il se dégoûte lui-même infiniment (et si vous ne trouvez pas ces motifs de suicide suffisants, je vous avouerai volontiers qu'il y a, dans la conduite d'Eilert, ce grain d'inexpliqué que nos dramaturges s'appliquent à éliminer de leurs pièces, mais qu'Ibsen laisse dans les siennes parce que cet inexpliqué est dans la vie), — donc Hedda, lisant dans la pensée d'Eilert Lövborg, et le sachant en tout cas perdu pour elle, accepte et embrasse l'idée de ce suicide. Même, car c'est encore une façon de peser sur sa destinée, elle précise cette idée en lui. Et, chose admirable ! ce suicide d'un autre, elle se met à l'arranger, comme elle arrangerait le sien, théâtralement ; elle recommande à Eilert de finir « en beauté », de faire de sa mort une œuvre d'art ; elle s'exalte d'avance sur la fière allure de cette mort. Et elle lui remet un pistolet, le pistolet qu'elle a un jour braqué sur lui : « En beauté, Eilert Lövborg ! promets-le moi. »

Et, quand Eilert est sorti, dans un mouvement où la femme simplement et atrocement jalouse éclate un instant sous la comédienne, elle jette dans le poêle le cahier d'Eilert en criant : « Maintenant je brûle ton enfant, Théa, la belle aux cheveux crépus ! L'enfant que tu as eu avec Eilert Lövborg ! Maintenant je brûle, je brûle l'enfant ! »

Dégagé du cabotinage qui le rend grotesque, cet acte d'Hedda est abominable, car c'est un acte de destruction égoïste, un acte purement méchant. Hedda est méchante, parce que, aux âmes médiocres (et elle en est une, et je vous supplie de ne point la coiffer d'une auréole !) la méchanceté finit par paraître la meilleure affirmation de la force. Il y a du néronisme dans cette sotte.

Ce néronisme, — que je voudrais que vous ne prissiez point pour une chose grandiose et distinguée, car méchanceté et cabotinage, cela est à la portée de tout le monde, même des imbéciles, — sévit de plus belle jusqu'au dénouement.

Elle avoue d'abord à son mari qu'elle a brûlé le cahier d'Eilert, et elle lui fait croire que c'est par zèle conjugal, parce qu'Eilert était pour lui un concurrent dangereux. Elle joue cette comédie par un sentiment proprement diabolique, dans l'espoir de surprendre chez Tesman quelque signe de secrète satisfaction, et pour avoir le plaisir de le mépriser un peu plus...

Cabotine ! Cabotine ! Quand elle apprend le suicide d'Eilert, elle déclare qu'elle trouve là « un reflet de beauté. » — « C'est, dit-elle, une délivrance de savoir qu'il y a tout de même quelque chose d'indépendant et de courageux en ce monde, quelque chose qu'illumine un rayon de beauté absolue. » Mais, lorsqu'elle sait qu'Eilert est mort chez Mlle Diane, et qu'on n'est pas sûr que cette mort soit volontaire, et que ce n'est pas dans la tempe ou dans la poitrine que la balle est entrée, mais dans le bas-ventre, elle ne peut supporter que ce suicide, si décorativement machiné par elle, ait été si piteux. C'est comme une trahison du mort. Et elle a cette réflexion ineffablement romantique : « C'est complet ! Ah ! le ridicule et la bassesse atteignent comme une malédiction tout ce que j'ai touché. » Elle ne digère pas cette balle dans le ventre. A-t-on idée d'une pareille inélégance ?

Et cette blondinette fadasse qui est toujours là ! Même après la mort d'Eilert, la douce Théa continue à accaparer son âme. Elle possède les notes du grand ouvrage détruit ; elle passera sa vie, s'il le faut, à le reconstituer. Et voilà que Tesman s'en mêle, voilà que ce nigaud s'élève au-dessus de lui-même ; il offre son aide à Théa ; il dit avec un accent qu'on ne lui connaissait point : « Je consacrerai ma vie à cette tâche. J'ai un compte à régler avec la mémoire d'Eilert. » Et voilà déjà les têtes de Théa et de Tesman penchées sous la même lampe, et Théa qui dit innocemment : « O Dieu, Hedda, s'il m'était donné d'inspirer aussi ton mari ? » Et ainsi cette petite fille lui prend aussi Tesman, au moment où peut-être Hedda allait un peu moins le mépriser.

Un dernier coup est porté à Hedda... Le pistolet qui a tué Eilert a été saisi chez Mlle Diane. Ce pistolet, l'assesseur Brack, un pêcheur en eau trouble que je n'ai pas eu le loisir de vous présenter, en connaît la provenance. Il n'a qu'un mot à dire et Hedda sera appelée devant les tribunaux ; et quel scandale et quelle honte ! Et Brack ne lui cache point qu'il est tout à fait décidé à abuser de la situation. « Ainsi, dit Hedda, je suis en votre pouvoir, je dépens de votre bon plaisir ! Esclave ! je suis esclave ! »

Cela, jamais elle n'y consentira. Le sentiment de son isolement, de son impuissance, et enfin de sa dépendance achève de l'affoler. Et, dans un dernier accès de cabotinage furieux, singeant son mari, raillant Théa, raillant l'assesseur, raillant les deux vieilles tantes, — dont l'une vient de mourir, — Hedda, après avoir joué sur le piano une valse endiablée, se tue d'un coup de pistolet et exhale dans un éclat de rire son âme frénétique. Et c'est vraiment ce qu'elle avait de mieux à faire, et cela lui vaut du moins notre pitié.

Et je crois que la pièce a une morale, bien que cette morale ne soit pas directement exprimée.

Silencieusement, sans dire son intention, Ibsen oppose à l'orgueilleuse Hedda cette bonne femme de tante Julie, dont les deux apparitions, au premier et au dernier acte, nous sont un rafraîchissement. Hedda n'a été préoccupée que « de vivre avec beauté » : et elle n'est parvenue qu'à mettre dans sa vie et dans sa mort autant de grotesque que de tragique. — Tante Julie adore son neveu ; elle s'est endettée pour lui ; à cause de ce neveu, elle pardonne tout à Hedda ; tante Julie a soigné sa sœur Rina pendant de longues années, et quand Rina est morte, elle cherche une autre malade à qui se dévouer ; tante Julie fait tout cela simplement et sans raisonner : et c'est la vie de tante Julie qui, finalement, nous paraît belle, artistiquement belle.

D'autre part, Hedda a voulu, par orgueil, agir sur d'autres destinées : et elle n'est même pas arrivée à faire le mal de la façon qu'elle voulait. — Mais, au contraire, les deux tantes ont agi sur Tesman : ce qu'il y a de bon et d'honnête dans cette âme timide et effarée, ce sont les deux vieilles demoiselles qui l'y ont mis. Théa Elvsted a agi sur Eilert : ce que Hedda, avec toute son énergie et toute son intelligence, n'a pu être pour lui, Théa l'a été, rien que par sa douceur et son docile amour. Et ainsi ces humbles ont été plus puissants que Hedda Gabler.

Et la morale de cette histoire, c'est que l'oubli de soi et la charité, étant ce qui conspire le plus sûrement aux fins générales du monde, constituent par là même la plus esthétique des existences, et qu'enfin il n'y a rien de plus efficace, soit pour la beauté de la vie, soit pour l'action sur les autres âmes, ni de plus « distingué » ni de plus « aristocratique » que la bonté et la simplicité du cœur. *Amen.*

— Alors, quoi ?... *Gabrielle* ?... « O père de famille, ô poète, je t'aime ! » — Quelqu'un, après la conférence, me disait cela dans les couloirs, avec férocité. Il paraît que j'avais été trop moral. Et je ne me défends point d'avoir fait à Hedda son procès, d'avoir parlé d'elle avec une malveillance préméditée et presque de la haine. Cette haine, il est fort possible qu'Ibsen ne l'ait point sentie, lui, contre son héroïne. Et, en effet, Hedda a ceci pour elle, qu'elle n'est ni lâche ni vile, et qu'elle ne tient pas à la vie, du moment que la vie n'est pas conforme à son rêve. J'aurais pu le dire. Il y a quelques années, je n'aurais sans doute vu en elle qu'un type tout à fait curieux d'ennuyée et de révoltée, et j'aurais passé pour intelligent. Mais j'ai voulu être moral, parce qu'on doit l'être, parce que je parlais à beaucoup d'hommes et de femmes assemblés, et parce que cela fera plaisir à Paul Desjardins.

SHAKESPEARE

Odéon : *Macbeth,* traduction en vers, de Paul Lacroix.

25 janvier 1892.

Un aimable confrère écrivait l'autre jour :
« Je laisse à M Jules Lemaître la joie de découvrir que *Macbeth* est un chef-d'œuvre. »

Eh bien, ça y est ! Je le découvre. Et, comme dit l'autre, « je n'en rougis point », car, qu'est-ce que sentir la beauté des choses, sinon la découvrir chaque fois ?

Donc *Macbeth*... (on ne l'avait jamais dit avant moi, n'est-ce pas ?) *Macbeth*, pris dans son fond et dans ses développements essentiels, reste le drame-type de l'assassinat, du remords, de l'enfantement inéluctable du crime par le crime, et aussi de l'association de l'homme et de la femme dans l'œuvre criminelle. Tous les drames et tous les romans où l'on a montré le bras du meurtrier poussé par une main féminine, et aussi comment « jamais au criminel son crime ne pardonne », et encore la fatalité qui le contraint à « laver dans le sang ses bras ensanglantés » ; le chapitre de *Monte-Cristo* où la Carconte excite son homme à l'assassinat ; le chapitre de *Crime et Châtiment* où Raskolnikoff, qui n'a voulu tuer que la vieille usurière, est forcé de tuer la sœur idiote... ; tous les drames et les romans du crime, et jusqu'au dernier mélodrame de l'Ambigu : *le Boucher de Montmartre*, sont comme des « épreuves », les unes vigoureuses et belles, les autres baveuses et avilies, de ce type incomparable.

C'est que toutes les étapes morales par où passe et doit passer un criminel, depuis la première éclosion de l'idée du crime jusqu'à l'expiation nécessaire sortie du crime même, sont notées, dans *Macbeth*, par une série de mots profonds, décisifs, qui étonnent par leur justesse, leur force et leur clarté, et qui pourtant semblaient inévitables. Et ce qui achève de donner à cette « histoire du Meurtre » son caractère d'universalité et de beauté, c'est que, vraisemblable au plus haut point (le héros est un chef à demi-barbare du dixième ou du onzième siècle), elle est, en outre, grande (car il s'agit de la puissance sur les hommes et non d'un sac d'argent à voler), et poétique merveilleusement, étant fort lointaine, reculée dans un passé dont les mœurs et les croyances permettent au poète de traduire en images concrètes et vivantes, en symboles étrangement expressifs, les

« états » les plus importants d'une conscience scélérate.

L'idée naît. Macbeth est thane de Glamir, Duncan le fait thane de Cawdor. Macbeth pourrait donc devenir roi, en tuant Duncan.

> .... D'où vient que je me sens conduire
> A des pensers hideux qui font, à coups pressés,
> Battre et bondir mon cœur contre mes flancs glacés ?

L'idée fait son œuvre :

> .... Ma pensée, où s'imprime
> Un fantôme de meurtre, a désorganisé
> Mon être qui succombe, anéanti, brisé...

Et tout, autour de Macbeth, semble *vouloir* que l'idée se réalise. Duncan vient lui demander l'hospitalité pour une nuit. Lorsque Macbeth prononce ces mots : « Le roi arrive ce soir... » et que, sa femme lui ayant demandé : « Et quand repart-il ? » il répond : « Demain », on sent déjà que, dans sa pensée, le roi ne repartira point, et que Macbeth dit tout bas ce que sa femme dit tout haut : « Demain ? Oh ! non, jamais le soleil ne verra ce demain ! »

Mais le plus dur, c'est le passage du consentement à l'acte. Macbeth est un grand enfant aux volontés brusques et courtes, superstitieux, enclin aux subites terreurs... Puis, « l'humaine douceur l'amollit encore ».

Il voudrait profiter du mal sans le commettre.

Alors intervient l'ordinaire conseillère des meurtriers, la femme. Moins distraite que l'homme par le mouvement de la vie extérieure, plus persévérante et plus entière dans son désir, elle est plus capable de longues préméditations, de desseins recuits dans la solitude. Sa volonté peut être d'autant plus hardie, plus opiniâtre et plus tenace dans le crime, que ce n'est pas elle qui exécute et que la cuisine sanglante du meurtre lui est épargnée. Presque toutes les choses particulièrement atroces, c'est la femme qui les *fait faire*. Car, sans doute, pour les accomplir, il faut être deux, et que l'exécuteur ait, pour ainsi dire, sa volonté en dehors de lui.

Donc, c'est elle, lady Macbeth, l'enjôleuse féroce, qui ose prononcer, la première, les mots décisifs, ceux qui font que le crime est déjà commencé et qu'il s'achèvera nécessairement. Sous l'haleine de cette bouche qui lui souffle son feu d'enfer, Macbeth s'écrie d'abord : « C'est dit ! » Mais, au moment où Duncan entre dans son château, la vision du meurtre proche fait hésiter le meurtrier : « Non ! je n'ai rien promis ! » Il reste immobile et fasciné sur le bord de son crime. S'il pouvait seulement être absent de son corps au moment de l'acte matériel !

> Quand la main frappera, qu'aussitôt l'œil se ferme,
> Qu'il me laisse accomplir le ténébreux forfait,
> Et se rouvre pour voir lorsque tout sera fait !

Oui ; mais après ?

Si, quand la chose est faite, au moins c'était fini !

Il a déjà la prévision et la peur du châtiment inévitable :

> ... Dès cette vie, — et c'est Dieu qui l'ordonne —
> A nos lèvres enfin la justice en courroux
> Va porter le calice empoisonné par nous !

Et il voit l'horreur de l'acte, et il s'attendrit sur la victime :

> ... Et la Pitié, poussant des cris d'alarmes,
> Va pleurer sur Duncan, pleurer toutes ses larmes !

Mais la blonde lady voluptueuse à la peau blanche et aux yeux froids, aux infinis désirs de domination et de jouissance, s'approche du faible criminel, l'enveloppe de ses ardentes exhortations et de ses caresses impérieuses ; lui rappelle la parole donnée ; supplie et commande ; le prend par l'orgueil ; lui fait honte de sa lâcheté ; exaspère en lui la vanité du mâle devant la femelle... Elle mêle à tout cela des regards et des attouchements ; et, quand ce sera fait, elle l'entraînera « au lit, au lit, au lit ! » où elle lui donnera sa récompense.

Bref, elle le « suggestionne », comme nous disons depuis quelques années. Macbeth obéit. Elle a réglé tout le détail du crime. On tuera les deux chambellans pour faire croire que ce sont eux qui ont assassiné leur maître. Cela, c'est le surcroît de crime qui s'ajoute presque toujours au crime d'abord prémédité ; c'est la première marque de la main-mise de la fatalité sur l'âme de l'assassin...

La chose accomplie, Macbeth revient, comme fou. Alors, pour le rassurer par un signe visible de leur complicité et parce qu'elle a besoin qu'il reprenne ses esprits pour ne se point trahir, elle se glisse, — telle la souple, l'élégante hyène après le massacre, — vers la chambre des deux serviteurs égorgés, et elle les barbouille de leur sang. Cela, elle peut le faire, et c'est besogne féminine : car les morts ne se défendent point. Et, montrant à Macbeth ses mains rouges :

Tiens ! regarde ! nos mains sont de même couleur !

Et ce mouvement d'atroce consolatrice n'est pas seulement beau en lui-même. Songez que, seul, il rend possible, plus tard, la scène de somnambulisme de lady Macbeth. Car lady Macbeth est une âme impénétrable et dure comme le diamant ; elle ne croit point au surnaturel, elle n'aperçoit point les spectres ; elle n'a pas, elle n'aura pas de remords. Son sommeil même, où se détend sa volonté, resterait sans trouble, s'il n'y avait eu, à un moment, *du sang sur ses mains*, si elle n'en avait vu la couleur, senti l'odeur, perçu l'humidité. Cette impression physique, dont ses nerfs ont été profondément ébranlés, se réveille dans le somme : c'est une hallucination épouvantée : ce n'est pas le remords, qui est chose de la vie diurne et entièrement consciente. Sans cette ancienne tache rouge et tiède sur sa peau, lady Macbeth demeurerait aussi inexpugnable au châtiment intime, aussi impassible, même la nuit, que telle de nos contemporaines, femme du monde et jolie, qui a un crime dans son passé, mais qui l'a commis « sans y toucher ».

Revenons sur nos pas. Lady Macbeth a beau faire, le crime commis a déposé son poison dans Macbeth. A l'instant où il allait frapper, il s'est senti retranché de la communauté humaine, et retranché de Dieu. Un des chambellans réveillé dans l'ombre en sursaut a murmuré : « Dieu nous assiste ! » L'autre, machinalement, a répondu : *Amen*. Macbeth, lui aussi, aurait voulu dire : *Amen*. Il n'a pas pu.

> Pourquoi n'ai-je pu dire : *Amen* ! à l'heure même
> Où j'avais tant besoin d'être béni moi-même ?

Il sent qu'il n'est plus un homme comme les autres il sent qu'il ne dormira plus jamais :

> ...... J'ai cru, dans l'ombre, entendre
> Crier : « Plus de sommeil ! Tu n'en dois plus attendre,
> Car Macbeth a tué le sommeil innocent »....

Dès lors (je suis obligé de brusquer ici cette analyse), Macbeth n'est plus qu'un fou souffrant et furieux. Aussitôt qu'il se retrouve en présence d'êtres vivants, il perd la tête, il s'abandonne à des explications fébriles et incontinentes, qui le dénoncent aussi clairement qu'un aveu. Et lui qui a tant hésité à commettre le premier meurtre, il est maintenant déchaîné, il est pris d'un délire de sang. Il appartient à son premier crime, qui en veut d'autres. Après Duncan, il égorge Banquo ; après Banquo, la femme et les enfants de Macduff. Il vit dans un cauchemar ; et, tout en obéissant à la force meurtrière qui est en lui, il n'est plus bien sûr de la réalité des choses. Non, vraiment, il n'est plus un homme. Quand on lui annonce la mort de lady Macbeth, il dit : « Qu'importe ? Cela devait arriver tôt ou tard. »

> Ainsi, de jour en jour, au noir gouffre des heures
> S'en vont, à petits pas, demain, demain, demain !

Il se fait à lui-même l'effet d'un spectre enragé, qui s'agite parmi des fantômes.

> La vie !... Ah ! c'est une ombre errante dans l'espace,
> Un pauvre acteur qui sue et s'agite à grands frais
> Une heure sur la scène, et qu'on oublie après !
> C'est un rêve conté par un homme en délire, —
> Emphatique et sonore, et qui ne veut rien dire.

J'ai gardé à part les « symboles » qui abondent dans ce drame, qui sont si beaux, si clairs, si largement significatifs, et qui nous donnent cette impression que nous sommes bien réellement « au milieu du monde » ; que tous nos actes, bons ou mauvais, ont leurs origines et leurs racines ou leurs germes dans cet immense et mystérieux univers où nous sommes plongés ; et que, tandis que Macbeth fait le mal, on peut dire aussi bien que c'est le Mal qui agit en lui. Les sorcières de *Macbeth* seraient des anges dans une Vie de héros ou de saint.

Ces symboles n'ont jamais rien de forcé ni de froid. Ils ne sont presque que de très naturelles et nécessaires métaphores spontanément réalisées, rendues visibles et tangibles. C'est le drame intérieur « objectivé » par la plus puissante imagination de poète qu'on ait vue d'Eschyle à Hugo.

L'idée d'un crime, comment naît-elle ? D'où vient-elle ? Ne semble-t-elle pas venir d'ailleurs que de nous-mêmes, et de plus loin ? Et, en effet, l'Eglise n'enseigne-t-elle pas qu'elle vient du diable ? Et ne dit-on pas aussi : « La voix de la tentation » ? Cette voix, ce sera donc celle des trois sorcières. « Tu seras roi ! » C'est de ce mot, de ce petit mot que tant de crimes sortiront. Et, pour signifier que les sorcières ne sont elles-mêmes que des interprètes, — les truchements d'une mystérieuse *puissance du mal*, — le poète leur donnera pour grimoire les spirales de la lourde fumée qu'exhalent, en brûlant dans le chaudron, les bêtes ou les plantes qui recèlent en elles ou qui expriment le mieux par leurs formes le mal, la laideur.

la haine, la mort. En sorte que le crime de Macbeth a pour conseillère toute l'Ombre et toute la Nuit...

Une autre vérité morale, c'est que c'est l'image même de l'acte qui, en se précisant et en nous obsédant, nous détermine à l'acte. Et c'est pourquoi un poignard apparaît à Macbeth, lui présente sa poignée, et marche devant lui :

>............ Oui, je te vois, luisant,
> Réel comme ce fer, que je tire à présent !
> Tu m'indiques ma route.....
> Je rêve ! ou mon œil vaut tous mes sens à la fois !
> Je te vois toujours là ! Toujours !... Et j'aperçois
> Du sang, qui tout à coup vient de rougir ta lame !...
> Non, ce n'est pas réel ! j'ai ce poignard dans l'âme !

Saisissez-vous, dans ce dernier vers, le retour du symbole concret à la réalité invisible dont il était la figure, et comme cette figure et cette réalité s'engendrent et se ramènent naturellement l'une l'autre ?

Le remords aussi n'est que l'obsession de la pensée par une image, l'image du crime accompli. D'où le spectre de Banquo, que Macbeth est seul à voir. Je n'insiste pas sur ce spectre, qui a joliment fait son chemin dans le monde, — non plus que sur la tache de sang, symbole si parfaitement simple du souvenir indélébile...

Enfin, la seconde scène des sorcières traduit dramatiquement la fatalité ironique et providentielle qui pousse le criminel à sa perte par les voies qu'il soupçonne le moins et où il se croit le plus assuré. D'une part, les trois sibylles annoncent à Macbeth que la famille de Banquo régnera sur l'Ecosse, et elles font défiler devant lui tous les futurs rois, descendants de Banquo. Et, d'autre part, elles prophétisent que Macbeth sera vainqueur tant que la forêt de Birnam ne se lèvera point pour marcher contre lui, et que nul homme né d'une femme n'aura la puissance de le tuer. Comment accorder cela? En tout cas Macbeth est bien tranquille !... Et voilà que la forêt se met à marcher : ce sont les soldats de Macduff dissimulés par de vastes rameaux qu'ils portent devant eux. Et voilà que, défiant Macduff, il apprend que celui-ci a été arraché du ventre de sa mère et qu'il est donc né, non d'une femme, mais d'un cadavre...

AUGUSTE DORCHAIN

Odéon : Reprise de *Conte d'Avril*, comédie en quatre actes et six tableaux, en vers, de M. Auguste Dorchain.

16 mars 1891.

Je suis heureux que l'Odéon ait repris *Conte d'Avril*, d'abord parce que c'est une exquise fantaisie d'amour, et puis parce que M. Auguste Dorchain a une âme charmante.

C'était il y a dix ans ; je vivais alors loin de Paris et je lisais tous les volumes de vers qui paraissaient. Un jour, je tombai sur *la Jeunesse pensive*. Je me souviens encore du charme très doux, très frais et très inattendu que j'y trouvai. Ce petit livre de vers ne ressemblait pas aux autres. Je viens de le relire. Je ne m'étais pas trompé : cette œuvre d'adolescent est tout à fait originale.

Non par les prouesses de la forme : elle se contente d'être harmonieuse, souple et pure. Non par la vigueur ou la nouveauté de la pensée : on ne saurait demander rien de tel à un jeune homme de vingt ans. Mais *la Jeunesse pensive* est étrangement originale par la délicatesse, la beauté et la bravoure naïve du sentiment. Ce que M. Dorchain nous confesse dans ces pages liliales, il fallait, pour entreprendre de l'exprimer, une belle intrépidité de candeur ; et, pour y réussir, une grâce singulière, unique. M. Dorchain a accompli ce miracle, de déconcerter l'ironie du lecteur en lui faisant les aveux qui, précisément, prêtent le plus à la raillerie dans ce bon pays de Gaule.

Quels aveux ? Dans un temps où, sous prétexte soit d'impressionnisme, soit de néopaganisme ou de style plastique, la luxure la plus nue s'étale communément dans les livres des jeunes gens ; dans un pays où la virginité d'un garçon de vingt ans est un sujet de plaisanteries traditionnelles et presque nationales, et où l' « Hippolyte porte-couronne » lui-même s'est cru obligé d'enlever la petite Aricie, crainte d'être traité de coquebin, le poète de *la Jeunesse pensive* ose nous confier qu'il a été très longtemps, un enfant chaste, plein de scrupules, et à qui les « mauvaises femmes » faisaient horreur. Il a l'incroyable audace de nous conter par quelles inquiétudes de conscience un adolescent bien né et bien élevé peut passer, même aujourd'hui, avant de perdre son innocence. Il a le front de ne rêver que d'amour permis, et de terminer un sonnet par ce vœu :

Heureux qui peut passer, sans s'interrompre un jour,
De l'amour de sa mère à l'amitié sereine,
Et de l'amitié sainte à son premier amour !

Sully-Prudhomme nous le dit, dans la préface de *la Jeunesse pensive*, avec une gravité touchante : « Les mœurs en France, où l'on ne connaît pas les vraies fiançailles, rendent très difficile, depuis la puberté jusqu'au mariage, la condition des jeunes gens qui se respectent. Le jeune homme est à peu près abandonné à lui-même pour résoudre le cruel problème qu'impose à sa conscience notre état social. Comment cédera-t-il, sans déchoir, aux instincts les plus impérieux des sens, dont le cœur se fait complice, avant qu'il puisse légalement les satisfaire ? De là des scrupules pleins d'angoisses, des défaillances et des luttes héroïques, tout un drame intérieur éminemment poétique. »

Il est d'autant moins étonnant que Sully-Prudhomme ait aimé ce livre, qu'il a pu y reconnaître, dans les meilleures pages, l'écho très pur et à peine affaibli de sa propre voix. Certains vers sont imprégnés d'une si pénétrante et mélancolique douceur que l'auteur des *Solitudes* ne les désavouerait pas. Telles les stances intitulées *l'Habitude des caresses*, où le poète de vingt ans nous explique que, s'il vient à défaillir enfin, c'est justement parce qu'il a été naguère trop aimé, trop choyé, trop abrité ; c'est par un ressouvenir des caresses passées, une terreur de la solitude, un besoin de se blottir.

Mères, vous aimez trop ces pauvres petits hommes
    Qu'en souriant vous apaisez :
A ces fils, qui seront faibles comme nous sommes,
    Ne prodiguez pas vos baisers ;

Car sur votre âme ainsi vous moulez trop leur âme ;
    Ils pourront un jour en souffrir ;
Ils vous devront un cœur semblable aux cœurs de femme,
    Prompt à saigner, lent à guérir.

Vous leur faites un nid si chaud de vos caresses,
    Toujours vous oubliant pour eux,
Que le cher souvenir des anciennes tendresses
    Les rendra plus tard malheureux.

S'ils sentent, chaque soir, sur leur bouche ingénue
    Votre souffle calme frémir,
Sans le parfum aimé d'une haleine connue
    Ils ne pourront plus s'endormir.

Mères, vous les pressez avec inquiétude
    En les berçant sur vos genoux ;
Ils se rappelleront cette douce habitude
    Quand ils ne seront plus à vous, etc...

Et voici qui achève la grâce de ce petit livre. La pudeur du jeune poète n'est, en rien, celle d'un sé-

minariste aux yeux baissés et qui a peur de l'enfer.
Même elle ne se réclame d'aucun précepte religieux.
C'est plutôt la pudeur généreuse (*pudor ingenuus*) du
poète Perse, le jeune stoïcien, ou de Marc-Aurèle
adolescent, de ce Marc-Aurèle à qui M. Dorchain
emprunte cette épigraphe : « Je dois encore aux
dieux..... d'avoir conservé pure la fleur de ma jeunesse ; de ne m'être pas fait homme avant l'âge ;
d'avoir différé au delà même. » Au fond, mais inex-
primés, des ressouvenirs d'enseignement chrétien,
du « péché » qui est dans l'œuvre de chair ; plus
encore, la délicatesse, la timidité, la retenue un peu
féminine d'un enfant trop soigneusement élevé par
sa mère ; l'assimilation involontaire, chez un esprit
virginal, du geste dernier de l'amour à une malpro-
preté physique ; un sentiment d'orgueil très spécial,
analogue à ce sentiment mystique qui fait que la
plus déshéritée des religieuses considère son humble
corps comme un temple ; l'idée qu'il y a dans la chas-
teté une force, que l'impureté est une plaie par où
s'en vont les énergies des individus et des sociétés,
et que l'impureté est fort souvent à l'origine des
crimes privés ou des désastres publics ; puis, s'il
faut tout dire, une peur instinctive, un recul farouche mais coupé d'hésitations, devant un mystère qui effraye et attire à la fois ; un état d'esprit incertain et troublé, où l'adolescent désire invin-
ciblement les premières caresses, les caresses lé-
gères et douces, celles qui bercent et enchantent, et

redoute en même temps leur aboutissement inévitable parce qu'il y pressent il ne sait quoi de brutal et de violent, une déchéance d'âme, l'abandon, bon gré mal gré, à quelque chose de plus fort que lui, qui lui arrachera le gouvernement de lui-même et qui le soumettra au désir, roi aveugle des hommes comme des bêtes... voilà quelques-uns des sentiments très délicats, très complexes et très fugitifs, que M. Auguste Dorchain exprime ou laisse entendre avec un charme étrange de sincérité...

Pourtant, je dois le dire, vers la fin du volume, le jeune poète succombe. Je me demande si ce n'est pas un peu par un reste de respect pour l'opinion générale de ses compatriotes. Mais, du moins, il prend ses chutes au sérieux ; il souffre, et même se croit obligé de souffrir après chacune d'elles.

> Ton cœur est plus chaud que le nôtre,
> Tu le sens bondir nuit et jour ;
> Tu souffriras donc plus qu'un autre
> Par le désir et par l'amour.
>
> Les femmes te seront cruelles ;
> Toutes celles qui passeront,
> Tu les croiras bonnes et belles,
> Tu verras l'étoile à leur front...
>
> Mais chaque fois qu'à leur visage
> Tes lèvres voudront se poser,
> Tu sentiras comme un mirage
> S'évanouir sous ton baiser...

Il souffre, parce que, quoique à demi averti, il a

persisté, par une contradiction un peu voulue peut-être et dont ses défaillances présentes et sa vertu passée s'accommodent à la fois, à demander aux « mauvaises femmes » ce qu'il soupçonne pourtant qu'elles ne peuvent pas lui donner. Tout cela, c'est la faute de leurs yeux. Car elles ont encore dans leurs yeux ce qui n'est plus dans leur âme, et c'est à cela qu'il se laisse prendre.

Cette pensée, M. Auguste Dorchain a su la développer dans une pièce intitulée : *les Etoiles éteintes*, et qui me paraît un pur chef-d'œuvre de belle imagination et d'émotion triste et tendre. Le poète nous rappelle d'abord que le ciel est plein d'astres morts. Voyez-vous cette étoile vers le zénith ? Féconde jadis, elle enfantait l'amour, la pensée et la vie. Puis, ses bruits se sont tus, ses rayons éteints, et, morte, elle erre en silence dans le vide.

> Pourtant, elle est si loin, que depuis des mille ans
>   Qu'elle va froide et solitaire,
> Le suprême rayon échappé de ses flancs
>   N'a pas encor touché la terre.
>
> Aussi, rien n'est changé pour nous : chaque matin
>   La clarté de l'aube l'emporte,
> Et chaque soir lui rend son éclat incertain ;
>   Personne ne sait qu'elle est morte.
>
> Le pilote anxieux la voit qui brille au loin,
>   Et là-bas, errant sur la grève,
> Des couples enlacés la prennent à témoin
>   De l'éternité de leur rêve...

De même, parmi les femmes que tu rencontres et que tu crois vivantes, combien dont le cœur est déjà glacé ! Ami qui rêves d'immuables maîtresses,

> Si tu ne veux toujours et vainement souffrir,
>   Choisis vite une blanche épouse,
> Dont la fleur pour toi seul commence de s'ouvrir,
>   De son vierge parfum jalouse...
>
> Mais n'abandonne pas aux autres un seul jour
>   Ton âme tendre de poète,
> O rêveur qui pourrais prendre pour de l'amour
>   Leur étreinte froide et muette !
>
> Parfois, dans leurs regards clairs ou mystérieux,
>   Tu croiras voir luire une flamme...
> Garde-toi ! le reflet est encor dans les yeux,
>   Mais le foyer n'est plus dans l'âme.
>
> O bien fou qui prendrait pour éclairer ses pas
>   Ces lueurs trompeuses ou feintes !
> Ne te retourne pas ! Ne les regarde pas !
>   — Ce sont des étoiles éteintes.

De toutes les variations où nos poètes se sont divertis, depuis quelques années, sur des thèmes de Shakespeare, je ne dirai pas que le *Conte d'Avril* est la meilleure, car je n'en sais rien ; mais je crois bien que c'est la plus pure et comme la plus fluide, et celle où respire la grâce la plus aisée. C'est celle d'ailleurs où le poète a pris le plus de liberté et s'est montré le moins préoccupé du texte shakespearien.

Je ne vous raconterai pas la pièce, puisque la représentation de jeudi dernier n'était qu'une reprise. Je veux seulement vous rappeler qu'il y a dans *Conte d'Avril* la plus délicieuse situation sentimentale, et si finement et joliment traitée ! Voici :

Orsino, duc d'Illyrie, aime la belle veuve Olivia. A vrai dire, il l'aime surtout parce qu'elle est dédaigneuse et qu'elle lui résiste Il l'aime pour le plaisir de lui donner des sérénades et de lui envoyer des sonnets. Il l'aime pour l'orgueil d'être quelque jour son maître et de le faire savoir, et de la promener, somptueuse et rayonnante, au milieu des foules extasiées.

Or, le duc Orsino a, dans sa cour, un page favori : Silvio, son compagnon et son confident ordinaire. Ce petit page est bien, bien joli : c'est que, voyez-vous, ce petit page est une jeune fille habillée en garçon, et que son vrai nom est Viola. Pourquoi Viola a pris ce déguisement, et quel serment l'oblige à le garder, c'est ce que je n'ai pas à vous dire ici. Mais Viola-Silvio s'est mise à aimer le duc, — douloureusement. et sans espoir, puisqu'elle le voit épris de la belle Olivia et qu'au surplus Viola n'a pas le droit de révéler au duc qu'elle n'est point un garçon.

Sans espoir ? Eh bien, si, pourtant ! Nous assistons à un très subtil phénomène de suggestion amoureuse. Viola aime si ardemment son frivole seigneur ; elle l'entoure, sous le couvert d'un dévouement de bon petit page, d'une adoration si ardente, que le duc, peu à peu, se sent ému sans savoir pourquoi, ému de quelque chose qui ne vient point d'Olivia ; insensiblement il conçoit l'idée et le vague désir d'un amour plus profond, plus intime et plus vrai que celui qu'il éprouve pour la belle veuve. C'est que la passion silencieuse de Viola-Silvio a créé autour de lui comme une atmosphère de tendresse dont il est pénétré à son insu. Il sent la chaleur du foyer sans en voir la flamme. Ecoutez ce couplet. Orsino vient de dire de quelle façon fastueuse et galante il aime Olivia. Alors le petit page :

Voilà donc ce que c'est que l'amour ! — ou le vôtre
Tout au moins ! — car pour moi j'en imagine un
[autre,
A la fois plus intime, et plus tendre, et plus doux
Que cet amour pompeux qui vous plait tant à vous !
Si j'étais votre femme ou votre fiancée,
Maître, — pour supposer une chose insensée, —
Ah ! comme je fuirais l'importune rumeur
Que les indifférents font autour du bonheur !
Je voudrais vous suffire à force de tendresses,
Et mes fêtes, à moi, ce seraient vos caresses...
— Le cœur d'Olivia, sans doute, est moins enclin
A ces calmes plaisirs..., mais je suis si câlin !

LE DUC, *qui est devenu rêveur*.

Tais-toi. Si j'écoutais plus longtemps ton histoire,
Mon petit Silvio, je finirais par croire
Qu'une autre femme un jour me pourra mieux charmer
Et que je n'aime pas autant qu'on peut aimer.

Ainsi, le charme opère déjà. Un peu auparavant, comme Silvio, les yeux brillants de passion, jouissait malgré lui de la sérénade adressée à Olivia, le duc a demandé au petit : « Eh quoi ? mon enfant, serais-tu amoureux, toi aussi ? » Et Silvio-Viola a répondu : « Oui, Monseigneur. — Et qui est ta maîtresse ? Est-elle brune ? ou blonde comme moi ? — Comme vous. — Et quel est son caractère ? — Elle est comme vous capricieuse et bonne. — Et où est-elle ? — Tout près d'ici. — Son nom ?

> Je le garde en mon âme.
> Du reste, Monseigneur, n'en soyez point jaloux :
> Je n'ai jamais aimé de femme autant que vous.

Mais le duc ne peut pas comprendre ; il charge le petit page d'aller porter à Olivia, de sa part, une bague et un sonnet ; et il embrasse l'enfant pour sa commission... « Oh ! le cruel ! » murmure Viola.

Tout de même, ne la plaignez pas trop. Dans cet investissement innocent du cœur d'Orsino, nous venons de voir, si je puis dire, la première opération de Viola. Et voici la seconde. Le duc vient d'être repoussé par Olivia. Viola profite tout de suite de la circonstance : « Consolez-vous, dit-elle au duc, une autre vous aimera. — Ah ! fait le duc, je suis bien malheureux. — Eh ! non, vous n'avez que du dépit. Ceux qui aiment vraiment ont des pleurs. — Et comment sais-tu cela, petit page ? » Et Viola raconte alors qu'elle eut autrefois une sœur, que cette sœur vivait cachée auprès d'un beau cavalier qu'elle aimait d'un grand amour, et qu'elle en est morte, et que le beau cavalier n'a pas su comprendre. « Oh! moi, j'aurais compris!... » dit naïvement le duc. « Ce n'est pas sûr, reprend Viola. Qui sait si, en ce moment même, il n'y a pas, quelque part, une femme qui vous aime et qui vous appelle? » Alors le duc, très pensif :

> Oui... Quand Olivia me repousse et me glace,
> Il me semble parfois que quelqu'un prend sa place.
> Qui ? Je ne sais... je suis à l'aveugle pareil :
> Ses yeux clos n'ont point vu la splendeur du soleil ;
> Mais des rayons dorés qu'il ne peut pas connaître
> La douceur cependant l'échauffe et le pénètre...
> Ainsi j'ai cru sentir, en des instants d'émoi,
> Un amour inconnu flotter autour de moi.
> — Une femme qui m'aime ? — Oh ! s'il en était une,
> Quels que fussent son rang, ses aïeux, sa fortune,
> Je me proclamerais aujourd'hui son amant,
> Et demain son époux...

Et maintenant, le cœur du duc Orsino est prêt. Viola n'a plus qu'à se démasquer. Mais auparavant, un dernier épisode nous permettra de connaître quel sentiment particulier et indéfinissable, — qui est plus que de l'amitié et qui ne peut pas être de l'amour, puisqu'il prend toujours Viola pour un garçon, — le duc nourrit pour son gentil page. Par un quiproquo qu'il est tout à fait inutile de vous expliquer, le duc est amené à croire que son petit page l'a desservi et supplanté auprès d'Olivia. Or, chose étrange, il souffre beaucoup moins d'avoir été abandonné par elle que d'avoir été trahi par lui :

> Oui, ce qui maintenant me tient l'âme occupée,
> C'est moins l'amour déçu que l'amitié trompée.
> Un ami me restait... Fidèle encor, c'est lui
> Qui m'aurait consolé de ma peine aujourd'hui.
> . . . .
> Lui seul avait compris, quoique tout jeune encore,
> Mon cœur capricieux comme un reflet changeant,
> Plaignant tous mes soucis et tous les partageant...
> Je le croyais du moins... Je ne puis plus le croire...
> A qui donc se fier ?... Quelle trahison noire !...
> Silvio, Silvio, tu me fais bien souffrir.

L'œuvre de suggestion amoureuse est achevée, puisque Orsino se plaint de son petit compagnon du ton dont il se plaindrait d'une maîtresse. Aussi, dès qu'il apprend que Silvio, c'est Viola, il n'est pas long à voir clair dans son cœur, et tout de suite il ouvre ses bras à l'enfant tendre et fine qui a su se faire aimer parce qu'elle le voulait. — Tout cela, comme vous avez pu voir, est nuancé à ravir ; c'est du Marivaux coloré et lyrique. Joignez que, au théâtre, ces travestissements galants, très aimés de nos pères (les comédies et tragi-comédies du dix-septième siècle en sont pleines), ont presque toujours un charme singulier. Outre qu'une équivoque dont on a le secret amuse naturellement, il s'y mêle, surtout à la représentation, je ne sais quoi d'un peu sensuel, et que je n'ai pas à approfondir.

FRANCISQUE SARCEY

Odéon : Conférence de M. Francisque Sarcey sur *le Misanthrope.*

17 novembre 1890.

Je veux croire pour vous que vous êtes comme moi. Ceux des grands artistes d'autrefois que vous aimez le plus, je suis sûr que vous les aimez avec une tendresse un peu naïve, que vous les aimez jusque dans leur enveloppe mortelle, aujourd'hui dissoute et évanouie. N'est-ce pas que ce nous serait un plaisir de savoir exactement quelle tête ils ont eue, de nous les représenter dans la vérité familière de leur allure, de surprendre leur regard, d'entendre le son de leur voix ? Leur voix, hélas ! nous ne l'entendrons jamais. Nous ignorerons toujours quel son rendaient les mots sur les lèvres de Pascal, de Molière ou de Racine. Mais leur visage, du moins, ne pouvons-nous le connaître ? Non. Leur visage vivant nous échappera toujours. Encore nous est-il permis de nous faire quelque idée de ceux qui ne portaient pas de trop vastes perruques, et de nous figurer la tête de nos amis du temps de Louis XIII et du seizième ou du dix-huitième siècle. Mais ceux du temps de Louis XIV ? Mais Molière ? Mais La Bruyère ? Mais surtout le divin Racine ? Essayez un peu d'imaginer quelle tête il aurait s'il était un de nos contemporains, s'il était débarrassé de ses faux cheveux, s'il était coiffé comme nous, un peu chauve ou, au contraire, les cheveux en brosse, et si, par exemple, il portait toute sa barbe ? Moi, je n'y parviens pas, et j'en souffre. J'admets qu'il ressemble à son buste ; mais son buste me le déguise, me dérobe son front et la forme de sa tête, ne me le montre pas vivant, l'éloigne encore de moi au lieu de le rapprocher. Bref, je suis malheureux de ne pouvoir, même en imagination, coiffer à la Titus le buste de Racine, ni lui ajouter un corps, ni l'asseoir devant moi et l'accouder de l'autre côté de ma table...

Et il en est de même des œuvres de ces grands écrivains. S'il est difficile de faire abstraction de leur perruque, et si cette perruque empêche de bien saisir leurs traits véritables, les commentaires infinis dont on a surchargé leurs œuvres et qui en restent inséparables dans notre mémoire ne permettent presque plus de les voir telles qu'elles sont, d'en démêler avec assurance les contours natifs... Il faudrait qu'un esprit lucide et ingénu se chargeât d'écarter ces végétations parasites et solennelles, commentaires et perruques, et d'aller chercher l'œuvre toute nue à travers les explications accumulées. Et sans doute c'est un peu ce qu'a fait, l'autre jour, le bon sens robuste de M. Francisque Sarcey à propos du *Misanthrope*. Seulement, il arrive que l'œuvre, ainsi dépouillée de ce que d'ingénieux et parfois profonds commentateurs y avaient ajouté, paraît presque trop simple. Et l'on est tenté de regretter l'image trop compliquée, mais beaucoup plus intéressante, qu'on s'en formait auparavant. Et alors on en veut un peu aux simplificateurs...

Mais c'est de la conférence de l'Odéon qu'il s'agit. Ai-je besoin de vous dire qu'elle a été fort amusante ? Je vais, selon ma coutume, vous en donner une transcription fidèle, quoique un peu abrégée. Hélas ! il y manquera bien des choses, et, notamment, presque tout : car il y manquera l'accent, les intonations, le geste, le ventre... « Ah ! disait Eschine en parlant de Démosthène, si aviez entendu *le monstre !* » Le monstre, ici, est un monstre bonhomme et cordial, un monstre gai, copieusement gai, aussi divertissant, et un peu de la même façon, que nos plus célèbres comédiens, d'un bon sens joyeux et dru, d'une imagination abondante dans le genre familier, quelque chose comme frère Jean des Entommeures odéonisant.

Voici donc, très imparfaitement fixée, l'ombre de la parole de M. Francisque Sarcey :

D'abord, l'exorde habituel.

« Depuis deux siècles, et surtout depuis cinquante ans, on a entassé les commentaires et les considérations sur le caractère d'Alceste. Si bien qu'on n'y voit plus goutte. On a oublié que *le Misanthrope* est une pièce de théâtre. Nous sommes au théâtre ; je suis un homme de théâtre ; c'est une pièce de théâtre que l'on va jouer ; j'étudierai donc cette pièce de théâtre au point de vue du théâtre. Voilà. »

M. Sarcey nous rappelle alors que Molière a attaqué le faux sous toutes ses formes : le faux en littérature, le faux en religion, le faux dans le mariage, etc.

« Quelle est donc l'espèce d'hypocrisie que Molière a traduite sur les planches dans *le Misanthrope ?*

« C'est l'hypocrisie des manières, des convenances et des conventions mondaines, ce qui forme le Code du savoir-vivre.

« L'origine et la raison de ce Code, la voici : L'homme est naturellement égoïste et personnel : il se désintéresse parfaitement de ce qui touche les autres. Or, un monde où chacun ne songerait qu'à soi et le laisserait voir ne serait pas habitable.

« Là-dessus, qu'est-ce qu'elle a dit, la société ? La société a dit : — « Je ne peux pas changer les hommes. Mais je vais régler leurs relations par un cérémonial. Ce cérémonial sera tel, que les hommes auront l'air de ce qu'ils ne sont pas. Ils auront l'air doux, polis, indulgents, prévenants et dévoués ; bref, ils auront l'air de s'intéresser vivement aux autres, bien qu'ils s'en moquent.

« On a donc réglé, en premier lieu, la manière de s'aborder. Vous rencontrez un monsieur de votre connaissance : — Eh ! bonjour, cher ami. J'ai su que vous aviez été souffrant. Je vois avec plaisir que vous allez mieux. Et votre femme ? Et vos enfants ? Madame votre tante est-elle rentrée à Paris ? etc... »

« Tout cela vous est absolument indifférent. Ce monsieur le sait, mais il vous répond tout de même ; et, bien que votre indifférence à son endroit n'ait d'égale que son indifférence sur ce qui vous touche, il vous interroge à son tour, d'un air aimable, sur vos petites affaires.

« Et c'est très bien réglé ainsi. Qu'est-ce que vous voulez qu'on dise à un monsieur qu'on rencontre ? On ne peut pourtant pas mettre tout de suite la conversation sur l'immortalité de l'âme !

« Secondement, il a été convenu de ne jamais dire aux gens, en face, des choses désagréables. Une dame vous dit : — « Comment trouvez-vous ma robe ? » Vous songez : — « Est-elle fagotée ! » mais vous répondez : — « Délicieuse ! D'ailleurs vous rajeunissez, etc. »

« C'est pour rendre cette loi moins difficile à observer qu'on a coutume de présenter les uns aux autres les gens qui ne se connaissent pas. Comme ça, si vous dinez à côté d'un banquier, vous éviterez de dire, au courant de la conversation, que tous les hommes de bourse sont des voleurs.

« Néanmoins, il est des vérités qu'on peut être obligé de dire par conscience, à moins qu'on ne tienne à les dire par malice. Ces vérités, il faut leur donner un tour qui ne soit pas choquant ni brutal.

« C'est pour ça qu'on a inventé un langage spécial, où l'expression est agréable et le sens désobligeant, et que j'appellerai le langage des équivalents.

« Par exemple, vous vous informez d'une jeune fille ; vous demandez : — « Est-elle jolie ? » On vous répond : — « Elle est très bien faite. » Vous êtes fixé : c'est un singe.

« Vous continuez : — « De l'esprit ? » On vous répond : — « Education parfaite. » Vous traduisez : « bête comme une oie. »

« Oui, il y a ainsi toute une langue à l'usage de la société polie. Et tenez, la déclaration d'amour, vous savez comment elle se fait au théâtre. Eh bien ! ça ne se passe jamais ainsi dans la réalité. On insinue les choses, on prend des détours. Par exemple, si la dame a un petit chien, on s'adresse au petit chien. On lui dit : — « N'est-ce pas que tu es un bon chien ? Ce n'est pas toi qui grognes quand on te caresse ? Ce n'est pas toi qui te retires quand on te prend tes petites papattes ? » Comme ça, s'il ne plaît pas à la dame de comprendre, elle n'a qu'à répondre : — « Oui, Toto est une bonne petite bête » ; et vous ne vous êtes pas compromis, ni elle non plus.

« Troisièmement, il y a, dans chaque milieu mondain, un certain nombre d'opinions admises, en littérature, en morale, en religion, en politique. Vraies ou fausses ? Il n'importe. Généralement, ces vérités de salon nous sont imposées par les femmes.

« Moi, tel que vous me voyez, je me suis fait flanquer à la porte d'un salon, autrefois, en province, pour avoir fait l'éloge de Voltaire. J'avais tort : j'avais offensé l'une des vérités du salon où j'étais reçu.

« Aujourd'hui, nous avons une quantité de milieux mondains. Sous Louis XIV, il n'y en avait qu'un : la cour. Pour être « du monde », il fallait penser comme la cour.

« Pour imposer ces opinions qui font office de vérités, le monde a à sa disposition une force énorme : le ridicule. On est ridicule quand on ne pense pas comme lui, et cela est terrible.

« La société impose ainsi à ses membres les vérités qu'il lui plaît. En Angleterre, il est convenu que jamais, au grand jamais, une femme n'a trompé son mari. Celui qui ose dire le contraire dans un livre (car au théâtre on ne le supporterait pas), celui-là offense la vérité anglaise, et est mis au ban de la société.

« Ces conventions mondaines, elles n'ont jamais été si fortes ni si tyranniques qu'au dix-septième siècle. Au seizième siècle et même au dix-huitième, un honnête homme disait à peu près tout ce qu'il voulait sans être conspué. Sous Louis XIV, c'était impossible.

« Eh bien, c'est à cet ensemble d'usages, de façons, de convenances et d'opinions de salon que Molière va s'en prendre dans *le Misanthrope*. C'est au travers de tout cela qu'il va lâcher son homme.

« La première qualité qu'il lui donnera, c'est la sincérité.

« En quoi consiste cette sincérité ? D'abord à penser par soi-même, à n'accepter comme vrai que ce qu'on a éprouvé être tel, et, si l'on admet quelquefois les opinions des autres, à ne les admettre que pour des raisons qui sont bien à vous. Cela est très rare et très difficile, sachez-le bien.

« Mais il y a autre chose chez Alceste. Nous connaissons des hommes qui, certes, pensent par eux-mêmes, mais qui se contentent de cela, qui laissent aller les choses et conforment dédaigneusement leur conduite à l'usage. Tels M. Renan ou M. Anatole France. Mais la sincérité d'Alceste est agissante. Elle s'accompagne d'une logique passionnée. Ce n'est pas un *jemenfichiste*, celui-là. Ce qu'il pense, il l'applique. Il est comme enragé de vérité ; et, quand il la tient, il la pousse, dans la pratique, jusqu'aux dernières conséquences, quoi qu'il en puisse advenir de fâcheux pour lui ou pour les autres.

« Voyons maintenant comment, dans la pièce de Molière, Alceste bouscule toutes les convenances et toutes les conventions, futiles ou sérieuses.

M. Sarcey nous montre alors, dans une série de très vivantes analyses, Alceste bousculant les convenances numéro 1 avec Philinte, et, par son mépris des « équivalents » du langage mondain, bousculant les convenances numéro 2 avec Oronte, Éliante et Arsinoé.

« Et les convenances ou, pour mieux dire, les conventions numéro 3 ? Molière, comme vous pensez, était beaucoup moins libre sur ce point. Pourtant, parmi les opinions reçues, il en est deux, et assez importantes, qu'il ose bousculer.

« C'est d'abord la superstition de la cour. Relisez la tirade d'Alceste dans son entretien avec Arsinoé. Jamais on n'a ramassé plus énergiquemeet tout ce qu'on pouvait reprocher à la cour de bassesses et de vilenies.

« C'est ensuite (au premier acte) la vénalité de la justice, alors universellement et tranquillement admise. Alceste s'insurge contre elle, et avec quelle obstination furieuse ! Il montre là, vraiment, un tempérament de révolutionnaire...

« Maintenant, tout ça ne suffirait pas pour faire une pièce. La pièce, elle est dans la lutte d'Alceste contre Célimène.

« Les hommes comme Alceste portent partout, et même dans leurs passions amoureuses, la même ardeur de logique intransigeante. Or, sur quelle femme Molière fait-il tomber Alceste ?

« Sur Célimène, c'est-à-dire sur l' « éternel féminin » dans toute son horreur.

« Célimène aime-t-elle Alceste? On ne sait pas. Molière lui-même n'en sait rien. Il nous avoue son incertitude par la bouche d'Eliante. Mais, du moins, Célimène fait cas de ce farouche amoureux Elle songe : « C'est un ours, mais il a du poil. » Et alors elle s'amuse à le torturer avec beaucoup d'art. Leurs conversations sont impayables. Comme elle est pleine d'esprit, elle oppose la logique à ce logicien ; elle le « colle » tout le temps. Alceste en devient enragé. « Mon Dieu ! mon Dieu ! pense-t-il, ce que je dis est juste, pourtant ! Et avec ça c'est toujours moi qui ai tort ! »

« Au quatrième acte, il souffre dans son goût de logique et sa passion de vérité autant que dans son amour. Et on souffre avec lui ; on est tenté de lui dire : — « Mais tape donc dessus ! Elle n'attend peut-être que ça pour s'attendrir. »

« Car nous aimons Alceste. Dans la pièce même, Alceste est aimé de tout le monde, comme tous ceux en qui l'on sent une force. Alceste est de ces hommes qui font dire aux femmes : — « Voilà un mâle! »(Elles se trompent quelquefois.)Quelles chiffes auprès de lui, que Philinte et Eliante !

«.... Alceste s'en va. Pour combien de temps ? La pièce s'évapore au lieu de finir. Ce dénouement du *Misanthrope* a la grâce des choses indéterminées.

« En résumé, Alceste, tout admirable qu'il est, est

absolument ridiculé dans un certain nombre de cas. Mais ce ridicule est beaucoup moins senti aujourd'hui qu'autrefois. Par exemple, on trouve assez naturel qu'il s'emporte contre les embrassades que Philinte prodigue à des inconnus ; on oublie que ces embrassades, c'était l'équivalent des poignées de main d'aujourd'hui. Les « convenances » ont changé.

« Et alors, par un lent revirement, les grandes et belles parties du caractère d'Alceste s'éclairent de plus en plus. Il bénéficie de nos mœurs démocratiques. Il serait très difficile maintenant de jouer Alceste en comique.

« Moralité : 1° Il faut toujours penser par soi-même. 2° Il faut autant que possible agir comme on pense. Mais il n'est pas mauvais pour cela d'être un esprit supérieur. Car, à bousculer certaines convenances, si on n'est pas un esprit supérieur, on n'est plus qu'un butor. »

MOLIÈRE

Comédie française : *Le Malade imaginaire.*

22 février 1891.

M. Coquelin aîné faisait Diafoirus. Il a été d'une merveilleuse ampleur. Le personnage s'enflait, déployait l'envergure de ses manches, devenait gigantesque. Les mufles satisfaits des pédants de tous les temps semblaient revivre dans la moue doctorale et amène de ses lèvres, dans le pli de ses babines, dans le renversement de son menton gras. Les âmes creuses de plusieurs milliers d'imbéciles solennels semblaient prononcer avec lui : *Bene* ! *Optime* ! Et quand, après quelques secondes de réflexion sérieuse, il a laissé tomber d'un air de condescendance imposante : « Baisez, Thomas », on eût dit que toutes les Bibles des convenances à travers les âges, tous les codes et toutes les conventions par où les hommes ont ordonné leurs rapports civils et sociaux et réglementé la nature octroyaient, par sa bouche, au docile Thomas la permission sollicitée.

Et l'admirable couplet : « Monsieur, ce n'est pas parce que je suis son père... », ce couplet si beau de relief et de ramassement, d'une ironie si forte, si pleine, si substantielle... ah ! de quel air d'assurance formidable M. Coquelin a su le dérouler ! Des siècles et des siècles de routine héritée, de doctrine formelle et vide, de tyrannie et de soumission intellectuelle, de suffisance imperturbable et de docilité inepte, d'entêtement orgueilleux et féroce dans le faux, de profonde inintelligence des choses, consacrée et précieusement transmise en immuables formules ; bref, toute l'énorme sottise humaine semblait chanter un hymne triomphal dans ce magnifique couplet où l'éternel Pédant se peint lui-même en louant l'éternel Disciple. « ... Il n'a jamais eu l'imagination bien vive, ni ce feu d'esprit qu'on remarque dans quelques-uns ; mais c'est par là que j'ai toujours bien auguré de sa judiciaire... Il est ferme dans la dispute, fort comme un Turc sur ses principes, *ne démord jamais de son opinion*... Mais sur toute chose ce qui me plaît en lui, et en quoi il suit mon exemple, c'est qu'il s'attache aveuglément aux opinions de nos anciens, et que jamais il n'a voulu comprendre ni écouter les raisons et les expériences des prétendues découvertes de notre siècle touchant la circulation du sang et autres opinions de même farine. »

Cette page (relisez-la tout entière, je vous prie) est assurément une de celles qui donnent la plus haute idée de l'esprit de Molière. La portée de cette page me paraît presque effrayante. On craint, en y songeant, que le monde ne soit principalement conduit, depuis qu'il est monde, par Diafoirus père et fils. Ce jeune idiot qui est devenu si fort et qui a appris tant de choses sans rien comprendre, n'est-ce pas vous et n'est-ce pas moi ? Ne sommes-nous pas tous, par quelque point, des Thomas Diafoirus ? Notre éducation n'a-t-elle point été aussi toute formelle, et n'est-ce pas de mots que nous vivons ? Qui sait si, parmi les opinions par nous reçues et dont nous nous croyons le plus assurés, il n'y a pas des inepties pitoyables ? Ne sommes-nous pas, sans nous en douter, d'une timidité ridicule devant le vrai ? Le malheur, c'est que nous ne pouvons même pas démêler à quel point et sur quoi nous sommes victimes ou dupes de l'habitude et de la tradition. Il est bien probable pourtant que nous nous mouvons au milieu d'absurdités qui nous échappent, — mœurs, coutumes, lois, institutions, théories scientifiques. Oh ! n'être point Thomas ! ou, si vous voulez, être Thomas comme Didyme, afin de ne l'être point comme Diafoirus ! Comment faire ? Dire que des choses dont l'idée seule nous effare, — ou que nous ne concevons même pas, — paraîtront peut-être naturelles et nécessaires dans quelques siècles ! Comment arriver à un état d'esprit tel que, si nous revenions au monde dans mille ans (je suppose que le progrès se sera fait lentement, en dépit du diafoirisme), nous n'en soyons pas trop étonnés et ne jugions point que nous fûmes de tristes nigauds ?...

Evidemment Molière, s'il revenait aujourd'hui, n'aurait, lui, aucun sérieux étonnement, — à peine quelque petite surprise touchant certaines applications de la science à la commodité de la vie extérieure. Mais, sur l'essentiel, il serait encore notre homme. Voilà ce qu'il ne faut jamais oublier quand on parle de lui.

Il est fort possible qu'il y ait eu, et même chez nous, des génies plus fins que celui de Molière, plus singuliers, plus tendres, plus délicieux, plus pénétrants dans la peinture des passions. Le genre comique interdit d'ailleurs à l'écrivain certaines délicatesses. Sans doute, si on le replace à son époque et si on le compare à ses contemporains, qui avaient presque tous, et même les meilleurs, un fond de dureté, on reconnaîtra que cet homme d'un si robuste génie eut, en outre, une âme charmante et bonne. Mais, enfin, on peut trouver aujourd'hui, — et quelques-uns trouvent en effet, — qu'il eut une santé d'esprit un peu grossière et un bon sens par trop direct. Je crois même que c'est là le sentiment de tous les jeunes écrivains qui pensent aujourd'hui avec le plus de finesse ou de piété. Molière n'a rien de ce qu'il faut pour plaire ni à nos plus récents psychologues, ni aux tolstoïstes ou aux néo-mystiques. Si M. Paul Desjardins songe jamais à recruter dans le passé des « compagnons de la vie nouvelle », je ne sais pas qui il enrôlera, mais,

à coup sûr, il n'enrôlera pas Molière. J'avoue moi-
même que l'auteur de *l'Ecole des femmes* ne peut pas
être d'un bien grand secours pour le perfectionne-
ment de la vie intérieure. L'esprit gaulois tient
forcément une assez grande place dans son œuvre;
et il y a des hommes dédaigneux et doux qui ne font
grand état, à l'heure qu'il est, de l'esprit gaulois, soit
parce que voilà déjà bien des siècles qu'il s'ébat, soit
parce que ses derniers représentants, chansonniers
ou vaudevillistes, ont paru gens d'esprit court, et de
peu d'élégance morale. Je connais un tendre et profond poète (Sully-Prudhomme répondrait à ce signa-
lement, mais ce n'est pas lui), à qui Molière fait
vraiment mal, qui se sent offensé et comme bousculé
par la simplicité et la rudesse de son comique, et qui
le considère avec une antipathie effrayée et plaintive.
Il ne conçoit pas qu'on puisse railler ce qui est laid,
ni rire de ce qui est triste. Comme Fénelon et Rousseau, mais avec quelque chose de plus naïvement
désolé, il ne pardonne à Molière ni le *Tartuffe*, ni
même *le Misanthrope*.

J'ai naguère expliqué (1) en quoi le *Tartuffe* devait
froisser, en effet, toutes les âmes pieuses, toutes
celles en qui vit le sentiment religieux. Que voulez-
vous? Molière n'avait aucune coquetterie d'esprit.
Il ignorait l'art relativement récent de s'attendrir sur
les croyances qu'on n'a pas. Ce n'était peut-être pas

---

(1) Voir IMPRESSIONS DE THÉATRE, 4ᵉ série, p. 37 et suiv.

le moment, vingt ans à peine avant les dragonnades, de se livrer à ces jolis exercices sentimentaux et de cultiver en soi-même ce que j'appelais dernièrement la piété sans la foi. Il faut bien le reconnaître, l'incroyance de Molière semble avoir été assez peu nuancée. Se complaire dans un de ces états d'esprit intermédiaires entre la négation et la foi, que M. Renan compare, pour leur insaisissable subtilité, aux reflets changeants du cou de la colombe, c'est un luxe et un divertissement qui n'est peut-être permis qu'aux temps de liberté... Oui, c'est encore vrai, Molière a sur les choses des opinions trop franches et trop unies ; il a une netteté un peu crue d'homme de théâtre. Ses sentiments sur la femme, sur son éducation et sur son rôle, n'ont absolument rien de raffiné. Elles sont entachées de bourgeoisisme et de gauloiserie. L'auteur de *la Fontaine de Jouvence* le lui reproche quelque part : « ... De même que les personnes pieuses auront toujours contre *Tartuffe* un grief assez fondé, de même il me semble que les personnes sérieuses auront toujours quelque peine à approuver *les Femmes savantes*. Cette façon de présenter les meilleures choses par leur côté ridicule, cette préférence accordée à la vulgarité bourgeoise sur la noblesse intellectuelle, parfois peut-être affectée, a toujours de graves inconvénients dans un pays comme le nôtre, où le ton est la règle à peu près souveraine de l'opinion, et je ne m'étonne pas que les sociétés distinguées de 1672 aient fait tous leurs efforts pour arrêter à sa naissance ce dangereux ouvrage. Qu'il y aurait une belle apologie à écrire *pro docto femineo sexu*! » Il est sensible que, à la suite de M. Renan, tous nos renchéris estiment Molière un génie un peu gros, un peu populaire et forain, et ne jugent point qu'il soit pâture d'âme. D'avoir si bien exprimé l'esprit de notre race dans ce qu'il a de plus général, cela même nuit à Molière, maintenant que cet esprit semble s'affaiblir, s'obscurcir et se compliquer. C'est, aujourd'hui, auprès des âmes noblement inquiètes, une mauvaise recommandation pour un écrivain du passé que d'avoir été un pur « gaulois », le mot fût-il entendu dans son meilleur et son plus large sens...

Et pourtant !... Si, parmi les hommes morts depuis deux siècles, vous cherchez celui qui, revenu parmi nous, aurait le moins l'air d'un étranger, celui qui nous comprendrait le plus vite, celui avec qui vous-mêmes, chers néo-mystiques, pourriez converser le plus commodément... oh ! ne dites pas que c'est M. Ollier, Saint-Cyran ou Pascal, — car vous n'en croyez rien ; ne dites pas non plus que c'est Bourdaloue ou Bossuet, — car vous savez bien que vous leur feriez horreur, et que ce que vous appelez votre sentiment religieux leur paraîtrait un abominable raffinement dans le libertinage ; ne dites pas que c'est Racine, ce poète incomparable qui joignit à la plus grande hardiesse dans la peinture des passions la plus singulière timidité de pensée spéculative.

Non ; c'est peut-être un peu Charles Perrault et c'est peut-être beaucoup La Bruyère ; mais, au bout du compte, c'est Molière ; ce n'est aucun autre que lui, n'en doutez pas.

Il serait, dis-je, et très aisément, de plain-pied avec nous : car il est le seul, absolument le seul grand écrivain de son siècle, dont l'œuvre respire une entière liberté de pensée. Et ne dites point que ce n'est pas là un si grand mérite, que cette liberté est à la portée de tout le monde, et qu'elle a été pratiquée, du temps même de Molière, par nombre de viveurs d'intelligence médiocre, voire de simples goujats. Cela prouve simplement qu'il y a diverses sortes de « libertins » et d'esprits forts, comme il y a différentes qualités de chrétiens. Il est d'autant plus facile à un Chapelle ou à un Regnard de penser librement qu'ils sont à peu près incapables de penser. Mais j'ose croire que, tout de même, ce n'est pas le cas pour l'auteur de *l'Ecole des femmes* et du *Misanthrope*.

Et je suis sûr que, au bout d'un quart d'heure de causerie, vous seriez charmé de sa clairvoyance et de son indulgence. Vous vous souviendriez alors que cet homme n'a point commencé, en effet, par être un « homme de lettres », qu'il ne s'est mis à écrire qu'à quarante ans, qu'il a mené pendant quinze années la vie la plus aventureuse ; que, seul, encore une fois, de tous les grands écrivains de son siècle, il a réellement vu et connu de près tous les mondes, toutes les conditions sociales, toutes les façons de vivre et toutes les espèces de l'animal humain. Vous vous rappelleriez qu'on le nommait le « Contemplateur »; — qu'il avait traduit Lucrèce; — qu'il montra dans sa vie, sinon toujours dans son œuvre, une sensibilité profonde et rare; — qu'il semble avoir souffert de l'amour et des femmes autrement et un peu plus qu'on n'en souffrait de son temps, comme on le voit par les révélations de *l'Illustre Comédienne*, et qu'il éprouva ce que c'est que l'amour dans le mépris, combinaison sentimentale qui n'est pas démodée aujourd'hui même et qui a défrayé nombre de romans, depuis *l'Affaire Clémenceau* jusqu'à *Cruelle Enigme*. Vous vous souviendriez aussi de l'étrange tristesse répandue sur son visage dans le beau portrait attribué à Sébastien Bourdon, et comme, en dépit de la perruque, Molière a bien « une tête d'aujourd'hui ». Vous remarqueriez qu'il fut l'ami des peintres, tout comme les littérateurs d'à présent; et ce n'est pas sa faute si Mignard et Bourdon peignaient avec moins d'inquiétude que M. Monet ou que M. Besnard. Enfin, si vous avez, dans votre cabinet de travail, quelque vieux meuble, quelque bouddha, quelque japonaiserie, vous vous souviendrez que le mobilier de Molière était riche et curieux, et que ce poète comique fut déjà, chose rare en son temps, presque un bibelotier. Il est notre frère, vous dis-je.

Et il est notre bienfaiteur. Ce que vise Molière dans le prodigieux couplet de Diafoirus, c'est, de son vrai nom, le dogmatisme, l'intolérance, la tyrannie spirituelle. Si notre état politique et social n'avait point changé,— un peu grâce à lui, car nulle grande parole ne se perd, — songez, je vous prie, que le néo-mysticisme lui-même, qui n'est pour nous qu'une fantaisie littéraire tout à fait généreuse et peut-être féconde, serait bel et bien une dangereuse hérésie, analogue, si vous voulez, à cette religion du pur amour, qui a valu tant d'ennuis à Mme Guyon et à son souple ami. Il y a des choses qu'on oublie trop. La douce et libre vie intellectuelle qui nous a été faite nous laisse trop négliger la mémoire de ceux à qui nous en devons la commode douceur. C'est cependant grâce à Molière et à quelques autres grands « gaulois » qu'il nous est loisible d'être aujourd'hui, si cela nous plaît, de très pieux hérétiques. Il est des écrivains, — Rabelais, Montaigne, Molière, Voltaire, — qui évidemment n'ont pas eu toute la délicatesse et toute la pureté de sentiments que nous pouvons concevoir, qui ont gravement manqué à la règle des mœurs, et dont les écrits peuvent offenser les âmes qui nous sont le plus chères et le plus précieuses et qui réalisent le mieux, autour de nous, l'idéal moral... Mais ces hommes aux dures railleries, ces hommes d'esprit trop clair et de cœur trop peu religieux, et par là peut-être incomplets, je les vénère cependant, je veux les vénérer par-dessus tous, parce que je leur dois, en somme, des parcelles de ma liberté, et que cela est sans prix...

UN MOLIÉRISTE

M. Georges Monval.

.....Il y a de l'ardeur, et il y a de la sérénité et de la gentillesse dans la piété moliéresque de M. Monval. J'estime qu'il doit être heureux ; et, s'il l'est, il le mérite, car son bonheur n'est point de ceux qui offusquent et qui nuisent, et qui ne sont fondés que sur ce qu'on prend aux autres : ce bonheur, c'est lui qui le crée, il lui vient de son âme, il est fait de désintéressement et d'amour.

Mais aussi ce bonheur innocent est un des plus réels et des plus solides qui soient. M. Monval doit avoir, au plus haut point, la sécurité intellectuelle. Rien ne peut plus l'inquiéter : il a sa Bible, qui contient toutes les solutions. Que lui font nos querelles littéraires ? Il s'en tient à ce que dit Dorante à Lysidas et Alceste à Oronte. Il n'a point à se demander s'il sera évolutionniste, néo-kantien, tolstoïste ou, par aventure, mystique de la Nouvelle-Fiesole. Sa philosophie, c'est le naturisme cordial d'Elmire, de Cléante et de Béralde. En religion, le mot de don Juan lui suffit : « Je te le donne pour l'amour de l'humanité. » Et, comme la politique est absente du théâtre de Molière, M. Monval se dispensera fort sagement d'avoir une opinion politique.

Au reste, le bon moliériste est semblable aux personnes vraiment pieuses, aux dévots de cœur qui raisonnent peu et qui se contentent d'adorer : en sorte que les pratiques même de la religion et les douceurs de la prière les détournent de spéculer sur le dogme, les empêchent même de s'en soucier, et que l'amour qu'ils ressentent pour la personne de leur Dieu ne leur laisse ni le temps ni le goût de réfléchir sur ses enseignements ni d'arrêter leur esprit sur la conception du monde qui s'y trouve enfermée. Un dévot peut être un chrétien, un idéaliste, un mystique ; mais, à vrai dire, il n'y songe pas : il est un dévot. De même, un moliériste n'est, proprement, ni un ami de la simplicité et de la raison dans les choses écrites, ni un sectateur de la philosophie de la nature, ni, comme on disait jadis, un « libertin » : c'est un moliériste.

Mais cette sécurité intellectuelle dont je parlais n'est point inertie. Un bon moliériste est un homme toujours occupé. Par une fortune singulière, il se trouve qu'une partie considérable de la vie de Molière nous est presque entièrement inconnue, et que, dans celle que nous connaissons, beaucoup de points demeurent obscurs. Qu'a fait Molière jusqu'en 1658 ? Dans quelles villes a-t-il séjourné ? Et à quelles dates ? Armande était-elle la fille ou la sœur de Madeleine Béjart ? Pouvait-elle être la fille de Molière ? A-t-elle trompé son mari ? Dans quelle mesure ? Comment se fait-il que pas un autographe de Molière ne nous soit parvenu ? Etc... Puis il faut faire l'histoire de son théâtre, de sa famille et de sa troupe. Quels étaient ses camarades à telle et telle époque ? Où sont les actes de baptême, de mariage et de décès de tous ces gens-là ? Et leurs parents ? Et leurs petits-cousins ? Et leurs arrière-petits-cousins ? Et l'état de leur garde-robe ? Et les mémoires de leur apothicaire ? Bref, un bon moliériste est un homme qui passe sa vie à rechercher des documents sur celle du maître et de ses disciples. Il n'a pas le temps de s'ennuyer.

Et, pour comble de bonheur, il ne saura jamais tout ce qu'il veut savoir ; il restera toujours sur son appétit. Sa vie aura été un long désir.

Ce travail toujours inachevé, cette œuvre impossible et délicieuse, M. Georges Monval l'a poursuivie avec plus de patience, de ténacité et d'enthousiasme concentré qu'aucun autre. Et il a été récompensé de son zèle dès ici-bas. Parce qu'il aimait Molière, il lui a été donné de vivre dans le temple de Molière et dans l'ombre même de la sacristie, parmi des objets qui viennent de Molière ou qui parlent de lui. Et ainsi sa piété s'est entretenue à manier tous les jours les objets du culte et à feuilleter les archives du sanctuaire. Parce qu'il aimait Molière, il lui a été donné de ressembler de visage à Molière, à un Molière maigre, tel qu'il dut être au temps de ses tournées en province, à un Molière romantique et même un peu hoffmanesque, tant l'ardeur de sa foi lui donne l'allure d'un voyant, d'un homme qui vit hors des réalités présentes, et tant une flamme extatique brûle dans ses yeux. Et, parce qu'il aimait Molière, il lui a été donné d'avoir raison toutes les fois qu'il s'agit de Molière : je viens de le constater à mes dépens...

FRÉDÉRIC MISTRAL

La *Reine Jeanne*, tragédie provençale en cinq actes, en vers, avec la traduction française, par Frédéric Mistral (chez Alphonse Lemerre).

L'œuvre nouvelle de l'harmonieux poète de *Mireille* et des *Iles d'Or* et d'un des meilleurs troubadours qui aient jamais chanté la gloire du soleil est qualifiée par son auteur de « tragédie provençale. »
Tragédie ? Oh ! mon Dieu, si vous voulez. Mais provençale, ah ! je vous réponds qu'elle l'est. Non pas seulement parce qu'elle est écrite dans le dialecte d'Avignon, mais provençale par l'âme, par le son, par la lumière, par la couleur, par le geste, par je ne sais quelle allégresse de *tutu-panpan* et quel emportement de farandole, par je ne sais quels miroitements évoqués, à chaque hémistiche, de mer toute bleue, de toits plats et rouges, de terrasses d'une blancheur blessante, ni quels clapotements, à travers les rimes, des tentes multicolores de la Canebière, l'été, à trois heures de l'après-midi...

Une amoureuse préface nous rappelle ce que fut la reine Jeanne. Jeanne, reine de Jérusalem, de Naples et de Sicile, duchesse de Pouille et de Calabre, comtesse de Provence, eut pour premier mari le prince André de Hongrie. Les deux époux ne purent s'entendre : elle, charmante et un peu frivole, comme une reine de *Décaméron ;* lui, le prince étranger, d'humeur sombre, et encore à demi barbare.

André fut étranglé en 1345. On ne saura jamais si Jeanne fut coupable de cette mort ; mais M. Mistral est sûr que non.

Jeanne épousa en secondes noces (1346) son cousin Louis de Tarente. Elle le perdit six ans après. Elle épousa en troisièmes noces Jacques d'Aragon, infant de Majorque, qui vécut peu. Elle épousa en quatrièmes noces Othon de Brunswick, de la maison de Saxe ; et, comme elle n'avait point d'enfant, elle adopta son parent Charles de Duras. Ce fut sa perte, car ce prince ingrat se révolta contre sa bienfaitrice, la chassa de Naples, assiégea le Château-Neuf où elle s'était réfugiée, et, la pauvre reine ayant été obligée de se rendre, la garda huit mois en prison, puis la fit étouffer entre deux matelas. Elle avait alors cinquante-huit ans.

Un astrologue provençal, interrogé sur la destinée de Jeanne encore enfant, avait répondu : *Maritabitur cum Alio*. Ce dernier mot était formé des initiales de ses quatre maris : André, Louis, Jacques et Othon.

« Jeanne avait infiniment d'esprit, aimait les sciences et les savants, était libérale et bien faite, prudente, sage, et ne manquait pas de piété. » C'est l'hommage que lui rend le dictionnaire de Moréri (Lyon, 1681). Boccace, qui vécut à sa cour, la proclame « l'orgueil singulier de l'Italie, si gracieuse, si douce et débonnaire, qu'elle semblait être plutôt la camarade que la reine de ses sujets. » Le Pape Innocent VI lui donna la Rose d'or ; et sainte Catherine de Sienne lui écrivait, bien après la mort du roi André, des lettres affectueuses dans lesquelles elle la nommait : *Venerabile madre in Gesù Cristo*.

Ce fut la reine Jeanne qui vendit Avignon aux Papes.

Et maintenant, vous en savez aussi long que moi sur la reine Jeanne.

Or, cette Barbe-Bleuette est restée, pour les Provençaux, la plus populaire et la plus aimée des princesses de légendes. M. Frédéric Mistral en donne ingénieusement les raisons :

« Jeanne de Naples régna près de quarante ans sur le comté de Provence. Mais comme elle n'y vint qu'une fois ou deux, et qu'elle y apparut dans tout l'éclat de sa beauté, les Provençaux gardèrent d'elle un souvenir ineffaçable. Tel l'éblouissement que laisse un météore. Cette illustre princesse, arrivant par la mer et d'un pays lointain, sur sa galère somptueuse, entourée du prestige de la souveraineté, de la jeunesse et du malheur, accueillie en Avignon avec toutes les pompes de la cour de

Clément VI, — devant lequel elle venait, éloquente et superbe, se justifier du crime dont la clameur publique la rendait responsable, — fut pour les Provençaux l'incarnation d'un rêve. La longueur de son règne, sa vie accidentée d'intermèdes brillants et de péripéties lugubres, ses luttes incessantes, ses efforts généreux pour réformer les abus (c'est par ses ordres que furent codifiés les Statuts et Coutumes de Provence), et, il faut aussi le dire, le défilé macabre de ses quatre maris, la popularisèrent (*sic*) à tel point que, des années après sa mort, les montagnards des Alpes la croyaient encore vivante et refusaient, dit-on, de reconnaître son successeur... »

Pour toute la Provence, la reine Jeanne est demeurée « la reine familière, idéale et mythique ». Tout le passé lointain, surtout l'histoire du pays au temps de son indépendance, c'est « le temps de la reine Jeanne ». Tous les vieux châteaux lui ont appartenu. Les vieux chemins pavés, les tours, les ponts en ruines portent son nom. « Aux environs d'Aix, un escalier taillé de main d'homme dans le roc est « l'escalier de la reine Jeanne ». En 1820, on voyait, à la pointe d'un clocher de Sisteron, un étincellement de feux. C'était un bloc de cristal de roche Le peuple l'appelait « le diamant de la reine Jeanne ». Pour signifier que quelqu'un a de l'argent, les paysans disent : « Il sait où Jeanne dort » ; et, s'il est question d'un beau diseur : « Il parle comme la belle Jeanne. »

Cette femme exquise fut-elle pour quelque chose dans l'assassinat de son premier mari ? La question est oiseuse, puisqu'on ne veut pas le croire. Et on ne veut pas le croire parce qu'on l'aime. Jeanne fut évidemment de ces rares créatures qui n'ont qu'à se montrer pour être adorées, de celles qui « charment », qui ensorcèlent les yeux et les cœurs, dont la puissance séductrice est encore multipliée par une sorte de contagion du désir d'être séduit par elles, contagion qui envahit non seulement ceux qui voient et qui approchent ces enchanteresses, mais ceux mêmes qui ne les ont jamais vues et qui ne les verront jamais. Et c'est ainsi que la grâce de la reine Jeanne a pu continuer d'ensorceler les hommes, même après sa mort.

Les chroniqueurs l'ont aimée. Ils lui ont cherché des excuses. Même, ils ont voulu lui faire un mérite de la multiplicité de ses unions. « Scipion Ammirato fait observer avec raison, dit Mistral, que, si Jeanne a contracté, peut-être un peu trop vite, quatre mariages successifs, ce fut parce qu'elle espérait avoir des héritiers directs, et pour de hautes raisons d'Etat. » Et Angelo di Constanzo fait cette remarque délicieuse que, « si Jeanne n'eût pas été chaste, elle aurait préféré garder la liberté que lui assurait l'état de veuve. »

Et nous aussi, nous l'aimons, la reine Jeanne, comme l'aime Mistral, comme l'aiment tous les hommes bruns, bruyants et sympathiques, qui habitent au sud de Valence. Et il arrive pour elle, comme pour Marie Stuart, que l'intérêt tendre qu'elle nous inspire s'irrite et s'accroît de ce qu'il y a de mystérieux et d'à jamais indéchiffrable dans sa vie. Certes, nous n'admettons pas que cette fleur de grâce et d'amour ait été proprement une criminelle. Le doute même nous semblerait impie ; ou plutôt nous aurions peur, même en doutant, de l'aimer encore, et qui sait ? de trouver même du plaisir dans cette secrète perversité de nos sentiments. Mais l'effort que nous faisons pour absoudre cet ange équivoque parce qu'il nous plaît de l'absoudre, ce petit coup d'État du cœur sur l'esprit critique, a pour effet de rendre notre amour d'autant plus jaloux que la pureté de notre idole semblait plus douteuse, et d'autant plus ardent que cette pureté est en somme une création de notre volonté. C'est que, plus nous « inventons » une créature vivante ou morte, plus nous mettons du nôtre dans l'image que nous nous formons d'elle, et plus nous l'aimons. Mistral doit bien aimer la reine Jeanne, car il la voit comme il veut.

Peut-être, s'il avait voulu la voir un peu moins irréprochable, eût-il fait une « tragédie » plus digne de ce nom. Il y avait certes la matière d'un beau drame, très humain, très douloureux, très poignant, dans la vie de cette petite reine. Le malentendu qui sépare l'Italienne intelligente, fine, sociable à l'excès, coquette, étourdie, incapable peut-être d'un sérieux amour, et le Hongrois lourd et rustaud, mélancolique, sauvage, jaloux, d'ailleurs passionnément amoureux de sa femme ; le mal que ces deux êtres se font l'un à l'autre malgré eux, uniquement parce qu'ils sont différents ; la frivolité et la railleuse douceur de la femme exaspérant la jalousie du mari et la portant à d'irréparables brutalités ; ces brutalités engendrant la haine dans l'âme fière et délicate de la reine lettrée ; cette haine allant peu à peu, je suppose, jusqu'à souhaiter la délivrance par la mort de l'époux, jusqu'à le laisser entendre, et peut-être jusqu'à fermer les yeux sur les entreprises qui le menacent ; le remords soudain et déchirant après le crime presque souhaité pourtant et presque toléré ; puis le danger réel, les preuves accumulées par ses ennemis contre la jeune veuve, moins coupable qu'ils ne croient, mais moins innocente qu'elle ne dit ; enfin l'accusée triomphant d'un tel péril par le dévouement fanatique de quelque serviteur ou de quelque amoureux, ou plutôt contraignant le tribunal du Pape à l'absoudre, par le seul ascendant de sa grâce et de sa beauté... je vous donne ces idées pour ce qu'elles valent et comme elles me viennent ; mais qui ne sent qu'on pouvait faire, avec l'aventure de Jeanne, quelque chose qui fût vraiment une tragédie, « provençale » ou non ?

Mistral a voulu faire la sienne tellement provençale qu'il a oublié de la faire tragique. Chose incroyable, pas une seule fois il ne nous a montré la reine Jeanne et son mari en tête à tête, et ainsi il n'a pu que nous indiquer de la façon la plus sommaire les sentiments des deux époux l'un pour l'autre et les causes secrètes et profondes de ces sentiments. A certains endroits, on pressent la tragédie ; on l'entend sourdre, on croit qu'elle va se déployer... Mais non ; la tragédie, cela est trop sévère et trop sombre pour ce pâtre de Théocrite et pour ce chansonnier de cours d'amour qu'est tour à tour Frédéric Mistral ; cela exigerait un trop grand effort de repliement sur soi, un trop cruel oubli du soleil, du ciel bleu, des cigales, de la joie de vivre et du « gai savoir », qui serait le triste savoir s'il ne restait superficiel et léger, s'il enfonçait un peu dans le cœur humain.

Et alors, au moment même où le drame s'assombrit, au moment où il semble que les personnages aient le plus de choses à nous dire... tout à coup le poète est repris par la griserie de la lumière, par le plaisir d'enchaîner sans effort des mots éclatants ou gracieux, et zou ! en avant la farandole, et le tambourin et le galoubet, et la gloire de la Provence, et les hymnes au soleil, et les petites chansons d'amour !

Et ainsi *la Reine Jeanne* est comme qui dirait une tragédie en chansons. Jugez plutôt.

Nous sommes dans le jardin du palais de Naples. Tandis que le petit page Dragonet poursuit les libellules, le troubadour Aufan de Sisteron vante à la reine Jeanne la beauté de la Provence : « Reine, un chemin d'azur, uni comme cristal, vous mènera de Naples, vite, vite, quand vous voudrez, à Marseille :

la mer est à vous, le soleil et la mer sont les appartenances de l'empire provençal... La Provence, Madame, cette perle royale, est l'abrégé, la montre et le miroir du monde. Depuis l'heureuse Nice, où croît l'oranger ; depuis les Iles d'Or, où le poisson se joue, jusqu'au rempart de neige que Briançon élève, elle a tous les climats et toutes les beautés. La Grèce, le long de ses côtes, a laissé ses colonies, nichées que bercent les ondes ; et Rome, sa marraine et vieille gouvernante, Rome y domine encore par ses monuments fauves. Ici, les fils des Sarrazins féroces y dansent la moresque au pied des rocs sauvages ; et là, le chrétien pieux glane les pleurs qu'y répandit la blonde Madeleine. Tout en accédant à votre douce autorité, là chaque ville vit de son droit naturel, et librement travaille, ou dort, ou chante, ou crie. Marseille tient la mer et navigue, âpre au gain ; Brignoles, Draguignan, cueillent l'olive ; les Gavots font des cuillers de bois et gardent le troupeau ; aux Martigues, qui est la Venise provençale, sont les pêcheurs et les saleurs ; Arles montre avec orgueil ses moissons ondoyantes ; les Baux font la guerre ; et votre sénéchal, dans Aix, rend la justice... »

Et le panégyrique, un peu plus loin, reprend et continue, et comme cela tout le long des cinq actes. Et, si je vous ai cité ce morceau, c'est qu'il est, en vérité, le fond de la tragédie.

Survient le mari de la reine, le prince André, qui reproche brutalement à Jeanne sa frivolité, sa vie futile, oisive et fleurie. La reine se défend doucement et spirituellement. Elle sort. André, resté seul avec son conseiller, Frère Robert, un moine fanatique et hostile à la douce vie italienne, lui explique l'état de son âme, se plaint violemment de Jeanne, tout en confessant qu'il l'adore. (Voilà qui est bien ; mais ce serait autrement intéressant s'il disait tout cela à la reine elle-même.) Frère Robert excite le prince contre l'aimable femme, et lui conseille de demander au Pape le titre de roi : il pourra alors la tenir en bride et débarrasser le palais de cette cohue de damoiseaux italiens, de petits pages et de poètes...

Puis, vient une scène entre Frère Robert et Philippine la Catanaise, nourrice de la reine et qui déteste le prince consort et tous ses Hongrois. Philippine et Robert échangent des injures et des menaces ; et la Catanaise, demeurée seule, jure qu'elle « délivrera » Jeanne de son mari. Il faut dire que cette Catanaise est une redoutable intrigante, qui a su marier ses filles à des gentilshommes, qui a fait nommer son fils sénéchal du palais et comte d'Eboli, et qui rêve pour lui de plus hautes destinées encore, si la reine devenait veuve. — Voilà le premier acte.

Au second acte, bien que la réponse du Pape ne soit pas encore arrivée, André, en présence de la reine qu'il injurie et qui répond très noblement, déclare qu'il est le maître et distribue à ses Hongrois des titres et des charges. A la suite de quoi les partisans de Jeanne, excités par la Catanaise, complotent la mort du prince.

Mais c'est assez de tragédie : si nous disions quelques jolis vers d'amour ? Et voici une très gracieuse scène, dans le goût de Pétrarque, où le prince Louis de Tarente déclare sa flamme à la reine, et où elle fait à son tour le doux aveu. De cette scène, il ne pourra rien sortir, puisqu'André l'ignorera; mais il fallait bien se délasser un peu.

Autre chanson. C'est le petit page Dragonet qui chante dans le jardin, en s'accompagnant de la guitare : « Au chemin des amoureux, — l'un y perd et l'autre y gagne, — Quel regret ! — Ne dis jamais ton secret » et « De la vieille méfie-toi, — car elle est malencontreuse... — Quel regret ! — Ne dis jamais ton secret. »

Une porte s'ouvre ; la Catanaise paraît. Que va-t-elle dire à sa maîtresse ?... Elle l'engage à se défendre, lui conte que le peuple en a assez de cette vermine hongroise. Mais du complot, pas un mot. Jeanne répond : « Tu me fatigues, laisse-moi tranquille. » Et la Catanaise se retire. Alors qu'est-elle venue faire ? Encore une scène avortée... C'est que, voyez-vous, c'est bien difficile à mener jusqu'au bout une scène de tragédie, quand le soleil crépite aux pointes des chaumes coupés et que les cigales chantent dans le feuillage fin des oliviers bleu d'argent.

Au troisième acte, la réponse du Pape est arrivée,

qui déclare Jeanne et André « conjointement prieurs du royaume » et les couronne tous deux. A cette occasion, il y a un grand banquet au château d'Aversa. Nous ne savons quels sont les sentiments du roi et de la reine l'un pour l'autre (j'ai dit que le poète ne nous les montrait jamais en tête à tête). Nous voyons seulement qu'ils sont mélancoliques. Et alors en avant les chansons ! Le troubadour Aufan de Sisteron raconte la légende de la fée Mélusine, en quatorze couplets, et, après chaque couplet, le page Dragonet reprend ce refrain : « Nous sommes de la race des lézards », c'est-à-dire, apparemment, « nous aimons nous chauffer au soleil, et la tragédie n'est pas notre fait. »

Après le festin, le roi André rentre dans sa chambre. La Catanaise et les autres conjurés l'attirent dehors par une ruse facile, et l'étranglent.

Et ce crime est tout à fait déraisonnable et inexpliqué. Le bon sens rassis des gens qui habitent au nord de la Loire, ou même un peu au-dessus d'Avignon, dit que la Catanaise devait, avant d'agir, s'assurer la complicité ou tout au moins le consentement de la reine. Et, en effet, nous apprenons au dernier acte (un peu tard à vrai dire) que Jeanne, aussitôt le crime connu, a chargé le grand justicier du royaume, Bertrand des Baux, d'arrêter les coupables et d'instruire le procès.

Le quatrième acte (qui est charmant) est bien singulier. C'est une farandole à travers la Méditerranée, de Naples au port de Marseille en passant par les îles Baléares, avec complaintes, romances, sirventes, lais, virelais, et scènes de chevalerie galante. Jeanne fait ses adieux à son peuple de Naples. Elle permet au comte Galéas de Mantoue de se dire son chevalier et de porter ses couleurs. La galère se met en marche : chanson de rameurs. On aborde à Majorque : le roi Jacques d'Aragon recommence, avec Jeanne, la scène de Galéas de Mantoue, déjà jouée au second acte par Louis de Tarente. Un vieil astrologue tire l'horoscope de Jeanne. Ici le poète se ressouvient qu'il écrit une tragédie et fait dire à la reine : « Je n'ai plus un moment de repos. Endormie, des cris de mort me réveillent en sursaut. Réveillée, j'ai mes nuits et mes jours empoisonnés par le pressentiment du malheur. » On ne le croirait pas, tant elle a paru, durant tout le reste de la traversée, joyeuse, accorte et frisquette. La chanson des rameurs reprend. On passe devant Nice : éloge de Nice. On passe devant les Iles d'Or : éloge des Iles d'Or. Jeanne les donne en fief au page Dragonet. Enfin, voici Marseille : éloge de Marseille, éloge de la Provence. Jeanne est reçue en triomphe par les consuls de la Canebière. On ne saurait rêver un quatrième acte plus joli, ni plus inutile à l'action.

Acte cinquième. Au palais d'Avignon. Un pèlerin essaye de soulever le peuple contre la reine. Mais le peuple est pour Jeanne. Galéas de Mantoue défie et pourfend deux chevaliers hongrois qui ont mal parlé de la reine. Enfin, Jeanne paraît, conversant avec Pétrarque. Eloge de la fontaine de Vaucluse (je vous dis qu'il y en a pour tout le Midi !). Arrivent le pape Clément et le grand justicier. Le grand justicier déclare qu'aucun des coupables, mis à la torture, n'a porté d'accusation contre la reine. Celle-ci prend la parole à son tour ; elle se défend très bien, d'un grand air de fierté indignée et douloureuse, et avec une éloquence vraiment enflammée... Et son plaidoyer est interrompu à deux reprises par de petits couplets où la cour, le peuple, le Consistoire, les députés de Hongrie, le page Dragonet, le pèlerin et l'astrologue disent leurs impressions en tout petits vers. Le Pape proclame l'innocence de la reine. Le pèlerin proteste haineusement. Ce méchant pèlerin, c'est Frère Robert, déguisé. Galéas de Mantoue le perce de son épée. Voilà.

La Reine Jeanne est une tragédie plus provençale que l'olive, la figue, la cigale, l'ayoli et la bouillabaisse, et qu'on dirait composée par un tambourinaire de génie, mais qui ne peut pas laisser son tutupanpan tranquille. Je crois que c'est un peu la faute de la langue. Elle est trop gaie, trop chantante, trop harmonieuse. Elle n'a pas la gravité rauque de l'espagnol ; elle n'a pas (ou presque pas) les *i* ni les *e* qui tempèrent la sonorité de l'italien. J'ose dire qu'elle est trop expressive, trop pleine d'onomatopées. Qu'est-ce qu'une langue où, pour dire : « il éclate de rire », on est obligé d'employer le mot :

« s'escacalasso » ? Trop de *ou* et de *oun* et trop de *dz* et de *ts* dans la prononciation. Par là, la langue provençale conserve, malgré tout, une certaine vulgarité de patois. Elle contraint, pour ainsi dire, le poète à la chanson à perpétuité. Il doit être très difficile, dans cette langue-là, d'avoir un style personnel, plus difficile encore d'exprimer des idées un peu abstraites. Mais c'est une langue joyeuse. *La Reine Jeanne* est une fête du soleil.

JEAN-JACQUES ROUSSEAU

ET LE THÉATRE

---

29 juin 1891.

J'ai reçu, cette semaine, un excellent livre de classe : *Lectures choisies de Jean-Jacques Rousseau*, publiées par l'éditeur Armand Colin et annotées avec une judicieuse prudhomie par M. Rocheblave. J'ai parcouru ce volume avec un extrême plaisir. Ce n'est point qu'il me fût absolument nouveau. J'ai lu jadis, de Jean-Jacques, tout ce qu'un professeur en doit connaître, et même un peu plus. Mais il y a bien quinze ans de cela. Et puis, j'étais troublé, à cette époque, par des préoccupations d'examen. Et enfin je savais d'avance ce qu'il me fallait penser des écrivains dont j'abordais les œuvres. Je lisais avec trop de docilité. Donc, je lisais mal. En un sens, les lectures qu'on fait sur les bancs des écoles et dans la pensée d'obtenir des diplômes sont nulles et non avenues... Je me dis souvent que je consacrerai la seconde moitié de ma vie, — qui sera, je l'espère, paisible, recueillie et toute rustique, — à lire sérieusement les livres dont j'aurai parlé dans la première moitié.

En attendant, je viens de revoir quelques-unes des pages que Jean-Jacques a écrites sur le théâtre, soit dans la *Lettre à d'Alembert*, soit dans *la Nouvelle Héloïse*. Dieu seul sait le nombre de dissertations qui ont été composées par de bons jeunes gens, en vue de la licence ou de l'agrégation des lettres, sur le « paradoxe du *Misanthrope* ». J'ai autrefois, tout comme un autre, abondamment réfuté Rousseau et disculpé Molière. J'avais raison, nous avions raison. Nous étions des milliers, professeurs ou élèves, à avoir raison. Et pourtant je comprends mieux, à présent, que Jean-Jacques se soit trompé, qu'il ait dû se tromper de cette façon-là. Je vois clairement que ce sauvage, ce solitaire, cet apôtre, cet homme de sentiment et de foi n'a pu porter un autre jugement sur une œuvre dont le comique suppose du moins, pour être senti, l'acceptation de la plus grande part des conventions mondaines, et qui implique une philosophie un peu sceptique, détachée et, s'il faut tout dire, un peu banale et plate au regard d'une âme sérieuse et vraiment préoccupée de vie morale.

Rousseau nous oppose ce raisonnement : « Vous ne sauriez me nier deux choses : l'une, qu'Alceste, dans cette pièce, est un homme droit, sincère, estimable, un véritable homme de bien ; l'autre, que l'auteur lui donne un personnage ridicule. C'en est assez pour rendre Molière inexcusable. » Et sans doute ce n'est là qu'un dilemme, et qui n'est que spécieux, comme tous les dilemmes. Et l'on n'a aucune peine à y échapper par de faciles *distinguo*. On n'a qu'à dire que le caractère d'Alceste est, aux yeux de Molière lui-même, respectable dans son fond, et qu'il n'est ridicule qu'en tant que certaines de ses colères sont excessives dans la forme et disproportionnées avec leur objet. Mais ce n'est rien dire : car justement Rousseau ne souffre point cette idée qu'Alceste puisse paraître ridicule, même dans ses passagères erreurs d'appréciation.

Cela le désole et cela lui fait du mal : il ne veut pas qu'Alceste nous fasse sourire. Il ne veut pas admettre ce tour et cette attitude d'esprit qui font qu'on raille parfois ce qu'on respecte, et qu'on prétend le respecter tout de même. Comme toutes les âmes candides et fortes, il est l'ennemi de l'ironie, j'entends de l'ironie cultivée pour elle-même, suppléant à la connaissance et constituant, à elle seule, une sagesse, une philosophie. Il n'admet que l'ironie oratoire et militante, au service d'une vérité précise.

Bref, il ne veut pas sortir de son dilemme. C'est que le dilemme est l'arme naturelle des croyants, de ceux qui ont une conception arrêtée de l'univers et de la vie morale. Tous les saints ont fait des dilemmes. Les nuances et les *distinguo* sont bons pour ceux qui ne croient pas, soit par indolence, soit par complexion d'esprit, ou pour les philosophes qui sont surtout frappés de la relativité des phénomènes, ou encore pour les « hommes du monde » qui se moquent des phénomènes et du sens qu'ils peuvent avoir, et qui ne songent qu'à vivre doucement et commodément.

Singulière diversité des jugements humains ! Jean-Jacques a fait au théâtre de Molière à peu près le même reproche d'immoralité que, de nos jours, M. Brunetière, mais pour des raisons si différentes ! En réalité, Rousseau se rencontre avec M. Brunetière, un peu de la même façon qu'il s'était rencontré avec Bossuet.

Rousseau nous dit : « Ayant à plaire au public, Molière a consulté le goût le plus général de ceux qui le composent : sur ce goût, il s'est formé un modèle, et sur ce modèle un tableau des défauts contraires, dans lequel il a pris ses caractères comiques, et dont il a distribué les divers traits dans ses pièces. Il n'a donc point prétendu former un honnête homme, mais un homme du monde ; par conséquent, il n'a point voulu corriger les vices, mais les ridicules, et il a trouvé dans le vice même un instrument très propre à y réussir. Ainsi, voulant exposer à la risée publique tous les défauts opposés aux qualités de l'homme aimable, de l'homme de société, après avoir joué tant d'autres ridicules, il lui restait à jouer celui que l'homme pardonne le moins, le ridicule de la vertu ; c'est ce qu'il a fait dans *le Misanthrope*. »

Molière paraît donc condamnable à Rousseau parce qu'il a eu pour idéal, dans son théâtre, l'homme de société. Mais, au contraire, Molière inquiète M. Brunetière parce qu'il a été le disciple de la « nature ». En sorte qu'on ne sait pas s'il faut reprocher à Molière d'avoir adoré la nature ou de l'avoir dédaignée. C'est que peut-être la nature n'est pas tout à fait la même chose pour le sentimental Rousseau et pour notre roide contemporain, et qu'elle est toute bonne pour le généreux hérésiarque Jean-Jacques, et qu'elle ne vaut pas le diable, ou plutôt qu'elle est le diable pour l'intransigeant chrétien qu'est M. Brunetière (du moins dans ses écrits, où d'ailleurs sa hardiesse dialectique me fait continuellement trembler pour son orthodoxie). O nature, qu'es-tu donc? Je voudrais bien le savoir. Mais si tu es tout, comme il est probable, je n'en serai pas plus avancé.

Sur le théâtre de son temps, l'opinion de Rousseau ne pouvait manquer d'être intéressante. Songez, en effet, qu'il était dans les meilleures conditions pour porter sur toutes choses des jugements ingénus et non appris. Son cas est unique. Parmi nos autres grands écrivains, vous ne trouverez que Molière qui ait débuté si tard (aux environs de la quarantaine), et vous n'en découvrirez pas un seul qui soit, aussi purement que Rousseau, « l'élève de la nature », qui n'ait point reçu, entre la dixième et la vingtième année, l'éducation classique, qui se soit instruit sans maître, et qui ait vécu, jusque par delà trente-cinq ans, en dehors de la littérature. La fiction de *l'Ingénu* a été, cette fois, réalisée. Rousseau a fait irruption dans la civilisation et dans les lettres de son temps, un peu avec l'allure et les sentiments de l'excellent Huron de Voltaire. Mais Jean-Jacques était un Huron de génie.

Quand il entra pour la première fois dans les théâtres de Paris, c'était un garçon bizarre, rêveur et tendre, qui avait beaucoup vagabondé et pâti, et, tour à tour, fréquenté les petites gens et vécu tout près de la terre, dans la solitude. Il savait également l'intérêt que peuvent présenter les humbles existences, la douceur sérieuse de la vie rustique et la beauté des arbres, des champs, des eaux et du ciel. Or, ce qu'on jouait alors sur nos scènes, c'était, avec les tragédies de Corneille et de Racine, celles de Voltaire et de Crébillon, et c'était les comédies si élégantes et si « polies » de Marivaux, de Boissy, de Destouches, de Gresset et de Piron. Rien de plus solennel ou de plus coquet que ce double répertoire.

Ce qui, dans ces œuvres et dans ces spectacles, devait le plus frapper notre Huron, c'était donc l'air d'artifice qui y était partout répandu. Il nous fait là-dessus ses confidences dans *la Nouvelle Héloïse* par la plume de Saint-Preux. Il reproche à la tragédie de manquer d'action et de naturel. Il trouve que Racine et Corneille, « avec tout leur génie, ne sont eux-mêmes que des parleurs... Communément, tout se passe en beaux dialogues bien agencés, bien ronflants, où l'on voit d'abord que le premier soin de chaque interlocuteur est toujours celui de briller. Presque tout s'énonce en maximes générales : quelque agités qu'ils puissent être, ils songent toujours plus au public qu'à eux-mêmes : une sentence leur coûte moins qu'un sentiment... » — « Tout cela vient de ce que le Français ne cherche point sur la scène le naturel et l'illusion, et n'y veut que de l'esprit et des pensées. »

Rousseau fait aux spectateurs un autre reproche qui n'a point cessé d'être juste et dont nous pourrions encore faire notre profit : « L'acteur, pour eux, est toujours l'acteur, jamais le personnage qu'il représente. Cet homme qui parle en maître du monde n'est pas Auguste, c'est Baron ; la veuve de Pompée est Adrienne ; Alzire est Mlle Gaussin, et ce fier sauvage est Grandval. »

Il est peut-être encore plus sévère pour la comédie. Et, en effet, la comédie de ce temps-là devait particulièrement déplaire à cette âme solitaire, sérieuse et vraie, par quelque chose de trop fringant et pimpant de trop joliment minuscule, et par l'étroitesse de ses grâces mondaines. C'est le règne des « chevaliers » et des « comtesses ». — « Maintenant, dit Rousseau, on copie au théâtre les conversations d'une centaine de maisons de Paris. Hors de cela, on n'y apprend rien des mœurs des Français. *Il y a dans cette grande ville cinq ou six cent mille âmes dont il n'est jamais question sur la scène.* Molière osa peindre des bourgeois et des artisans aussi bien que des marquis. Socrate faisait parler des cochers, menuisiers, cordonniers, maçons. Mais les auteurs d'aujourd'hui, qui sont des gens d'un autre air, se croiraient déshonorés s'ils savaient ce qui se passe au comptoir d'un marchand ou dans la boutique d'un ouvrier... » Et plus loin : « ... C'est ainsi que la sphère du monde et des auteurs se rétrécit ; c'est ainsi que la scène moderne ne quitte plus son ennuyeuse dignité ; on n'y sait plus montrer les hommes qu'en habit doré. »

Je manque de dictionnaires, et ma mémoire est à ce point infirme que je ne puis vous dire si le méchant conte des *Bijoux indiscrets* (qui contient un curieux chapitre sur le théâtre) et *les Entretiens sur le fils naturel* sont postérieurs ou non à *la Nouvelle Héloïse* et à la *Lettre sur les spectacles*. Mais il me paraît bien que Jean-Jacques a eu, soit avant Diderot, soit vers le même temps, quelques-unes des idées de Diderot sur l'art dramatique. Au reste, vous pouvez remarquer qu'à toutes les époques il y a eu des esprits inquiets, — et qui n'ont pas toujours été nécessairement de grands esprits, — pour réclamer plus de vérité et de liberté en littérature et en art, et que, d'ailleurs, ce qui fut nouveauté pour une génération est presque toujours devenu « poncif » aux yeux de la génération suivante.

Toutefois, les récriminations de Rousseau n'ont pas le même caractère et ne partent point de la même pensée que celles de Diderot. Celui-ci, au bout du compte, juge encore le théâtre en littérateur. Jean-Jacques le juge en sauvage et en philosophe humanitaire. L'élégant théâtre de la première moitié du dix-huitième siècle n'apparaît pas seulement à Rousseau comme quelque chose d'artificiel et de convenu, mais comme quelque chose de mesquin, de pitoyablement frivole et de niaisement aristocratique. Nous avons vu que ce qu'il lui reproche, c'est surtout de restreindre de la façon la plus ridicule le champ de son observation. Ce qu'il rêve vaguement, c'est un théâtre qui serait démocratique et évangélique et qui essayerait d'embrasser dans toute son étendue la réalité humaine et sociale. Il ne peut voir, dans la comédie de son temps, qu'un divertissement mondain, aisément immoral, étant composé et offert par des auteurs qui sont eux-mêmes des mondains, des civilisés chétifs, qui n'ont souci que de plaire par des moyens déjà éprouvés, en flattant la vanité et la sensualité des spectateurs, et dont l'esprit, enfin, est exactement à la mesure de celui du public... Hélas ! aujourd'hui encore, les dédains de Rousseau auraient à qui s'adresser, et, à cause de cela, ses réflexions maussades n'ont point perdu toute leur saveur. Aujourd'hui encore, et sauf de très rares exceptions, presque toutes mal accueillies, le théâtre n'est, au fond, qu'un divertissement, et toute œuvre dramatique est d'abord conçue pour plaire à une assemblée qui digère, dont la moyenne intellectuelle est forcément médiocre, qui ne veut qu'être divertie en effet, et qui se refuse, — car tel est son droit, — à tout travail de réflexion. Aujourd'hui encore, la matière de la comédie est excessivement réduite. On n'a guère ajouté au fonds ancien que l'adultère. On ne sort point de ce qu'il y a de plus superficiel dans les mœurs bourgeoises et dans les mœurs boulevardières. Mais les grands sujets, — mœurs et questions politiques, questions sociales, problèmes religieux, révolutions profondes de la conscience, — restent à peu près interdits à la comédie. Le théâtre est demeuré anecdotique. Il ne peut plaire et « faire de l'argent » qu'à cette condition. La foule ne lui permet pas d'y manquer.

C'est pourquoi Jean-Jacques méprise le théâtre. Il a pour lui le sentiment que devait avoir un homme épris de vie naturelle pour le plus incurablement artificiel des genres littéraires, un apôtre de la démocratie pour un divertissement de riches et d'oisifs, et un apôtre de la conscience pour des représentations de la vie éminemment propres à développer la sensualité et à propager les maximes d'une morale facile et lâche. En somme, la comédie à paniers et à poudre de 1750 inspire à peu près à Rousseau la même défiance dédaigneuse dont les vaudevilles parisiens remplissent, — si vous voulez, — le comte Léon Tolstoï.

Et, puisque ce nom me vient... je sais bien sans doute toutes les différences de temps, de mœurs, de circonstances et de personnes ; mais ne croyez-vous pas que la voix inattendue de Jean-Jacques, de ce sauvage éloquent, de cet homme des bois, que cette voix venue pour ainsi dire du fond de la nature et du fond de quarante ans de rêverie solitaire, ait produit, dans ce qui restait d'âme à la société polie de la seconde moitié du siècle dernier, une commotion assez pareille (quoique dix fois plus puissante) à celle que nous ont fait éprouver, à nous les énervés de la fin du dix-neuvième siècle, la voix lointaine d'un Tolstoï et la révélation subite de l'évangile russe ? Les analogies sont nombreuses entre les deux sociétés. Les hommes très civilisés d'il y a cent trente ans étaient des êtres fins, secs, frivoles et de peu de foi. La grande originalité de Rousseau, ce fut de troubler leur frivolité et de bousculer leur quiétude. Jamais, je crois, à aucune époque, écrivain n'eut une telle puissance sur les esprits et sur les cœurs. Ce vagabond, à l'âme indisciplinée et mélancolique, fit des choses extraordinaires. Il apprit aux hommes la douceur des pleurs, et tout le siècle se mit à larmoyer (nous nous y remettons). Il leur parla de la nature, et les femmes du monde se glorifièrent d'être nourrices, chose qu'on ne verra plus ; et l'on se mit à aimer et à gâter les enfants, ce qui était alors, ne vous y trompez pas, presque une nouveauté. Il parla de la campagne, des arbres, des pervenches et des vaches, et l'on se mit à goûter « les plaisirs des champs », et l'on eut des grottes dans les jardins, et Marie-Antoinette fit des fromages à Trianon. Il écrivit, en ce temps de galanterie et de libertinage, le premier roman de passion, et toutes les femmes s'évertuèrent à aimer. Il parla de Dieu, et l'on se mit à « adorer l'Etre suprême ». Il révéla aux sujets de la plus ancienne monarchie d'Europe les fondements rationnels du gouvernement et écrivit l'évangile de la politique radicale, et c'est pour cela que la Révolution fut philosophe, pédante et logicienne ; mais c'est peut-être, au bout du compte, parce qu'elle fut ainsi que quelque chose de son œuvre est resté... Que ne fit pas cet homme ? Il devait avoir un charme en lui. Ou plutôt il fut tout-puissant parce qu'il fut « peuple » avec génie et que, le premier dans notre littérature, il prêta une voix, et quelle voix ! aux sentiments confus, aux rêves et aux désirs obscurs accumulés à travers les siècles dans l'âme innombrable des humbles et des petits. Il fut l'interprète savant et souverainement éloquent de cette âme ignorante et instinctive. Il m'est impossible de ne pas l'aimer. Je sens qu'il fut bon, et que toutes ses fautes doivent être mises sur le compte de la maladie et, à la fin, de la folie. Je ne vous apprendrai pas que, lorsqu'il nous raconte ce qu'il fit de ses enfants, il nous mystifie assurément, et que son affirmation est la seule preuve que nous ayons de ce qu'il avance... Toute l'âme moderne est déjà dans ses *Confessions* ; il est l'aïeul intellectuel et sentimental des temps nouveaux...

BALZAC

THÉATRE-LIBRE : *Le Père Goriot,* drame en cinq actes, tiré du roman de Balzac par M. Adolphe Tabarant.

2 novembre 1891.

M. Adolphe Tabarant a très consciencieusement découpé, dans le roman de Balzac, et en respectant presque partout le texte de l'hyperbolique et fumeux écrivain, les cinq principaux chapitres de l'histoire du père Goriot et de ses filles, et nous les a servis tels quels. L'idée a paru bizarre. Et, à vrai dire, cette absence d'explication dans un drame de passion si manifestement exceptionnel, et auquel Balzac lui-même n'a pu donner un air de vraisemblance qu'en intervenant à chaque page dans son récit par des commentaires abondants et forcenés, ne pouvait que nous jeter dans une surprise proche de l'ahurissement. Vous me direz que nous n'avions qu'à compléter, par nos souvenirs, ces sortes d' « illustrations » animées du célèbre roman. Mais il faut croire que c'était nous demander trop d'effort et trop de bonne volonté. Nous ne saurions être obligés, en conscience, de collaborer à ce point aux jeux qui nous sont offerts sur les planches. Et, enfin, pour bon nombre d'entre nous, ces souvenirs étaient un peu lointains et imprécis. Je crois, d'ailleurs, que ce formidable Balzac commence à être un de ces auteurs qu'on aime mieux admirer sur parole que d'y aller voir. (Me mépriserez-vous beaucoup si je vous confesse qu'il y avait bien quinze ans que je n'avais ouvert un volume de *la Comédie humaine?*) Balzac n'y perd pas, je le dis sans raillerie. Je pense même qu'il y gagne, et j'ajoute que ce gain est des plus justifiés. Car si, en dépit du rude travail auquel il soumet ses lecteurs, en dépit même du fréquent ridicule de sa forme, les personnages ou, pour mieux dire, le monde qu'il a créé persiste à vivre dans notre esprit et y demeure ou y devient plus tragique et plus grand que dans les romans même où il s'agite ; si nous savons tous ce que c'est que Grandet, Goriot, Hulot, Crevel, Brideau, Biroteau, Pons, Mme Marneffe ou Rubempré ; s'ils sont encore aussi réels pour nous que des hommes de chair et d'os ; si les inventions de Balzac continuent pour ainsi dire à se développer et à fructifier en nous, longtemps, bien longtemps après que nous avons fermé son livre, c'est donc qu'il y avait su infuser une étincelle de vie d'une belle et durable vigueur ; et, si l'impression d'une première lecture de *la Comédie humaine* a chez nous des prolongements et des retentissements tels, qu'une seconde lecture ne pourrait plus que la diminuer, cela veut simplement dire que la puissance de suggestion était infiniment supérieure, chez Balzac, à la puissance d'expression. Et ce n'est point, certes, lui faire tort que de le constater.

Mais venons à ces « morceaux détachés » du *Père Goriot,* dont M. Tabarant a cru que la juxtaposition ferait un drame.

Nous sommes d'abord dans la maison Vauquer. L'endroit est sordide. Un étudiant en droit, noble et pauvre, Eugène de Rastignac, récemment arrivé par le coche, vient y prendre pension. Il y a là un étudiant en médecine, un rapin, une vieille demoiselle, — et un nommé Vautrin, qui tient des propos d'une philosophie cynique. Il y a aussi un petit rentier taciturne et inoffensif, le père Goriot, dont tout le monde se moque. Ce bonhomme est demandé par une jeune dame richement habillée. Il paraît qu'il reçoit souvent des visites de ce genre dans sa chambre à neuf cents francs, pension comprise. On dit : « C'est votre maîtresse, papa Goriot ? » Il répond : « Non, c'est ma fille. »

Au second acte, Rastignac est dans sa mansarde, voisine de celle de Goriot. L'étudiant est très bien mis. Il va beaucoup dans le monde. Il y a fait la connaissance de la comtesse Anastasie de Restaud et de la baronne Delphine de Nucingen, et il a découvert que ces deux dames étaient les filles du père Goriot. Nous apprenons que le bonhomme est grugé par ses deux filles ; que, bien qu'il leur ait donné à chacune six cent mille francs de dot, elles ont de continuels besoins d'argent et qu'il se dépouille pour elles du peu qui lui reste. Et, en effet, voici Anastasie qui vient encore le « taper ». Quand elle a l'argent, elle s'en va sans seulement dire merci. — Nous apprenons également que Rastignac est amoureux de Delphine de Nucingen. Le père Goriot l'approuve fort, et serait ravi que ce gentil garçon devînt l'amant de sa fille. Entre temps, Vautrin a fait une apparition dans la chambrette de l'étudiant, a déblatéré de nouveau contre l'infâme société, puis s'en est allé pour ne plus revenir.

Au troisième acte, le père Goriot et Delphine nistallent leur greluchon dans un joli appartement qu'ils ont secrètement loué et meublé pour lui. Rastignac fait des difficultés pour accepter ce cadeau de sa maîtresse. Pour lever ses scrupules, Goriot lui dit : « Mon enfant, c'est moi qui ai tout payé. Voici les factures ; ça ne fait pas une grosse somme, tout au plus cinq mille francs. Faites-m'en une reconnaissance ; vous me les rendrez plus tard », et il bénit les deux amants ; il baise la robe de sa fille et se livre à toutes sortes d'enfantillages attendris.

Quatrième acte. — Les filles du père Goriot continuent à n'avoir pas le sou. La dot de Delphine a été mangée par son mari le banquier Nucingen. Anastasie a un amant qui est un gouffre : Maxime de Trailles. Le père Goriot lui a déjà donné beaucoup d'argent pour qu'elle pût entretenir honorablement ce monsieur. Les deux sœurs tombent ensemble chez leur père. Elles s'injurient furieusement, car elles s'exècrent. Rastignac paraît, et rend à Goriot, sous forme de traite, la somme qu'il lui doit. Le bonhomme endosse le billet et le remet à Anastasie, qui s'en va un peu calmée.

Au cinquième acte, le père Goriot agonise. Pendant ce temps-là ses deux filles sont au bal, il les appelle, il les maudit, puis leur demande pardon, puis les maudit encore, et meurt solitaire et désespéré.

Dans le roman, c'est très beau, comme vous savez. Les démarches les plus extravagantes du père Goriot ont été préparées, et elles sont commentées avec fougue. Ce père entremetteur est absous par ce qu'il y a d'infini dans sa passion paternelle. Sans doute, cette passion semble, — tour à tour, — tout à fait d'une brute, et presque d'un amant : ce qui nous inquiète et nous gêne de deux façons diverses. Mais Balzac nous répète si souvent que ce fou est sublime, que nous finissons par le croire. La paternité de Goriot est un cas de pathologie dont les manifestations auraient un caractère héroïque. Ou plutôt, le père Goriot n'est plus que la figure symbolique de la paternité. Cette figure vit pourtant. Comment cela? C'est le secret de Balzac. Mais dans le drame, où les actions les plus folles de Goriot nous sont présentées toutes nues, on ne voit plus guère que ce qu'il y a de proprement morbide dans son affaire, et nous en ressentons plus d'étonnement que de pitié.

Heureusement le décor et la mise en scène nous amusent. C'est quelque chose d'étrangement lointain, et qui nous dépayse totalement. Par leur costume, par leur coiffure, par leurs plaisanteries, par leur style, par toute leur allure, par les mille détails de leur vie matérielle, surtout par ceux qui nous rappellent quelle était, dans le premier quart de ce siècle, la valeur relative de l'argent, les personnages de Balzac sont plus loin de nous, en vérité, que les personnages de Beaumarchais, plus loin que les personnages des romans de Marivaux, aussi loin peut-être que les personnages du théâtre de Molière. Pour rapprocher de nous ces figures de la comédie balzacienne, nous avons besoin de faire attention que, si leur aspect extérieur les recule incroyablement dans le passé, leurs passions dominantes et la complexion de leurs âmes les remettent à leur date, et que leur conception de la vie, leur façon d'aimer, leur méthode pour parvenir, la forme de leurs ambitions et de leurs convoitises, leur âpreté à l'action, leur énergie militante, leur emphase, leur naïveté, leurs illusions, leurs qualités et leurs vices appartiennent bien en propre à la génération directement issue de la Révolution et du premier Empire, et s'expliquent rigoureusement par les conditions historiques que rencontra cette génération dans son âge adulte.

Eugène de Rastignac me paraît être pleinement « le jeune homme » de ce temps-là. Quel dommage que M. Tabarant l'ait ainsi mutilé ; qu'il ait gardé si peu de chose de l'histoire minutieuse, et si admirablement suivie, de sa formation « morale », telle que Balzac l'a écrite ! Comme il nous eût paru à la fois effrayant et comique sans le savoir !... Je me rappelais, l'autre soir, la transposition véridique et ironique que Flaubert a faite, dans son personnage de Deslauriers, de ce type accompli du jeune « struggleforlifeur » ou « combatpourlaviste » d'il y a soixante-dix ans. Voici une demi-page de *l'Education sentimentale*, qui me paraît résumer délicieusement une très considérable partie de l'œuvre et des idées même de Balzac :

«... N'ayant jamais vu le monde qu'à travers ses convoitises, il se l'imaginait comme une création artificielle, fonctionnant en vertu de lois mathématiques. Un dîner en ville, la rencontre d'un homme en place, le sourire d'une jolie femme pouvaient, par une série d'actions se déduisant les unes des autres, avoir de gigantesques résultats. Certains salons parisiens étaient comme ces machines qui prennent la matière à l'état brut et la rendent centuplée de valeur. *Il croyait aux courtisanes conseillant les diplomates, aux riches mariages obtenus par les intrigues, au génie des galériens, et aux docilités du hasard sous la main des forts.* »

Comme c'est cela ! Là-dessus, je me suis remis à feuilleter le *Père Goriot*. C'est baroque, c'est immense c'est admirable... Avec de violents efforts de Titan qui se roidit, Balzac enfante et dresse au pied des personnages vivants, d'une vie intense et complète, qui par-dessus leur âme ont un corps, du sang, des muscles, de la bile et des nerfs, dont le caractère se révèle par le visage, la voix, l'accent, les gestes, les tics, le costume, et souvent dans le mobilier, dans la maison, dans les objets environnants, dans un milieu qu'ils créent, subissent ou expliquent. Et ces personnages ne sont sans doute que les héros prosaïques du premier âge de la bourgeoisie triomphante, de l'industrie, du journalisme et de l'argent; mais, comme il aime la force plus que toute chose, il en prête à quelques-uns de ses héros jusqu'à les rendre énormes et surhumains. Ainsi que son cher Vautrin, il considère la société comme un champ de bataille ; il exagère évidemment le rôle de la volonté humaine dans la lutte pour la vie, et il y a vraiment beaucoup plus de hasard ou de fatalité dans le monde réel que dans ses romans. Qu'importe ! Ses « hommes à crinière » pétrissent le monde comme il les pétrit lui-même. C'est un beau spectacle.

Puis, comme il ne travaille que la nuit, à la lumière de vingt bougies, dans une robe de moine, après avoir pris un litre de café, — bref, dans un état soigneusement et naïvement entretenu d'hyperesthésie cérébrale, — une sorte d'hallucination presque continuelle vient amplifier chez lui les données lointaines de l'observation. On a, en le lisant, l'impression que ces choses ont été écrites par un homme congestionné, dont les tempes battaient la chamade, et qui ne voyait plus les objets qu'à travers une brume chaude de cauchemar. Et, à la longue, cette congestion nous gagne. D'abord il nous étonne, il nous déplaît et, tranchons le mot, il nous ennuie; mais peu à peu il nous grise, il nous soûle, il nous réduit dans l'état où il est lui-même. Car son imagination, à lui, ne dessoule pas. Ses propres créations l'obsèdent, le possèdent, lui apparaissent merveilleuses et démesurées, lui arrachent des cris d'enthousiasme. Il nous avertit à chaque instant que ce qu'il nous raconte est effrayant ou sublime. Il donne du « Christ » au père Goriot, et de « l'Agneau de Dieu » à l'ami du cousin Pons; il a réellement peur de Mme Marneffe, il s'extasie devant Vautrin, « cet homme si fort », il a la fièvre à remuer les millions de Gobseck et se pâme, avec un amour mêlé d'admiration et d'effroi, devant ses extraordinaires grandes dames, près de qui Cléopâtre est une pensionnaire et Talleyrand un jeune homme sans expérience, et qui parlent d'ailleurs un charabia si soutenu. Il a des inventions saugrenues, par exemple le musée du cousin Pons, où ce pauvre vieux bonhomme garde, sans qu'on s'en doute, des trésors à faire pâlir ceux du Louvre ou des Offices. Il a un amour quasi enfantin du mélodramatique et du mystérieux. Il croit à la toute-puissance des sociétés secrètes, et, comme Flaubert nous le rappelait tout à l'heure, « aux courtisanes conseillant les diplomates et au génie des galériens ». Cet esprit lourd, puissant et comme empêtré de matière, cette espèce de taureau est un mystique ; il croit au spiritisme et à tous les genres de surnaturel. Il a des théories troubles, ultra-idéalistes et à la fois simplistes et même grossières, sur l'histoire, sur l'art, sur le gouvernement; un aristocratisme de plébéien orgueilleux et glouton; un idéalisme sensuel de gros homme sanguin que son tempérament tourmente; et « le culte des héros » ou, pour mieux dire, des « individus forts », parce qu'il en crée, parce que lui-même en est un.

Ces imaginations se déroulent dans un style extrêmement pénible, souvent pédantesque et ridicule et sans proportion avec les objets, tout en expressions superlatives; un style qui est tantôt... je n'ose dire d'un imbécile et tantôt d'un très grand écrivain. Quand on sort de ses livres, on est étonné de voir que les hommes et les choses sont moins extraordinaires, après tout, qu'ils n'ont paru à Balzac. Presque tous ses personnages semblent conçus *a priori*, et sont, au fond, aussi idéalisés que ceux des classiques. Mais, comme il possède à un degré prodigieux le sentiment et l'amour de la vie, il organise minutieusement ces êtres énormes, les plonge en pleine réalité, les soumet aux influences matérielles des milieux, les fait se mouvoir comme nous autres. Ou plutôt, par une démarche inverse, prenant le réel pour point de départ, il le transforme en le contemplant, il l'enfle et le rend gigantesque par l'intensité du regard qu'il fixe sur lui. Il a l'œil grossissant, le don singulier de confondre ce qu'il voit et ce qu'il croit voir, et de rendre l'un et l'autre avec une force de conviction égale ; nul sang-froid, nulle raison, nul sens critique.

Tel qu'il est, il nous subjugue. Il est, comme on l'a dit, un très grand créateur d'âmes. Sa *Comédie humaine*, avec l'argent pour centre et, tout autour, des acteurs plus grands que nature, mais qui agissent suivant la nature, ne ment pas à son titre et est une transposition violente plutôt qu'une déformation du monde réel, — du monde réel d'il y a soixante ans. Si vous rapprochez de l'immense *Comédie humaine* l'ensemble d'études que forment, sur les mœurs de l'ancien régime, les comédies et les romans des deux derniers siècles, vous serez stupéfaits de l'originalité de Balzac, et vous reconnaîtrez en lui le peintre tout-puissant, — et unique, ou à peu près, — du premier âge, fiévreux et trouble, de notre société démocratique, quand elle était toute chargée encore et toute bouillonnante des éléments du passé.

ALEXANDRE DUMAS

Odéon : Reprise de *Kean ou Désordre et Génie*, comédie en cinq actes et six tableaux, d'Alexandre Dumas.

19 octobre 1891.

Kean est amusant. Pourquoi ? Je cherche. Mais *Kean* m'a amusé, il n'y a pas à dire.

Et pourtant, — outre que c'est le plus souvent écrit en charabia, — si on dégage la pièce des épisodes dont elle est toute bourrée, l'action en est assez indigente.

Cette action, je vous la rappellerai en deux mots. Car enfin il se peut que vous n'ayez jamais lu ni vu jouer *Kean* (c'était mon cas il y a huit jours), et les choses les plus connues ne le sont jamais autant qu'on croit.

Voici. Le génial tragédien Kean est un sympathique ivrogne, qui a, — successivement, — deux pures amours.

D'abord, il aime Eléna, comtesse de Kœfeld, femme

de l'ambassadeur de Danemark. Il l'aime, « comme nous aimons, nous autres artistes » (j'ai envie d'écrire « artisses »). Elle n'est point sa maîtresse, mais sa Muse, sa Béatrice ; il ne joue que pour elle. Un soir, elle vient le voir secrètement dans sa loge, à Drury-Lane ; elle lui donne son portrait, et a le tort d'oublier son éventail. — Un instant après, Kean reçoit la visite de son ami le prince de Galles. Comme le prince, depuis quelque temps, tourne autour de la belle comtesse, Kean le supplie, — avec des formes impayables de hardiesse déférente, — de ne plus faire sa cour à Eléna et, notamment, de ne plus entrer dans l'avant-scène de la comtesse pendant le spectacle. Ce taquin de Georges (c'est le petit nom du prince) refuse de rien promettre. Et, en effet, tandis que Kean joue le rôle de Roméo, au moment même où il descend de l'échelle de soie, il aperçoit le prince de Galles penché sur les épaules nues d'Eléna. Alors, dans un accès de colère qui ressemble à un accès de folie, il interrompt sa tirade, se tourne vers le prince, l'insulte abondamment devant toute la salle effarée, et tombe pâmé sur les planches, entre les bras de ses camarades.

D'un autre côté, Kean est aimé d'une fort riche jeune fille de la bourgeoisie, Anna Kamby. (J'ajoute, pour mémoire, que, outre la jeune bourgeoise et la grande dame, il traîne encore à son char de carton une jeune saltimbanque, Kitty la blonde ; en sorte que ses amoureuses représentent toutes les classes de la société, ainsi qu'il convient.) Donc Anna, que l'on veut marier à un gentilhomme décavé, lord Melvil, s'est échappée de sa maison et est venue dire à Kean qu'elle voulait entrer au théâtre. Le sublime tragédien a combattu ce dangereux projet par des discours étonnamment dénués de simplicité. Un peu après, il a eu l'occasion de sauver Anna d'une tentative d'enlèvement machinée par lord Melvil, et il a eu le plaisir de traiter publiquement comme il le méritait ce gentilhomme indélicat. Edmond Kean, voyez-vous, est un grand diseur de vérités, et devant qui les princes et les lords n'ont qu'à bien se tenir...

Au dernier acte, Eléna de Kœfeld, effrayée par l'algarade de Drury-Lane, vient redemander à Kean son portrait. Puis c'est le comte de Kœfeld, qui a trouvé dans la loge du tragédien l'éventail oublié par sa femme. Il demande à Kean des explications. Kean, je n'ai pas besoin de vous le dire, a la plus noble attitude. Au reste, le prince de Galles, subitement redevenu gentil, le tire de là en racontant que c'est lui qui a oublié l'éventail, et qu'il l'avait emprunté à la comtesse de Kœfeld afin d'en faire faire un pareil à la duchesse de Northumberland. Enfin, Anna Kamby vient annoncer à Kean qu'elle a signé un engagement pour le théâtre de New-York. Kean s'aperçoit alors qu'il n'aime plus la comtesse et qu'il aime Anna. Il la suivra en Amérique. C'est tout.

Mais autour de cette action un peu quelconque

s'entrelacent, comme j'ai dit, quantité d'allègres épisodes qui nous montrent Kean de face et de dos, de profil et de trois quarts, Kean debout, assis et couché, Kean dans tous les costumes, dans le frac de l'homme du monde, en bras de chemise, dans la veste du marin, sous le collant de Roméo, et Kean dans toutes les postures morales, Kean chevaleresque et discret, Kean déférent avec aisance, ou audacieux avec grâce, Kean paternel, Kean doux, Kean amer, Kean condescendant, Kean ironique, Kean méprisant, Kean penseur, Kean boxeur, Kean mystique, Kean crucifié, Kean soûl, Kean fou, et, communément, Kean sublime ! Bref, dans *Kean*, il y a Kean, et cela suffit. Car Kean est vivant ; Kean est un type ; Kean n'est pas seulement Frédérick-Lemaître et Alexandre Dumas combinés ; c'est le Comédien de 1830 et le Comédien de tous les temps dans sa magnifique candeur ; c'est l'homme qui, quoi qu'il fasse, quoi qu'il dise et quoi qu'il pense, même seul et dans les profondes ténèbres de la nuit, fait des gestes publics et se sent regardé : car il porte partout en lui-même, si je puis dire, sa rampe allumée et sa galerie ou son balcon bondés de spectateurs. Et, si improvisée qu'ait été la comédie de *Kean*, Dumas a su nous donner une image singulièrement complète et saisissante de cet homme d'illusion, de cet être d'immense et inoffensive vanité : tant il le tenait bien, tant il le sentait en lui, tant il était lui-même, par plus d'un point, le Kean bonhomme, généreux et désordonné du roman-feuilleton et du drame populaire.

... Mais pourquoi *Kean* m'a-t-il donné l'idée d'ouvrir l'*Education sentimentale* et d'en extraire pour vous quatre courts passages ?

« ... Derrière son dos, marchait un grand garçon, dans le costume classique de Dante, et qui était l'ancien chanteur de l'Alhambra, — lequel, s'appelant Auguste Delamarre, s'était fait appeler Anténor Dellamarre, puis Delmas, puis Belmar, et enfin Delmar, modifiant ainsi et perfectionnant son nom, d'après sa gloire croissante, car il avait quitté le bastringue pour le théâtre, et venait même de débuter bruyamment, à l'Ambigu, dans *Gaspardo le Pêcheur*. »

« ... Et il traitait de haut les poètes, disait : « Mon organe, mon physique, mes moyens », en émaillant son discours de mots peu intelligibles pour lui-même, et qu'il affectionnait, tels que : « morbidezza, analogue et homogénéité... »

« ... Cisy fut heureux d'être admis chez une impure, et surtout de causer avec un acteur. Delmar se trouvait là. Un drame, où il avait représenté un manant qui fait la leçon à Louis XIV et prophétise 89, l'avait mis en telle évidence, qu'on lui fabriquait sans cesse le même rôle ; et sa fonction, maintenant, consistait à bafouer les monarques de tous les pays. Brasseur anglais, il invectivait Charles Ier ; étudiant de Salamanque, maudissait Philippe II ; ou, père sensible, s'indignait contre la Pompadour ; c'était le plus beau ! Les gamins, pour le voir, l'attendaient à la porte des coulisses, et sa biographie, vendue dans les entr'actes, le dépeignait comme soignant sa vieille mère, lisant l'Evangile, assistant les pauvres, enfin sous les couleurs d'un saint Vincent de Paul mélangé de Brutus et de Mirabeau. On disait : « Notre Delmar. » Il avait une mission, il devenait Christ. »

Et, plus tard, en 48 :

« ... Delmar lui apprit que « définitivement » il se portait comme candidat aux élections de la Seine. Dans une affiche adressée « au peuple », et où il le tutoyait, l'acteur se vantait de le comprendre « lui », et de s'être fait, pour son salut, « crucifier par l'Art », si bien qu'il était son incarnation, son idéal ; — croyant effectivement avoir sur les masses une influence énorme, jusqu'à proposer plus tard, dans un bureau de ministère, de réduire une émeute à lui seul ; et, quant aux moyens qu'il emploierait, il fit cette réponse : « N'ayez pas peur ! je leur montrerai ma tête. »

Est-ce ma faute ? Mais, l'autre jour, tandis que s'agitaient sur les planches de l'Odéon les diverses silhouettes du Tragédien romantique, j'avais cette impression que Kean, c'est, en somme, Delmar doté de génie et pris au sérieux, au grand sérieux. Presque chaque phrase de l'admirable portrait que je viens de transcrire pourrait être « illustrée » par une citation loyalement empruntée au rôle de Kean ;

et c'est pour cela que Kean est, en effet, si vivant et si curieux, quoique, peut-être, d'une façon que le bon Dumas n'avait pas tout à fait prévue.

Cet excellent Kean est tout « illusions » et tout « attitudes ».

Sa première illusion, c'est de croire, — comme l'indique d'ailleurs le sous-titre de la pièce, — que le « désordre » va bien avec le « génie », et que même il n'y a pas de génie sans désordre. Vous ne voyez peut-être pas très clairement le lien de nécessité qui unit ces deux choses, ni comment l'habitude de courir les tavernes et les mauvais lieux et de boire jusqu'à rouler sous les tables peut augmenter, chez un artiste dramatique, le don de comprendre et de traduire ses rôles. Mais c'est ainsi, et voici l'explication que Kean en donne, le plus sérieusement du monde : « Tu as raison, mon vieil ami, tu as raison ; je sens que je me tue avec cette vie de débauches et d'orgies ! Mais, que veux-tu ? je ne puis en changer ! Il faut qu'un acteur connaisse toutes les passions pour bien les exprimer. » Comme si se soûler de rhum avec des matelots et des filles du port, c'était, en effet, « connaître les passions ». — Vous jugez aussi que refuser de payer ses dettes alors qu'on le pourrait, et vivre obstinément du bien d'autrui, cela, — même quand « autrui » est quelque requin d'homme d'affaires, — implique, au fond, une certaine lâcheté et une certaine bassesse d'âme. (Ce qui m'ennuie, c'est que tous les propriétaires seront de cet avis.) Ce n'est qu'au théâtre et dans les romans que les mauvais sujets et les jeunes gens pourvus de conseils judiciaires ont infailliblement d'excellents cœurs et des sentiments d'une extrême noblesse, et vous avez peut-être remarqué que, dans la réalité, il en va un peu autrement... Mais que voulez-vous répondre à un homme qui croit, dur comme fer, que, pour avoir du génie, il est obligé de connaître les passions, et qu'il n'y a pas d'autre moyen de connaître les passions que de faire des dettes et de ne pas les payer? « Avoir de l'ordre! s'écrie Kean avec une indignation sincère. Et le génie, qu'est-ce qu'il deviendra pendant que j'aurai de l'ordre ? » Il est vraiment persuadé que ses créanciers sont des criminels... Et vous comprendrez maintenant que, par une grâce spéciale, une vie de pochard et, tranchons le mot, une vie de malhonnête homme, n'exclut nullement, chez lui, les sentiments généreux et le laisse prêt à toutes les bonnes actions, — pourvu, toutefois, qu'elles aient des témoins. C'est que, cette vie déshonorée, il la mène moins par goût naturel que par respect de son génie et de son art, et qu'ainsi ses vices sont artificiels et scéniques comme ses vertus.

Il croit, secondement, qu'un grand artiste doit avoir des fauves parmi ses animaux domestiques. Lui-même a eu un lion qui s'appelait Ibrahim.

Il croit aussi qu'il est nécessaire et tout à fait convenable qu'un grand artiste, outre les amours courantes qui entretiennent en lui « la science des passions », ait un amour distingué et purement artistique. « *Nous autres artistes*, nous avons des amours bizarres, et qui ne ressemblent en rien à celles des autres hommes ; car elles ne franchissent pas la rampe... Parfois, il arrive qu'entre les femmes qui assistent habituellement à nos représentations, nous en choisissons une dont nous faisons l'ange inspirateur de notre génie... » Il sied, d'ailleurs, que cette Muse soit plutôt une grande dame : car alors ce littéraire et mystique amour devient une revanche du génie, et contient cette affirmation que la noblesse de l'art est égale à celle du sang, etc.

Notre homme croit également convenable que le grand artiste, en dépit des gros appointements et de la gloire bruyante, et des amours nombreuses et faciles, se sente, de temps en temps, isolé dans la création, comme un être à part et trop différent des autres. « Ah! dit-il au souffleur Salomon, je ferai graver ton nom en lettres d'or sur ma tombe, et l'on saura que Kean n'a eu que deux amis : son lion et toi. »

Il s'imagine encore que de représenter tous les soirs, aux chandelles, des personnages de théâtre, cela donne au comédien une connaissance profonde de la nature humaine. Il croit fermement être un très subtil psychologue. Quand il voit l'épouvante qu'inspire à Anna Kamby l'idée d'épouser lord Melvil, il devine, le malin ! que Miss Anna aime un autre homme et il est excessivement fier de sa découverte. ... « Je vais, dit-il avec solennité, lever un coin du voile sous lequel vous cachez votre secret... Habitués comme nous le sommes, *nous autres comédiens*, à reproduire tous les sentiments humains, notre étude continuelle doit être d'aller les chercher au plus profond de la pensée... Eh bien ! j'ai cru lire dans la vôtre... pardon, Miss, si je me trompe... que votre haine pour lord Melvil... vient d'un sentiment tout opposé pour un autre. »

Il a sur la critique des idées étranges et tout à fait disproportionnées. Lorsque les journalistes « comprennent leur mission *du côté honorable* » (sic), c'est-à-dire lorsqu'ils admirent Edmond Kean, il voit en eux « la gloire de la presse », et « les anges du jugement de la nation », ce qui est beaucoup dire. Mais, lorsqu'ils n'admirent pas Edmond Kean, Edmond Kean est immédiatement persuadé que « c'est l'impuissance de produire qui les a jetés dans la critique ». Il croit pareillement que tout critique qui « attaque le talent » d'une comédienne n'a d'autre pensée que de la contraindre, par cette sorte de chantage, à devenir sa maîtresse. Ce qui ne l'empêche pas d'ajouter, un instant après : « Mon talent appartient à la critique... Elle le foule sous ses pieds, elle le déchire avec ses griffes, elle le mord avec ses dents... C'est son droit, et elle en use. »

Il est délicieux. Tous les lieux-communs de sa profession bourdonnent dans son cerveau sonore.

Tous les sentiments qu'il est convenable d'avoir dans son état quand on est d'une nature un peu distinguée, il les exprime avec une conviction superbe. Il sied qu'un grand artiste soit malheureux ; il sied que l'art lui soit un calvaire, et qu'il souffre d'avoir à exprimer des sentiments d'emprunt (cette souffrance lui donnant sans doute l'illusion qu'il peut avoir des sentiments à lui). «... Oh ! métier maudit... où aucune sensation ne nous appartient, où nous ne sommes maîtres ni de notre joie, ni de notre douleur... où, le cœur brisé, il faut jouer Falstaff ; où, le cœur joyeux, il faut jouer Hamlet ! Toujours un masque, jamais un visage... » Mais, d'autre part, il est convenu que le comédien adore son supplice, que « cet enfer qui le brûle, cette existence qui le dévore », il est incapable d'y renoncer. Et alors, autre cavatine : « Moi ! moi ! quitter le théâtre... moi ! Oh ! vous ne savez donc pas ce que c'est que cette robe de Nessus qu'on ne peut arracher de dessus ses épaules qu'en déchirant sa propre chair ? Moi, quitter le théâtre, renoncer à ses émotions, à ses éblouissements, à ses douleurs !... »

Tel est Edmond Kean dans sa vie de tragédien ; tel il sera dans sa vie d'homme. Même, ses deux vies ne parviennent pas à être distinctes. Ses sentiments privés, sincères à l'origine, deviennent très vite des sentiments imités, parce qu'il en perçoit tout aussitôt la valeur scénique et que, tandis qu'il s'applique à les rendre avec éclat, il oublie de les éprouver et

n'est bientôt plus très sûr qu'ils lui appartiennent.
Sa vie intérieure (car il est parfois sur le point d'en
avoir une) lui échappe à mesure qu'il la manifeste,
et se résout et se dissipe en gestes et en paroles
convenues. — Il croit aimer Eléna, — bien qu'il traite
lui-même cet amour d' « amour *imaginaire* » (mais
ce n'est peut-être qu'une impropriété de terme), —
il croit l'aimer parce qu'il se doit à lui-même d'aimer
une grande dame. Mais, quand il a tiré de cet amour
toutes les phrases et toutes les attitudes qu'il com-
portait, en un clin d'œil il aime Miss Anna. — Il croit
aimer Miss Anna, parce qu'il l'a sauvée et que, grâce
à elle, il a pu être sublime deux ou trois fois. Mais
dans six mois, quand il n'aura plus à la sauver,
soyez sûrs que la pauvre petite pleurera toutes ses
larmes. — Il croit être jaloux du prince de Galles,
parce qu'il y voit l'occasion d'une scène difficile à
jouer, qui exige un mélange savant de dignité et de
souplesse, et où il apparaîtra à son royal ami sous
un jour nouveau et dans une attitude des plus inté-
ressantes. — Il s'habille en matelot pour le baptême
de l'enfant d'un saltimbanque, et il en donne cette
merveilleuse raison : « Parrain d'un enfant qui
appartient à de pauvres gens que j'ai connus autrefois, j'ai pensé que cet habit leur donnerait plus de
liberté avec moi, en me faisant davantage leur égal. »
Mais c'est qu'en réalité il jouit du déguisement et se
délecte de cette idée : Kean, le grand Kean, Kean lui-
même... en matelot, en simple matelot... Mon Dieu,

oui !... n'est-ce pas charmant ? — Il déclare, à Drury-Lane, le soir de la représentation au bénéfice du pauvre Bob, qu'il ne jouera pas, parce qu'on lui a fait du chagrin ; il croit qu'il ne veut pas jouer, — et il sait pourtant bien qu'il jouera, pour montrer la bonté de son cœur, et parce que, au surplus, il ne pourra guère faire autrement. — Il se croit, dans l'acte de la taverne, profondément indigné de la scélératesse et de la lâcheté de lord Melvil, et il l'est, en effet ; mais, en même temps, il est enchanté de l'être, et que cette indignation généreuse ait des témoins. Et, à mesure que cette indignation s'exhale, il en savoure, le premier, l'éloquence ; il assiste, lui aussi, à la scène qu'il joue. C'est un si beau morceau, et d'un effet si sûr, ce parallèle antithétique entre le grand seigneur criminel que l'on respecte, et l'histrion généreux que l'on méprise !... Si lord Melvil avait l'esprit de crier : « Bravo ! » Kean penserait évidemment : « C'est peut-être un mauvais diable, mais il a du goût. »

Et, ainsi, l'âme de Kean n'est qu'un kaléidoscope de postures théâtrales et avantageuses. A cause de cela même, il peut être ridicule, il n'est jamais odieux, car il est toujours amusant par l'abondance de ses illusions, et presque attendrissant par une sorte d'innocence. Des hommes comme Kean, comme Frédérick-Lemaître et d'autres de même race, ne peuvent jamais être profondément méchants, puisqu'ils ne sont jamais *seuls*, puisqu'ils agissent tout jours devant et pour la « salle » qu'ils portent partout en eux-mêmes, et que, vivant sous les yeux de ce public imaginaire, s'ils ont, par hasard, de mauvais sentiments, ils les revêtent spontanément d'une forme scénique et convenue qui les leur déguise à eux-mêmes, et dont le mensonge flatteur rend ces sentiments relativement inoffensifs. Puis, ils ont une passion plus forte que toutes les autres, et même que les mauvaises : l'amour et l'orgueil de leur métier. Enfin, la morale des pièces de théâtre, si elle n'est pas toujours très pure, est du moins généreuse. De cette morale, j'estime qu'il doit souvent rester quelque chose aux comédiens, ne fût-ce que le geste... Kean est un grand enfant perpétuellement abusé et amusé par les décors de théâtre dont il a l'âme meublée, et auxquels il adopte ingénûment sa propre vie et tout ce qui lui parvient du monde réel. Oui, Kean est un type, et il serait divertissant de rechercher, jusque chez les moins romantiques et les plus bourgeois de ses successeurs, la complexion intellectuelle et morale de Kean. On l'y retrouverait, réduite sans doute et atténuée, ou dissimulée ; mais enfin je crois qu'on l'y retrouverait encore par-ci par-là.

LABICHE

Comédie française : *Les Petits Oiseaux*, comédie en trois actes, d'Eugène Labiche.

4 août 1890.

Je n'ai pas tout à fait retrouvé l'autre soir le mérite singulier que j'avais cru voir dans *les Petits Oiseaux*, il y a une quinzaine d'années.

Il faut dire qu'à cette époque j'étais, plus encore qu'aujourd'hui, soumis à une foule d'influences et de préventions. Je ne m'étais pas encore juré de m'appliquer de toutes mes forces et de toute mon attention à n'aimer que ce qui me plaît, et à aimer tout ce qui me plaît : rêve plein de présomption et d'orgueil que je n'achèverai sans doute de réaliser, si j'y réussis jamais, que dans ma vieillesse, si j'en ai une ; en sorte qu'il sera trop tard alors pour jouir des bénéfices d'un état intellectuel si lentement conquis.

Or, en ce temps-là, je savais qu'il fallait aimer et admirer Labiche, et je ne faisais rien pour m'en défendre, au contraire. Emile Augier venait de publier le théâtre de son ami, avec une préface où il le déclarait grand, et où il lui reconnaissait du génie. Puis, après une longue période où l'on n'avait plus osé être gai, la gaieté de Labiche apparaissait comme quelque chose de nouveau, ou de retrouvé, dont on lui était reconnaissant. Cette gaieté était éminemment gauloise ; elle présentait un caractère national et, par suite, inspirait une façon de considération et de respect, à une époque où on ne parlait que de reconstituer les forces de la nation. Et cette gaieté était saine: Labiche ayant, à un degré vraiment surprenant, l'ignorance ou le dédain de la femme quelques-uns de ses meilleurs vaudevilles se trouvaient être des caricatures forcenées, des parodies violemment méprisantes des drames de l'amour et de l'adultère, (au lieu que MM. Meilhac et Halévy, sans recommander précisément les mauvaises mœurs, donnent à leur peinture je ne sais quoi de piquant et de gentil et les montrent trop souvent accompagnées, chez ceux qui les pratiquent, de bonhomie, de douceur et d'une veulerie tout aimable). Enfin, on répétait avec satisfaction des mots qu'on avait entendus sur le « lyrisme » de la plaisanterie de Labiche ; on allait même jusqu'à parler d' « amertume » et de « profondeur » ! Et l'on se savait gré de ce qu'il y avait d'un tout petit peu paradoxal à faire de ce vaudevilliste bon enfant l'égal des trois ou quatre plus grands auteurs dramatiques de ce siècle. Bref, Labiche était à la mode. Il était le premier vaudevilliste pur reçu à l'Académie française (et c'est assurément une des élections les plus intelligentes que l'Académie ait jamais faites). Les salons littéraires les plus qualifiés, les plus... distingués, les plus... « Revue des Deux-Mondes », se l'arrachaient. Et l'on recommandait communément aux goutteux et aux convalescents, avec la lecture des romans du père Dumas, celle du théâtre de Labiche.

J'avais donc vivement goûté les dix volumes de farces de ce grand bouffon, si aisément épandu, si sympathique et d'une gaieté si naturelle. Mais je me souviens très bien que j'avais senti une grâce toute particulière dans *les Petits Oiseaux* ; que même, en les lisant, j'avais eu une légère et agréable surprise.

Pourquoi? C'est que dans le reste de l'œuvre de Labiche, œuvre plus abondante peut-être que variée, tout en jouissant vivement de ces silhouettes et de ces croquis à la Paul de Kock et à la Monnier, renouvelés par un bouffon de génie, j'avais eu pourtant, çà et là, le sentiment d'une lacune fâcheuse. Jamais, pas une seule petite fois, je n'y avais rencontré de femmes. Car on ne saurait donner ce nom aux pâles épouses des Perrichon et des Champbourcy, ni à leurs filles, ni aux très sommaires caricatures de vieilles demoiselles impatientes du célibat ou de pauvres petites cocottes qui se montrent quelquefois dans ces bouffonneries. La femme, chez Labiche, paraît strictement réduite au rôle d' « utilité », j'entends d'utilité dramatique. Chose remarquable, vous ne rencontrerez même pas chez lui les types féminins qu'on pouvait attendre d'un écrivain de si belle tradition gauloise : quelque commère de fabliau, quelque ample bourgeoise, drue en propos et solidement assise dans sa dignité cossue, quelque petite fille de la bonne madame Jourdain, ou quelque maîtresse servante, à demi campagnarde, descendante des Dorine ou des Marton. Non, pas même cela. Rien. La femme est, en vérité, pour ce solognot de Labiche, comme si elle n'existait pas.

Or, il n'y a sans doute pas plus de femmes dans *les Petits Oiseaux* que dans ses autres vaudevilles ; mais il y a tout de même le gentil et banal couplet de Jeanne Aubertin sur les moineaux qui ont faim et à qui il faut jeter ses miettes; et, surtout, il y a, répandu dans toute la pièce, un sentiment de douceur, de bonté, presque de tendresse, qu'on est tenté d'appeler féminin, et qui forme un contraste unique avec la jovialité dure et la rude bouffonnerie ininterrompue de tout le reste de ce répertoire.

Voilà, je pense, ce qui m'avait tant charmé dans *les Petits Oiseaux* et qui m'avait fait passer sur la faiblesse et l'incertitude du fond. Mais, en les revoyant sur les planches de la Comédie, trop grandes pour eux du reste, je n'y ai plus retrouvé mon compte.

C'est que la pièce n'a aucun sens, ou, pour parler plus exactement (car combien de très jolis vaudevilles n'ont aucun sens!), c'est qu'elle paraît d'abord avoir une signification morale, que l'auteur lui-même semble nous en avertir, qu'on la cherche jusqu'au bout, et que le rideau baisse sans qu'on l'ait découverte.

Voici les trois phases morales que traverse le bourgeois Blandinet :

1° Blandinet est doux, timide, confiant et crédule. Il est bon et il croit absolument à la bonté des hommes. Il n'ose pas augmenter ses locataires. Il laisse le bottier Mizabran, qui lui doit cinq ou six termes, lui fabriquer, en acompte, des quantités de paires de bottes dont il n'a que faire. Il est débonnaire avec son fils et lui donne tout l'argent qu'il veut. Il a une très jeune femme à qui il permet d'aller et de venir comme elle l'entend. Il laisse les clefs sur les meubles, tant il est sûr de son domestique Joseph. Enfin, un de ses vieux amis, le commerçant Aubertin, ayant besoin de 50,000 fr., Blandinet les lui offre et les lui promet pour le lendemain. Tout à coup...

2° Blandinet a constaté, dans le premier entr'acte, qu'un faux indigent se moquait de lui. Apparemment, c'est la première fois que ce bourgeois de cinquante ans s'aperçoit qu'il y a des hommes qui mentent et qui trompent, ou c'est la première fois qu'il est trompé personnellement. Et, soudain, voilà mon Blandinet devenu féroce ; lui qui croyait à tout, il ne croit plus à rien. Il ôte les clefs des meubles. Il se défie de Mizabran, et découvre que ce bottier lui donne de la vache pour du veau. Il fait peser la viande envoyée par le boucher. Il compte les morceaux de sucre dans le sucrier et constate, un quart d'heure après, qu'il manque trois morceaux : donc Joseph le vole. Il remarque que sa femme, sortie pour le bain deux heures auparavant, n'est pas encore rentrée : donc sa femme le trompe. Enfin, au moment d'envoyer à Aubertin les cinquante mille francs qu'il lui a promis, il se ravise et écrit à son ami une lettre de refus.

3° Second changement à vue. Blandinet se trouve ruiné par la fuite d'un banquier. Et alors c'est chez lui une procession de petits manteaux bleus. Aubertin, dont les affaires ont pu s'arranger, lui offre à son tour cinquante mille francs et lui apporte un acte d'association. Son frère François, qu'il croyait dur et intéressé, ne se montre pas moins généreux. Ses locataires, même le bottier Mizabran, lui apportent leurs termes arriérés. Joseph veut le servir pour rien. Blandinet apprend en même temps que c'est son neveu qui a pris les trois morceaux de sucre, et que sa femme était rentrée depuis longtemps alors qu'il la croyait au bain. Et Blandinet s'écrie : « Mon Dieu! mon Dieu! que les hommes sont bons! »

Je vous demande ce que l'on peut conclure de cette histoire. L'auteur a machiné, autour de Blandinet et pour son usage personnel, une humanité spéciale. Tout le temps que Blandinet se défie des hommes, les hommes qui ont affaire à lui deviennent subitement et sans exception, de son frère à son bottier, des fleurs de délicatesse, de désintéressement, de dévouement. Que peut faire ce pauvre Blandinet ? Il pense que la lettre du faux indigent n'a été qu'un accident tout à fait exceptionnel et décidément négligeable. Il rentre donc dans sa blandinetterie du commencement. Il n'a rien appris ; sa bonté n'a pas changé de caractère, ou plutôt on ne sait, pas plus qu'au premier acte, si c'est vraiment de la bonté.

Supposez qu'au moment où la toile va baisser, Blandinet s'aperçoive une seconde fois que quelqu'un le trompe : qu'arriverait-il ? Evidemment l'idée qu'il a de l'humanité serait de nouveau bouleversée, et la pièce recommencerait ; elle ne pourrait pas ne pas recommencer.

Il était pourtant très facile, — et comme il y faudrait peu de retouches ! — d'arranger l'histoire de Blandinet de telle façon qu'un très doux et très clair enseignement moral s'en dégageât, et en même temps une aimable définition de la bonté.

Tout d'abord, ce serait comme chez Labiche. Le bon Blandinet aurait la sottise de voir partout le bien, et il serait brutalement tiré de cette erreur. Alors Blandinet, devenu enragé, aurait le tort de voir partout le mal. Mais, au lieu qu'à ce moment-là Labiche n'a mis autour de lui que des âmes exquises, en sorte qu'il ne peut que retomber bientôt dans sa première illusion, je voudrais que Blandinet constatât à plusieurs reprises qu'il a deviné juste et s'affermît ainsi dans son récent pessimisme. Puis, tout à coup, une bonne action lui serait révélée là où il avait flairé et attendu une gredinerie ; et ainsi il serait tiré de sa seconde erreur, mais non point pour revenir à la première. Il retrouverait son ancienne bonté, mais épurée et fortifiée par ces deux épreuves successives ; il la retrouverait avec joie, car il aurait été très malheureux au temps où il se défiait de tout. Et la morale de l'histoire, ce serait qu'après tout les chances d'erreur sont presque égales, à toujours croire à la méchanceté des hommes ou à n'y croire jamais ; mais que, d'ailleurs, on perd plus qu'on ne gagne à l'extrême défiance ; que, si l'on était toujours sur ses gardes, on n'aurait pas le temps d'être bon ; qu'il faut l'être d'abord, tout en se défiant un peu ; et qu'enfin le meilleur principe de conduite, c'est de croire que les hommes ne valent rien et de les traiter, les pauvres diables, comme s'ils valaient quelque chose. Être indulgent pour tous les hommes sans rien attendre d'eux, c'est à cela qu'aboutissent par des voies diverses, — que ce soit par cette considération que tous les hommes ont été rachetés du même sang et que Dieu seul est le juge des cœurs, ou, au contraire, par cette pensée qu'il ne faut pas être durs les uns aux autres quand on souffre ensemble sans rien savoir ni de l'origine ni de la destinée communes ; bref, que ce soit par un mouvement de zèle religieux et de foi, ou par une paresse souriante et ironique et qui se tient peu assurée de la responsabilité humaine, — c'est là, dis-je, qu'aboutissent également la charité chrétienne et l'épicurisme intelligent : deux dispositions d'âme qui, quoique radicalement différentes, se rencontrent souvent dans leurs effets bienfaisants, et qui sont donc les deux meilleures où l'on puisse être.

Malgré tout ce qu'on peut y reprendre, *les Petits Oiseaux* plaisent, comme j'ai dit, par un air de douceur et de cordialité. C'est une berquinade très gaie, c'est-à-dire, après tout, une combinaison assez rare. L'épisode de l'oncle François, qui se déroule parallèlement à l'action principale, est d'un comique qui se mouille de larmes vers la fin. François, filateur à Elbœuf, est un homme terrible, un homme à principes. Dès que son fils Tiburce a eu fini son droit, il lui a coupé les vivres, car « un jeune homme doit se tirer d'affaire tout seul ». A chaque lettre où le pauvre petit diable lui racontait qu'il ne trouvait point d'occupation et qu'il mourait de faim, le père répondait : « Je la connais, celle là. » Tiburce a fait comme il a pu : il a emprunté de l'argent à des usuriers. Naturellement, il n'a pas pu payer les billets et, en désespoir de cause, il se fait arrêter au bras de son père sur le boulevard (nous sommes encore au temps de la prison pour dettes). Indignation du père ; interrogatoire furieux. « — Pourquoi as-tu signé des billets ? — Je n'avais pas de quoi manger. — Il fallait

m'écrire. — Je vous ai écrit; vous m'avez répondu :
« Je la connais, celle-là. » François n'y tient plus ;
le cœur du père se fond tout à coup dans la poitrine du manufacturier. Il regarde Tiburce d'un œil
attendri, il s'aperçoit qu'en effet le garçon ne paye
pas de mine ; il le tâte : « Ces pauvres petits bras !...
Comme c'est maigre !... » Je n'ai pas besoin de vous
dire que l'attendrissement du sévère François se
produit au moment de l'endurcissement du suave
Blandinet. Revirements parallèles et contraires. C'est
prévu et ça fait toujours plaisir.

ALEXANDRE DUMAS FILS

COMÉDIE FRANÇAISE: *Une Visite de noces*, comédie en un acte de M. Alexandre Dumas fils (reprise).

13 avril 1891.

Si l'on met à part les comédies de MM. Meilhac et Halévy qui m'inspirent, je l'avoue, une tendresse particulière et mal définissable, — sans aller toutefois jusqu'à me faire « sauter comme un cabri » sous « les dards du vice élégant » — ainsi que le prétendait, ces jours derniers, un des écrivains les plus distingués, les plus secs et les moins indulgents de ce temps-ci, — je crois que les pièces de M. Dumas sont, dans le théâtre contemporain, celles que j'admire le plus, sur qui j'ai écrit le plus de pages, — et auxquelles j'ai fait le plus d'objections. Car tout cela se tient ; et, tandis qu'on n'a rien à alléguer contre un vaudeville qui fait rire, les objections abondent contre une pièce qui fait penser. Or, par une exception unique, je n'ai point d'objection contre la *Visite de noces*. N'était parfois, dans certains morceaux de bravoure, quelque chose d'un peu concerté, une affectation d'esprit et un soupçon de rhétorique, qui d'ailleurs laissent le *fond* intact et nous rappellent seulement que l'œuvre fut écrite il y a vingt années, je considérerais la *Visite* dans un sentiment d'absolue satisfaction intellectuelle : chose infiniment rare, comme vous savez. Que dis-je ? C'est bien, malgré tout, dans ce sentiment que je la considère, en dépit de quelques « mots » trop fringants peut-être de Lebonnard ou de Cygneroi... Au surplus, ce qui, dans le tour du dialogue, nous avertit que la pièce est presque du « second Empire », signifiera seulement, dans trois cents ans, qu'elle est « ancienne », si toutefois notre civilisation a encore trois cents ans devant elle.

1° L'idée de la *Visite de noces* est essentiellement et très simplement chrétienne. Et c'est pour cela que, en 1871, elle a tant surpris, troublé, et même irrité la critique et le public, tout en forçant leur admiration.

2° Cette idée, toute la pièce tend à la démontrer, de la façon la plus exacte et la plus directe. Je parle ici, bien entendu, du seul genre de « démonstration » dont le théâtre est capable et qui consiste, en nous mettant un fait sous les yeux, à nous donner cette impression que ce fait n'a rien d'anecdotique ni d'accidentel, mais qu'il est vrai d'une vérité très large et qu'il représente et résume un très grand nombre de faits humains analogues.

Ce sont là les deux points que je voudrais expliquer un peu.

Quelle est donc l'idée de la *Visite de noces* ? La voici d'abord sous sa forme la plus générale. C'est que, à part quelques cas très exceptionnels, dont nous pourrions presque faire le compte, que nous ne sommes même pas sûrs d'avoir rencontrés autour de nous, qu'il faut aller chercher dans les poèmes et dans les romans, et où l'amour libre s'absout de l'inéluctable égoïsme qui en fait toujours le fond par son caractère de fatalité, d'invincibilité, par de grandes douleurs, de longs sacrifices, et parce qu'il reste unique et immuable jusqu'à la mort (combien en connaissez-vous de cette espèce ?) — en dehors aussi du mariage, où l'amour n'est plus purement l'amour, où il devient un acte social et se modifie et se purifie par la paternité, soit effective, soit désirée, — l'amour, même quand il est ardent, même quand il est brillant, et même sous les espèces de l'adultère le plus tendre, le plus généreux et le plus passionné, quelques nobles apparences qu'il revête ou de quelques illusions, même sincères, qu'il se nourrisse, n'est rien que la recherche et la curiosité de la sensation égoïste, et que cela devient évident un jour ou l'autre, et qu'enfin l'amour c'est le péché. La conclusion extrême, ce devrait être qu'il n'y a, quant aux choses de l'amour, que deux façons d'être irréprochable : celle de Roméo et Juliette, qui échappent à toute appréciation morale et qui, d'ailleurs, n'ont peut-être jamais existé, — et celle que le comte Tolstoï, après saint Paul et les théologiens les plus stricts, conseille aux époux dans la *Sonate à Kreutzer*.

C'est la même idée qu'exprime Cygneroi, mais en la tirant, en « homme du monde » qu'il est, de l'observation d'un ordre de faits assez spécial et restreint, je veux dire de l'ensemble des circonstances qui caractérisent d'ordinaire l'adultère mondain, l'adultère dans les classes riches. Vous connaissez sa tirade. Elle est, à mon gré, trop spirituelle, trop symétrique, trop habilement balancée ; j'y trouve trop de redoublements et d'oppositions de mots, trop de cliquetis ; elle sent le style de la chronique claquante et caracolante, telle que l'aimaient nos pères. Mais combien elle est vraie, avec tout cela !

« ... L'adultère est une de ces mixtures où les éléments s'associent quelquefois, mais ne se combinent jamais. L'élément que la femme apporte se compose d'un idéal renversé, d'une dignité faible, d'une morale élastique, d'une imagination troublée par les mauvaises conversations, les mauvaises lectures et les mauvais exemples, de la curiosité de la sensation, déguisée sous le nom de sentiment, de la soif du danger, du plaisir de la ruse, du besoin de la chute, du vertige d'en bas et de toutes les duplicités que nécessitent les circonstances. L'homme apporte son tailleur, son cheval, la manière dont il met sa cravate, des regards de ténor de province, des serrements de main mécaniques, des phrases qui ont traîné partout et dont les mirlitons ne veulent plus, des protestations avec lesquelles on ne prendrait pas un électeur de Saint-Flour, son désœuvrement, le désir de faire des économies, Clorinde et Paméla ne prêtant que sur gages ; enfin, ce qu'il appelle son honneur, c'est-à-dire, en cas d'explosion, la chance de recevoir des gifles, de les garder ou de tuer un homme qu'on a volé, ou, ce qui est plus triste encore, d'aller vivre, avec la femme déshonorée et chassée, dans une chaumière où il n'y a plus un cœur. Une fois la cornue sur le feu, en avant le fiacre aux stores baissés... » (peut-être trouverez-vous une saute d'images un peu vive entre cette cornue et ce fiacre), « la chambre d'hôtel borgne, les verrous prévoyants et toutes les tapisseries traditionnelles, les amis qu'il faut éviter dans les rues, les valets qu'il faut corrompre, les servitudes de tout genre, les humiliations de toute espèce, les souillures de toute sorte. Combine, triture, alambique, décompose, précipite tous ces éléments, et, si tu y trouves un atome d'estime, un milligramme d'amour, une vapeur de dignité, je vais le dire à Rome sur les mains. Faux ! faux ! faux !... Prostitution pure, c'est moi qui te le dis ! »

Et maintenant, passons à la démonstration.

« Démonstration » est bien le mot. Mme de Morancé

veuve, honnête femme, qui n'a commis qu'une faute, aime encore, malgré elle, son ancien amant, Gaston de Cygneroi, qui l'a quittée assez brutalement, il y a un an, pour se marier. Un vieil ami, Lebonnard, entreprend de guérir la délaissée. Il lui affirme que Cygneroi ne l'a jamais aimée que de la façon la plus grossière et la plus égoïste, et que, par conséquent, il ne mérite pas même un regret. Cela, c'est la chose à démontrer. Et voici la preuve que Lebonnard a imaginée et préparée. Il a dit à Mme de Morancé, avant le lever du rideau : « Si je fais entendre à Cygneroi que vous avez été la plus éhontée des femmes galantes, que vous avez eu d'autres amants avant lui, pendant et après ; si vous le lui confessez vous-même, et s'il vous croit, et si, vous croyant, il se remet à vous désirer à cause de votre infamie même, serez-vous édifiée sur l'espèce et la qualité de son amour ? » Et Mme de Morancé a promis à Lebonnard de se prêter à cette comédie.

On a fait, ou dû faire, deux objections.

La première, — et l'on en pouvait faire une toute semblable à de Ryons dans *l'Ami des femmes*, — c'est que ce Lebonnard est bien sûr de lui. Le mécanisme des passions de l'amour est-il donc si précis, si déterminé et si clairement connu qu'on puisse prévoir, avec cette imperturbable certitude, ce qu'un homme éprouvera et fera, telle circonstance étant donnée ? Le cœur humain est-il donc réglé comme une horloge ? Cygneroi ne pourrait-il point avoir fort grossièrement aimé Mme de Morancé sans se laisser pour cela prendre au piège que lui tend Lebonnard ? Ne pourrait-il pas se dérober, soit parce qu'il est encore trop nouveau marié, ou parce que sa femme a vingt ans et que son ancienne maîtresse en a trente, ou parce qu'il tient à sa tranquillité ? Et Lebonnard ne s'expose-t-il point à rester quinaud ? — Oui, sans doute, dans la réalité un viveur rangé, retrouvant une ancienne, pourrait, d'aventure, n'en être pas autrement troublé et ne point se laisser reprendre, même par le surcroît inattendu de corruption qu'il retrouve en elle. Mais Cygneroi est un type : il doit présenter, à un degré éminent, ce qu'a de plus caractéristique, dans ses sentiments et dans ses mobiles d'action, la classe d'hommes qu'il représente. Il est donc plausible que ces dispositions intérieures, qui dans la réalité restent quelquefois inertes, agissent toujours chez lui, dès qu'une occasion le sollicite. C'est tout ce que l'auteur nous demande de lui accorder ; et il me semble bien que ce *postulatum* n'a rien d'exorbitant. Lebonnard joue sur de très sérieuses probabilités : cela suffit.

L'autre objection a été formulée par M. Francisque Sarcey dans un feuilleton d'une amusante vivacité d'impression, tout plein à la fois d'admiration, d'étonnement, de chagrin, d'affectueuse rudesse, et que M. Dumas cite lui-même avec un plaisir que je comprends : « La fable, dit M. Sarcey, est d'une invraisemblance parfaite. Jamais on n'admettra qu'une femme, qui est restée digne en sa faute, se prête à l'horrible comédie qu'elle joue pour démasquer son amant. » Et pourquoi ne l'admettrait-on pas ? Qui oserait fixer, en pareille matière, les limites de la vraisemblance morale ? Mme de Morancé est une femme de trente ans, très intelligente et qui a beaucoup réfléchi. Elle sent que cette épreuve, si elle réussit, c'est pour elle la cure radicale, le salut définitif. Vous admettrez bien qu'elle accepte tout au moins l'idée de cette comédie, et qu'elle essaye de la jouer. Ce qui vous suffoque, c'est qu'elle la joue jusqu'au bout ; mais, justement, ce qui lui donne le courage de la continuer, c'est l'attitude que prend Cygneroi *à mesure* qu'elle la joue. Puis, ce qui rassure sa pudeur tandis qu'elle soutient son triste rôle, c'est qu'elle sait que, un quart d'heure après, Cygneroi apprendra que c'était en effet une comédie. Enfin elle est femme. L'invraisemblance de sa conduite est au moins indémontrable. C'est un de ces cas comme il s'en présente assez souvent dans les romans ou au théâtre, sur la vérité desquels les lecteurs et les spectateurs sont forcément très partagés. Car ce qui est pour chacun de nous « le vraisemblable » dépend beaucoup de notre expérience personnelle, de notre aptitude à l'observation, et même des hasards de notre vie et des rencontres que nous y avons faites. Regardez autour de vous : la réalité est pleine de surprises. J'oserais presque dire que le monde moral fourmille d'exceptions, au point que ce sont peut-être les cas prétendus normaux qui devraient être qualifiés d'exceptionnels. L'effort de l'art, ce doit être d'agrandir le domaine du vraisemblable, de donner l'apparence du *vrai* à la plus grande quantité possible de *réel* : ce qui n'est pas commode.

Donc, voilà mon Cygneroi qui vient, avec sa jeune femme, faire une visite de convenance à son ancienne maîtresse. Il est encore tout ravi par la grâce d'innocence de la fraîche épousée. Il déborde de sentiments vertueux, — et même sévères. Il donne, de ses relations avec Mme de Morancé et de l'adultère en général, la définition que je vous ai rappelée. Il est de bonne foi ; et ce qu'il dit, sauf un peu de dureté pour la femme, est d'une exactitude incontestable. Cela, d'ailleurs, ne le trouble plus. Pourquoi ? Parce que, à ce moment, cela est loin de lui ; parce qu'il vient de connaître des joies plus saines et plus calmes ; parce qu'il peut considérer son aventure de jadis comme ferait un moraliste et un étranger, et que la mémoire de ses sens n'a pas encore eu l'occasion de s'éveiller sérieusement sur ce sujet. Pour qu'elle se réveille, que faudra-t-il ? Il suffira que l'image des plaisirs passés, dans ce qu'ils ont eu de plus concret et de plus secret, lui soit suggérée directement et crument, et avec un peu d'insistance.

C'est à quoi s'emploie Lebonnard. Lebonnard, négligemment, lui parle des amants de Mme de Morancé, fournit des détails et des preuves. Et Cygneroi, très sincèrement, s'écrie : « Entre nous, tu sais comment on appelle les femmes de cette espèce-là ! »

Mais déjà son imagination est émue. Mme de Morancé se présente alors. Il lui parle durement et ironiquement. Elle avoue ses amants ; et elle les explique l'un après l'autre : Don Alphonse a été son premier amant, mais Cygneroi a été son premier amour ; puis elle a pris Lebonnard parce qu'elle était désespérée, et elle a pris lord Gamberfield, un Anglais un peu ridicule et pas jeune, parce que les goûts changent avec l'âge. Elle débite tout cela tantôt avec un cynisme tranquille et élégant, et tantôt avec des airs de mélancolie, des retours tendres vers le passé...Et tandis qu'elle parle, des images précises se sont levées dans la pensée de Cygneroi : il a réellement *revu* sa maîtresse ; il l'a revue dans les bras d'un autre, dans les bras de plusieurs autres ; et il a senti la jalousie et, par la jalousie, le désir, dont elle n'est qu'une forme brutale et basse... Et alors, il supplie Mme de Morancé de redevenir sa maîtresse.

La preuve est faite. Ce qu'il a cherché jadis dans l'adultère, nous le reconnaissons dans ce qu'il regrette maintenant, dans ce qu'il redemande et veut ravoir. Et, au fond, c'est toujours cela qu'on cherche en effet dans les liaisons comme celles de Cygneroi et de Lydie de Morancé. Le reste, flirtage, serments, paroles et lettres d'amour, n'est que mensonges élégants et préparations nécessaires. Rien de plus ; et, si l'on savait qu'on n'aboutira point, on se dispenserait des préparations.

Une fois sa comédie jouée, Mme de Morancé éclate, crie son dégoût, et définit en même temps avec une merveilleuse exactitude ce qui s'est passé dans le cœur de son ancien amant : « Eh bien ! dit-elle à Lebonnard, vous avez raison, mon ami, c'est écœurant. Il a cru que j'avais été la maîtresse de ce don Alphonse que vous avez inventé, de ce lord Gamberfield à qui je n'ai jamais adressé la parole, et de vous qui êtes un ami loyal et dévoué. J'aurais pu vous adjoindre un Chinois ou un Touareg, il y aurait cru comme aux autres. Et quand il a été bien convaincu de mon infamie, quand il a pensé que, grâce à toutes ces expériences, à toutes ces débauches, j'étais devenue une femme de plaisir, quelque chose comme Mlle Castagnette, il s'est mis à m'aimer, si l'on peut se servir de ce mot sacré pour exprimer la passion la plus brutale et le désir le plus bas. Ah ! si nous savions avant ce que je viens de savoir après ! Pouah !... »

Et voici la contre-épreuve. Quand Cygneroi est bien décidé à lâcher sa jeune femme pour fuir avec son ancienne maîtresse, Lebonnard lui apprend que tout ce que celle-ci lui a confessé était pure invention, qu'elle a voulu le reprendre par la jalousie, enfin qu'il n'y a « rien, rien, rien », qu'il va retrouver Lydie « chaste, calme, modeste, dans une petite maison va qu'elle faire louer à quelques lieues de Paris. » Mais du moment qu'il n'y a « rien », c'est-à-dire plus de vice, plus de ragoût, plus de piment, Cygneroi n'est plus tenté du tout. « Mais, malheureux, si c'est pour vivre avec une honnête femme, je n'ai pas besoin de Mme de Morancé, j'ai la mienne. »

Et Lebonnard conclut : « Ainsi ça finit par la haine de la femme et par le mépris de l'homme. » (Entendez : la haine de la femme pour l'homme jadis aimé et le mépris de l'homme pour la femme.)

Vous voyez à quel point la *Visite de noces* est une comédie chrétienne. C'est sa grande originalité. Mais, à cause de cela même, je doute qu'elle soit jamais parfaitement aimée du public. Car, ou le spectateur prendra au sérieux les choses que lui dit M. Dumas, et son plaisir sera austère ; ou il restera défiant et trouvera que c'est mettre bien du tragique dans les affaires de l'amour. Il y aura toujours une partie du public, et il y aura même, dans chacun de nous, un païen (car nous sommes tous, à des doses diverses, païens et chrétiens, de par la complexité de nos origines) ; il y aura, dis-je, un païen — ou un Gaulois — qui fera cette réflexion que, quand Mme de Morancé aurait eu réellement trois ou quatre aventures de cœur, et quand même Cygneroi, à cause de cela, trouverait aux charmes de son ancienne bonne amie un goût de revenez-y, ce ne serait pas sans doute joli, joli, mais ce ne serait pas non plus si tragique ni si épouvantable que ça. Et cette réflexion, il la ferait d'autant plus aisément dans un théâtre, qui est par destination un lieu de plaisir. La *Visite de noces* implique et quelquefois exprime les idées les plus austèrement chrétiennes, — mais sur les planches, par de jolies bouches peintes, dans un spectacle où tout est disposé pour flatter les sens, et où la foule assemblée est, en vertu même du motif qui l'assemble, dans des dispositions d'esprit aussi peu chrétiennes que possible. Il y a là une contradiction assez piquante. Et je n'en aime que mieux la *Visite de noces*.

VICTORIEN SARDOU

Vaudeville : Reprise de *Nos Intimes*, comédie en quatre actes, de M. Victorien Sardou.

26 octobre 1891.

Il y a, dans *Nos Intimes*, une chose que j'admire sans réserve.

C'est le : « Saute donc ! mais saute donc, animal! » qui fait sauter — en même temps — le bouchon d'un flacon d'éther et un amoureux réfugié sur un balcon.

Vous vous rappelez, j'imagine, la situation. Pendant l'absence du bon M. Caussade, un de ses « intimes », M. Maurice, a trouvé moyen de rejoindre, la nuit, la jolie Mme Caussade dans le salon où elle a eu la complaisance de s'endormir. Maurice a été excessivement entreprenant et Cécile a fait une très belle défense. Sur le point de succomber, — car il est le plus fort et, tout au fond, elle l'aime, — elle a eu une inspiration : « Mon ami, a-t-elle dit, allez donc voir sur le balcon, j'ai cru entendre des pas. » Maurice est allé voir, et elle lui a fermé la porte sur le dos. A ce moment, le mari est entré par une autre porte et a constaté, avec satisfaction, que sa femme était seule. Mais Cécile, après toutes ces émotions, se trouve mal. Pour lui donner de l'air, les bons « amis », les chers « intimes » qui sont entrés sur les talons de Caussade, vont ouvrir la porte du balcon... Maurice va être pincé, c'est sûr... Le public halète... Heureusement, Tholozan est là, l'ingénieux docteur Tholozan, l'homme qui a de l'esprit et qui dit leur fait aux gens tout le long de la pièce. Tholozan a tout deviné, et c'est lui qui, interpellant à la fois l'amant peureux et le bouchon récalcitrant, pousse le cri sauveur dont je reste émerveillé : « Mais saute donc, animal ! »

Et ceci, comme vous savez, n'est que le bouquet de toute une série de subtils artifices. Car il faudrait parler aussi de la chaise renversée et du cordon de sonnette cassé. Cette chaise, c'est Maurice qui l'a renversée tout à l'heure en poursuivant Cécile; ce cordon, c'est Maurice qui l'a cassé pour empêcher Cécile d'appeler au secours. Et les « intimes » de Caussade exultent : « Expliquez-nous cette chaise, expliquez-nous ce gland arraché. » Et, comme ci-dessus, la foule halète... Mais, comme ci-dessus, le bâtard du noble Desgenais intervient pour confondre les desseins des méchants. C'est le petit Raphaël, le fils d'un des bons « intimes », qui, malade d'avoir fumé un gros cigare, a fait tomber la chaise ; et c'est lui, Tholozan, qui a cassé le cordon en sonnant la femme de chambre... Ouf ! nous respirons.

Mais ça n'est pas fini, et vous goûterez encore le plaisir d'avoir peur. Il n'y a pas seulement, dans *Nos Intimes*, le bouchon du flacon d'éther ; il y a le renard.

Maurice, en sautant du balcon, a brisé un cactus et s'est foulé la main droite, puis s'est réfugié dans un petit bois où il a passé la nuit. D'autre part, Caussade, toute la nuit, a rôdé dans le jardin, et nous le retrouvons, le lendemain matin, étrangement sombre et préoccupé. Il oblige Maurice à lui écrire son nom et son adresse, sans doute pour s'assurer de la foulure, ou pour torturer son ennemi. Il approuve hautement le suicide d'un mari trompé, dont il vient de lire le récit dans son journal : c'est sans doute une façon de prévenir les deux amants de sa résolution. Il prend un revolver dans son bureau et sort d'un air égaré ; un instant après, un coup de feu retentit : à coup sûr, le malheureux vient de se brûler la cervelle...

Point ; c'est un renard qu'il vient de surprendre et d'occire ; un renard qui lui mangeait ses poules, et dont il nous a rebattu ses oreilles tout le long de la pièce. S'il a pris un revolver pour tuer ce renard, c'est qu'il n'a pas de fusil ou qu'il est très bon tireur. Et, s'il a demandé à Maurice un échantillon de son écriture, c'est qu'il lui a trouvé une place dans une maison de commerce.

Combiner de longues séries de petits faits susceptibles de deux interprétations, l'une tragique et funeste, l'autre comique et inoffensive, et faire triompher, au bon moment, l'interprétation qui venge ou délivre les personnages auxquels nous nous intéressons, c'est là le talent propre de M. Sardou, c'est où il excelle à l'égal de Scribe et de Dumas père. Et jamais peut-être il ne l'a plus entièrement ni plus allègrement prouvé que dans *Nos Intimes*. L'énorme vie humaine lui fournit principalement des matériaux pour disposer et édifier des sortes de charades très compliquées, à solution généralement heureuse. Il est admirable en cela. On l'a dit mille fois, et j'ai plaisir à le redire.

Dans le reste, je lui résiste quelquefois. Je mets, bien entendu, tout à fait à part des œuvres telles que *Patrie*, la *Haine*, et peut-être aussi *Fernande*. Mais si *Nos Intimes* n'étaient une merveille d'arrangement scénique, et si cela ne suffisait à sauver la pièce, quelle étrange macédoine de tous les genres nous serions tentés d'y découvrir ! et combien peu nous trouverions de vérité et de vie dans cette œuvre de tant de mouvement ?

Nos Intimes se rattachent à tout un groupe de pièces cuisinées suivant une formule qui fut longtemps chère à M. Sardou et qui, on ne peut le nier, paraît plaire encore au public, mais à laquelle je n'ai jamais pu me faire complètement. Dans ces pièces, **un** drame très sérieux et très violent surgit brusque ment, vers le troisième acte, d'une comédie pure et, parfois, d'un pur vaudeville. Tels *la Famille Benoîton, Maison neuve, Nos bons Villageois,* etc.

Par exemple, *Nos Intimes* commencent à la manière d'une comédie de sentiment, d'un marivaudage. Marivaudage assez banal d'ailleurs : c'est l'histoire d'une petite bourgeoise qui s'ennuie et qui s'éprend d'un joli jeune homme, sous couleur de pitié d'abord (car le gaillard relève de maladie), puis d'amitié chaste et de tendresse platonique. Je ne relèverai point ce que ces premières scènes de *Nos Intimes* ont de suranné dans la forme. L'apologue y sévit ; ces gens-là ne disent rien directement et veulent avoir de l'esprit sans interruption. Mais on trouvait cela étincelant en 1860 ; et sommes-nous sûrs d'être si neufs dans trente ans ?

Tout de suite après, nous glissons dans le vaudeville. N'était le style, qui est visiblement soigné, et dont le brillant un peu vieillot témoigne du moins d'un souci d'art, ce sont, en réalité, des scènes de farce et de parade que celles où le docteur Tholozan persuade à Cécile qu'il y a, pour Maurice, danger de mort à prononcer ce mot : « Je vous aime », et où, ce mot ayant échappé à Maurice, elle le croit perdu et constate ensuite, avec une surprise joyeuse, que le pauvre jeune homme n'a rien de cassé...

Avec les « amis » de Caussade, avec Marécat et son ange de fils, avec le couple Vigneux, avec le zouave Abdallah, nous restons en plein vaudeville.

Notez que je ne m'en plains pas. Ces fantoches ont, d'ailleurs, çà et là, d'excellents mots de comédie ; mais ce sont bien des fantoches. Ils sont expressément chargés d'exprimer, par chacun de leurs gestes et par chacune de leurs phrases, l'amitié fausse, envieuse, indiscrète, insolente et malfaisante, et ils obéissent à leur consigne, Dieu sait ! Ils n'ont pas une seconde d'inattention ni d'oubli ; ils ont l'air de se dire à chaque instant : « Messieurs, n'oublions pas que nous représentons les faux amis. » Ils ne lâchent pas un seul mot qui, dans la réalité, ne les fît immédiatement flanquer à la porte, fût-ce par le plus débonnaire et le plus benoît des moutons moutonnants... La petite scène,— si amusante et si prestement menée, — où le brave Caussade se trouve dépouillé par eux, en un clin d'œil, de ses cigares, de son journal, de son chapeau de paille et de sa femme ; celle où ils lui arrangent « par amitié » ce bon petit duel « à mort » avec le voisin, et où tout à coup ils lui défendent de se battre parce que Tholozan leur a rappelé que les témoins risquent la prison, tout cela est vigoureusement, mais purement vaudevillesque. Bouffonnerie éminente, mais bouffonnerie, à grands traits caricaturaux. Si la grande scène du troisième acte, l'entrevue nocturne de Maurice et de Cécile, était traitée, comme elle pouvait l'être, légèrement et brièvement, si elle n'avait pas été prise par l'auteur au grand sérieux, *Nos Intimes* ne seraient guère qu'un très long vaudeville, avec une première

partie qui ferait songer à une adroite réduction des
Faux Bonshommes; un troisième acte qui rappellerait
le duel de *la Commode de Victorine* ou de *27 degrés
à l'ombre* (j'indique des ressemblances de ton, sans
m'occuper de la chronologie), et un dernier acte
dont le comique rappellerait celui d'*Un pied dans le
Crime* ou de *l'Affaire de la rue de Lourcine*...

Or, tandis que nous nous délectons à des combi-
naisons de faits, telles que la réalité n'en machinera
évidemment jamais, du moins avec cette suite
patiente et ce constant à-propos ; tandis que nous nous
égayons aux gestes démesurés et aux propos invrai-
semblablement significatifs de tous ces *puppazi* de la
fausse amitié, et que nous nous croyons à cent lieues
des hommes de chair et d'os et bien en sûreté dans
l'heureux pays de la facétie, de la caricature et de
l'imbroglio... brusquement, voici des cris, des
pleurs, des sanglots, des bras tordus, de la passion
déchaînée, de la douleur, du désespoir, de l'humanité
et même, à un moment, de l'humanité de Théâtre
Libre, saignante et crue comme un bifteck. L'atel-
lane est soudainement crevée par l'explosion inattendue d'une façon de tragédie. Non seulement ce bon
nigaud de Caussade, que nous avions pris pour un mari
de Labiche, a le front de souffrir pour de vrai, comme
un mari de Dumas fils, et de pleurer, et d'être attendrissant, mais encore, avec une décision et une énergie que rien, absolument rien, ne nous avait permis
de soupçonner, il se tourne contre les faux amis et

les accable d'une invective aussi brillamment écrite que les apologues de Tholozan : ce qui ne l'empêche pas, une fois sa tirade finie, de redevenir le jocrisse que nous connaissions, et de laisser organiser par ses bons amis le truc du voyage simulé et du retour imprévu. Et quant à Maurice... nous l'avions pris, lui, pour un insignifiant séducteur de comédie de genre ; ah ! bien oui ! le voici qui écume et qui bave de désir, qui renverse et franchit les meubles, et qui bondit sur Cécile, et qui lui broie les poignets, et qui lui pétrit la taille, et qui martèle de baisers brutaux la clôture de ses dents serrées, « en criant des mots inconnus », comme dit la chanson : c'est un fauve, un forcené ; c'est — déjà — « le mâle » des romans naturalistes. Et elle ! elle glisse, se tord, s'échappe, se redresse, dépeignée, avec des yeux flamboyants et de grands cris d'épouvante, de colère et d'indignation. La scène de séduction anodine à laquelle nous étions préparés devient une scène de pugilat et de viol, où les mots sont aussi véhéments que les gestes... Heureusement, l'invention si adroite et si jolie du bouchon qui, en sautant, fait sauter l'amoureux, nous ramène à la comédie artificielle et aimable. Mais c'est égal, je demeure un moment stupide ; et cela me déconcerte et me gêne qu'on ait pu fourrer dans la même pièce, à cinq minutes de distance, tant de drame et tant de vaudeville, une scène d'amour si tragique et si approchante du viol et un si joli tour de passe-passe, un amant si éperdûment déchaîné et un bouchon si spirituel. Ceci m'embarrasse pour goûter cela ; ces deux « effets » n'appartiennent point à la même poétique. — On m'a changé ma pièce ; on m'a changé, sans crier gare, mon Caussade, ma Cécile et mon Maurice. Et je m'y perds, et je ne veux pas que Perrichon me fasse pleurer, et je ne veux pas qu'Arthur et Ernestine me fassent trembler. L'étrange soudaineté de leur transformation m'empêche de les sentir vivants comme personnages de drame ; et, d'autre part, cette transformation momentanée ayant rompu l'harmonie de leurs mouvements de fantoches, ils auront beau revenir à leur première allure, je ne les sentirai même plus vivants en tant que personnages de vaudeville. Ils me paraîtront faux de deux façons différentes et successives, voilà tout.

Pour être loyal, je dois dire que cette duplicité et cette contrariété de peintures et d'effets ne paraît pas gêner le public. Il n'y voit qu'une chose : c'est qu'on lui sert — et abondamment — de quoi rire et de quoi pleurer ou avoir peur dans la même soirée, et qu'il a un vaudeville et un drame pour le prix d'une seule pièce... Et, n'est-ce pas ? c'est son affaire.

J'ai d'ailleurs exagéré un peu mon impression pour la mieux faire comprendre. Il y a, malgré tout, dans *Nos Intimes*, quelques scènes de vraie et belle comédie : telle, la scène où Vigneux refuse, par délicatesse de conscience, le petit service que lui demande Caussade, et celle où les insinuations sournoises de Vigneux et de Marécat dénoncent au pauvre homme les « inconséquences » de sa femme. Puis, l'exposition exceptée, toute la pièce est amusante, et d'un mouvement si alerte, si continu et si aisé ! Enfin il faut prendre garde à ceci, que presque toujours on fait tort à M. Sardou en rendant compte d'une de ses pièces en particulier. Ses qualités les moins contestables étant la fécondité, la verve, l'ingéniosité, çà et là une brutalité adroite, et l'abondance de l'invention scénique, on ne les sent tout entières et on ne peut les apprécier ce qu'elles valent que dans la multiplicité même de leurs manifestations, et ainsi elles éclatent davantage si l'on considère l'ensemble de son immense répertoire. Et c'est pourquoi nul grand dramaturge peut-être n'a été si malmené par la critique et n'a soulevé, à chaque ouvrage nouveau, tant d'objections ou de chicanes; mais c'est également pourquoi, en dépit des mille petites résistances de détail que nous lui opposons, nous sentons que cet homme est une force, qu'il est un des plus beaux tempéraments dramatiques de ce siècle, aussi grand amuseur et aussi grand ouvrier de théâtre que Scribe et Dumas père, et qui, dans le tragique, a atteint deux ou trois fois à la grandeur et presque à la beauté.

Je sais bien que, ici, la justice que je m'efforce de lui rendre, il la trouvera fort maigre. Aussi n'ai-je point espéré ni même désiré lui être agréable. J'ai seulement obéi à un scrupule de conscience ; il m'a semblé que, d'un homme tel que lui, on n'avait le droit de discuter telle erreur particulière qu'en se souvenant de l'œuvre totale.

L'INTERDICTION DE « *Thermidor* »

2 février 1891.

Ce n'est pas dans les théâtres que s'est donnée, cette semaine, la plus intéressante et la plus instructive comédie.

Je ne voudrais pas employer des mots plus grands que les choses. L'interdiction de *Thermidor* n'est point en elle-même un fait très considérable. Elle ne fait perdre que quelques centaines de mille francs, soit à l'auteur, soit au Théâtre-Français, et elle ne prive que soixante ou quatre-vingt mille citoyens d'un plaisir innocent et dont ils s'étaient crus assurés, mais dont, à la vérité, ils pourront se passer sans trop de souffrance.

Mais ce petit fait est des plus significatifs. Je ne pense pas qu'on ait vu, depuis quelque vingt années, un plus impertinent ni plus irritant exemple d'intolérance jacobine.

Toutes les équivoques et toutes les déclamations des rhéteurs révolutionnaires ne changeront rien à ce qui est. Il reste ceci, qu'il n'est pas permis, à l'heure qu'il est, à un auteur dramatique de dire du mal de la Terreur, du Comité de Salut public, du tribunal révolutionnaire, et qu'on offense je ne sais quelle religion d'Etat en protestant contre l'abus que Robespierre et ses complices firent, il y a cent ans, de la guillotine.

Car tel est le crime de M. Sardou. Il n'en a point commis d'autre. Son drame, à en considérer loyalement le texte, n'est en aucune façon antirévolutionnaire. Ses deux personnages sympathiques sont d'excellents républicains. Les bienfaits de la Révolution, le 14 juillet et la fête de la Fédération sont rappelés avec attendrissement dans le cours de la pièce: l'héroïsme des armées républicaines y est célébré; Danton, sur lequel, si j'ose le confesser, ma sympathie hésite, et Camille Desmoulins, que je considère comme un drôle qui a fini par avoir un bon mouvement, y sont très formellement glorifiés. Le jugement sur la Révolution qui se dégage du drame de M. Sardou, c'est, en somme, celui de Quinet et presque de Michelet; c'est le jugement de la moyenne du peuple français ; c'est celui qui est formulé dans les manuels d'histoire de nos lycées nationaux ; il consiste à exalter 89 et même 92, et à répudier la folie sanglante de 93. Je ne vous donne point cette opinion pour originale : je vous la donne pour très banale au contraire, — et pour officielle, ou à peu près.

La plus violente tirade de *Thermidor* contre le régime de la Terreur est empruntée, presque mot pour mot, au *Vieux Cordelier* de Camille Desmoulins, de ce Camille dont la statue a été inaugurée l'an dernier par nos ministres. Dire que *Thermidor* insulte à la Révolution, attente à la république et offense le sentiment national, on ne le saurait sans mauvaise foi, ni sans faire à M. Sardou le plus odieux procès de tendances, un procès essentiellement pareil dans son fond (bien qu'un peu moins terrible dans ses conséquences) à celui que le Comité de Salut public faisait en 93 à beaucoup d'honnêtes gens et qui se terminait pour eux par la guillotine. — On reproche à M. Sardou de n'avoir montré, comme on dit, qu'un côté de la Révolution, le côté sinistre et hideux ; mais j'imagine qu'un auteur dramatique est libre de choisir son sujet, et que M. Sardou n'était pas tenu de fourrer l'histoire entière de la Révolution dans un drame d'amour, un drame privé, qui se trouve justement avoir pour unique ressort extérieur un mandat d'amener et un arrêt du tribunal révolutionnaire. On ne pouvait cependant pas exiger qu'il introduisît, dans cette histoire de juillet 1794, un tableau du Serment du Jeu de paume ou de la Nuit du 4 août ! On dit encore : « La preuve que la pièce est dirigée contre la Révolution, c'est que les monarchistes l'ont acclamée. On ne saurait croire combien de dantonistes ont surgi ces jours-ci parmi les réactionnaires. » Comme si les réactionnaires seuls avaient battu des mains aux couplets vengeurs du *Vieux Cordelier* ! ou comme si l'on ne pouvait pas tout aussi bien dire qu'il est piquant d'avoir fait applaudir un soir à nos gommeux, à nos fils de banquiers et à ce qui peut nous rester d'aristocratie mondaine, — quelle qu'ait été d'ailleurs la pensée secrète de tous ces gens-là, que je n'aime pas, — les noms de Danton et de Camille Desmoulins ! Et quel danger peut-il y avoir dans ces applaudissements, fussent-ils les plus perfides et les plus sournois du monde ?

Mais, au reste, ce n'est point, paraît-il, comme attentatoires à la Révolution, mais comme dangereuses pour l'ordre public que les représentations de *Thermidor* ont été interdites par le ministre de l'intérieur. Et c'est ici que commence la comédie.

On sait que la très grande majorité du public était disposée à écouter fort tranquillement *Thermidor* et à le prendre pour ce qu'il est, c'est-à-dire pour un drame plus ou moins intéressant et émouvant qui se passe sous la Terreur, voilà tout. On sait que les siffleurs de mardi dernier n'étaient qu'une trentaine. On sait par qui ils avaient été conseillés ou commandés; on pourrait dire les noms. On sait combien il y avait, parmi eux, d'ouvriers typographes et à quels journaux ces ouvriers appartenaient. On sait que les étudiants n'auraient point manifesté contre *Thermidor*. On sait qu'à la troisième représentation, celle de jeudi, les siffleurs et les insulteurs n'auraient été qu'une infime minorité, que le gros du public ne songeait point à les provoquer, et qu'une douzaine d'agents répandus dans la salle eussent largement suffi à maintenir l'ordre. Si M. le ministre de l'intérieur savait, lui, autre chose, que ne l'a-t-il dit à la tribune? Que ne l'a-t-il dit avec précision? Et s'il était si bien instruit et si exactement, que ne prenait-il des mesures contre une poignée de perturbateurs, au lieu d'en prendre contre M. Sardou, contre la Comédie française et contre le public?

C'est que, voyez-vous, quoi qu'on en ait dit, il y a là tout autre chose qu'une mesure d'ordre, il y a bel et bien un acte d'inquisition contre la pensée. Un orateur, dont je sais combien la personne est séduisante, mais dont je déteste le rôle et les idées, a pris soin de déchirer les voiles dans un discours qui n'est qu'un affreux cri de haine, une exhortation à la discorde civile, un refus de désarmer, mieux que cela, une crainte que l'adversaire ne désarme; un regret farouche du temps où la France était divisée en deux camps irréconciliables et qui s'entr'égorgeaient. Le ministre de l'intérieur avait dit : « Ce n'est rien, ce n'est qu'une affaire de police; la politique n'a rien à voir là-dedans. » Barrère s'est écrié (en sorte que l'on pouvait croire d'abord qu'il s'adressait au ministre) : « Assez de tartuferies! C'est bien à la Révolution que *Thermidor* en veut. On ne peut défendre *Thermidor* qu'en épluchant la Révolution, en y distinguant du bien et du mal. Or, il n'est pas permis d'éplucher la Révolution, de dire : j'accepte ceci, je repousse cela. La Révolution est un bloc dont on ne peut rien distraire. Le tout est à prendre ou à laisser.

Et si on le laisse, l'Etat a le devoir de sévir. » Et il a ajouté que la Révolution dure encore, que ce sont toujours les mêmes hommes qui sont en face des mêmes ennemis. Il a expliqué qu'il y a toujours deux nations en France, qu'il faut qu'il y en ait deux, et qu'il faut qu'elles se battent, et qu'elles ne se réconcilieront jamais, jamais. Et il semblait en tressaillir d'allégresse. Tel, Ignace de Loyola, dans ses exercices spirituels, divisait le monde en deux camps entre lesquels il faut opter. Telle, l'Eglise nous déclare que son histoire et ses dogmes forment « un bloc dont on ne peut rien distraire », et que ceux qui en distraient quelque chose sont hérétiques et anathèmes, et c'est pourquoi elle les livrait jadis au bras séculier « par mesure d'ordre public ».

Ainsi l'histoire de la Révolution devient quelque chose de surnaturel et de supérieur aux vaines discussions des hommes. Les événements dont elle se compose forment un tout indivisible et sacré. Et ne dites pas qu'il faut pourtant bien que ces événements aient été le produit d'idées quelque peu diverses et peut-être même contradictoires, puisque, pendant près de deux ans, ceux qui professaient les unes ont égorgé ceux qui tenaient pour les autres. N'importe ! Vous n'avez pas le droit de distinguer entre elles. Quoique diverses, elles ne font qu'un, vous dis-je ! Ces contradictions sont un mystère qu'il faut adorer.

Et voyez le singulier pouvoir sur des âmes peureuses et faibles de l'affirmation furieuse et de la déclamation menaçante. L'acceptation docile par la Chambre de cette apologie de la Terreur m'a été, en quelque façon, une explication de la Terreur même. Rien n'est plus intimidant pour le vulgaire, — et le vulgaire, ce sont les neuf dixièmes de toute assemblée politique, — que ces dilemmes, gros d'erreur, mais gros aussi de colère et de défis, qui prêtent d'avance, à celui qui serait tenté de les repousser, une attitude de renégat et de traître. Aujourd'hui comme il y a cent ans, les « crapauds du Marais » ont salué la Terreur qui passait, par pusillanimité, par la difficulté qu'il y a à réfuter par des *distinguo* toujours ingrats une idée fausse, mais foudroyante de simplicité, par la crainte de la mauvaise posture que cela donne aux contestants, par aphonie, enfin, et manque de muscle ou de poumons; ils ont, dis-je, consacré la religion de la Terreur pour n'avoir pas l'air de trahir la Révolution. Et ainsi *Thermidor* a été interdit, en réalité, parce qu'une demi-douzaine de fanatiques l'ont voulu.

C'est un beau triomphe de l'esprit jacobin, de cet esprit qui est pour nous le grand ennemi, qui nous a fait tant de mal, et cela dans tous les temps, car le jacobinisme est de beaucoup antérieur à la Révolution, et on le retrouverait non seulement chez plus d'un légiste de l'ancien régime, mais même chez plus d'un roi de France. C'est le jacobinisme, c'est-à-dire l'esprit de simplification à outrance dans la théorie joint à l'esprit de violence dans la pratique, — doctrine faite de dureté et d'orgueil, d'une ignorance présomptueuse touchant les véritables conditions de la vie humaine et d'une sorte de mysticisme pédantesque dans la conception de l'Etat, — c'est le jacobinisme qui jadis a préparé l'avènement de la monarchie absolue ; c'est lui qui a fait la Saint-Barthélemy, la révocation de l'édit de Nantes et les dragonnades ; car toutes ces choses, remarquez-le bien, ont été accomplies en vertu de la théorie clémenciste du « bloc dont on ne peut rien distraire ». Le jacobinisme, c'est ce qu'il y a de pire dans l'esprit du passé ; et je ne le dis pas seulement pour avoir lu Edgar Quinet et M. Taine, mais parce que je le sens et que tout mon cœur se soulève contre cet esprit-là.

Mais admirez toutefois par quel tour de passe-passe oratoire l'interdiction de *Thermidor* a été enlevée. Le gouvernement se dérobait, protestait qu'il ne s'occupait ici ni de politique, ni d'histoire, qu'il ne voulait que prévenir un tapage dans un endroit public. La Chambre hésitait... Quelqu'un se lève et **dit** : « Messieurs, vous oubliez qu'il y a deux Frances. Nous voulons qu'il y ait deux Frances. Choisissez entre les deux. » Et personne ne s'est levé pour répondre : « Pardon, cela n'a aucun rapport avec la question agitée :

> Avocat, il s'agit d'un chapon,
> Et non point d'Aristote et de sa *Politique.*

Les « deux Frances » n'ont rien à voir ici, et c'est être bien enragé que de vouloir à toute force qu'il y ait deux Frances. Ou plutôt, oui, il y en a toujours deux. Il n'y a plus de chouans ni de bleus ; mais il y a toujours, d'un côté ceux qui jouissent, et de l'autre ceux qui souffrent. Les voilà, les deux Frances. Et je ne chercherai pas à laquelle appartient celui qui vient de parler. »

Ainsi le gouvernement a été sauvé précisément par l'argument qu'il répudiait, et parce que la Plaine intimidée a vu dans *Thermidor* ce qu'il s'était refusé à y voir. Et, — contradiction sur contradiction, — tandis que, sommé, un peu naïvement, de déclarer s'il acceptait la Terreur et 93, le gouvernement répondait que cette question seule était un outrage, il obtenait, par cette déclaration même, licence d'étrangler une pièce dont le seul crime était d'avoir flétri la Terreur ! Quel chaos d'idées ou quelle hypocrisie !

La *Critique de Thermidor*, je veux dire la séance de jeudi dernier, a eu son « tarte à la crème » comme la *Critique de l'École des femmes*. « La Révolution est un bloc », tel a été le « tarte à la crème » jacobin. Et c'est pourquoi j'ai cru que cette comédie parlementaire relevait du feuilleton dramatique.

LÉON LAYA

Comédie française : Reprise du *Duc Job*, comédie en quatre actes, de Léon Laya.

22 septembre 1890.

L'audacieuse Comédie Française, en quête de spectacles originaux, nous a rendu *le Duc Job*.

Le duc Job n'a rien de commun avec le burgrave épique de Hugo, oh ! non. Il s'appelle « le duc Job » parce qu'il est pauvre ; entendez par là qu'il n'a que cinq ou six mille livres de rentes. Au reste, on ne sait ni pourquoi il est duc, ni à quoi cela se voit dans son rôle, ni à quoi cela sert dans la pièce.

Ce duc s'est engagé dans l'armée d'Afrique. Pourquoi ? Parce qu'au théâtre un gentilhomme pauvre est toujours soldat, et soldat de l'armée d'Afrique. Il vient, en France, passer un congé chez un de ses oncles, qui est banquier, qui s'appelle David, et qui a une fille du nom d'Emma. Le duc Job, autrement dit le duc de Rieux, tombe amoureux de sa cousine.

Cette petite est assez singulière. Elle aime, au fond, le jeune duc son cousin. Si elle l'épousait, elle qui s'appelle Mlle David tout court, elle serait duchesse de Rieux, ce qui est bien quelque chose. Mais il paraît que cette jeune personne est tout à fait insensible à un aussi futile avantage (les filles de banquier ont bien changé depuis); elle repousse le jeune duc, parce qu'il est pauvre, et elle est sur le point de lui préférer un jeune coulissier, le nommé Valette.

Au moins pensez-vous que ce jeune coulissier est formidablement riche? Point. Il n'a que trois cent mille francs. Seulement « il a de l'avenir ». L'autre a beau être duc et avoir, outre les cent vingt mille francs qui lui restent, quelques « espérances » (car il possède un autre oncle, le vieux marquis de Rieux, qui est à son aise), Emma penche pour le coulissier.

J'insiste, voulant vous faire toucher du doigt l'ineptie de cette petite dinde. Pesons les deux partis qui s'offrent à elle.

D'un côté, elle aura trente mille livres de rente (sa propre dot étant aussi de trois cent mille francs). Mais elle ne sera que Mme Valette, femme d'un garçon très sec, assez ordinaire, et qu'elle n'aime pas.

De l'autre, elle n'aura d'abord, à la vérité, que vingt et un mille francs de rente; mais elle sera la femme d'un homme très bon, très délicat, très amoureux, pour qui elle se sent elle-même un commencement d'amour, et qui est un duc authentique.

Tout mis en balance, même les raisons de sentiment écartées et à ne considérer que l'intérêt, il saute aux yeux que le second parti est fort supérieur au premier, — surtout si l'on fait attention qu'Emma n'a point à chercher la fortune, que ses parents sont très riches, et qu'elle sera donc très riche un jour. La plus pratique, la plus calculatrice et la plus desséchée des jeunes filles n'hésiterait pas un instant. Or, Emma nous est présentée comme une jeune fille d'un cœur excellent, un peu trop pressée seulement d'avoir une voiture. Et il lui faut quatre longs actes pour se décider à faire ce que son cœur et son amour-propre à la fois, et même la plus plate raison, lui conseillent ! Le moyen de s'intéresser aux faits et gestes de cette sotte ?

Et pourtant c'est tout le sujet de la pièce. Comment la fille d'un très opulent banquier finit par avoir l'héroïsme incroyable de sacrifier neuf mille francs de rente et un petit boursier qu'elle n'aime pas pour épouser un gentilhomme qu'elle aime, et comment elle en est récompensée par un héritage imprévu de quatre millions que le ciel envoie soudainement à ce gentilhomme, voilà le résumé du *Duc Job*.

Il est vrai qu'il y a autour de cela la lutte, — purement oratoire d'ailleurs, — de l'honneur et de l'argent, des hommes de cœur et des hommes de bourse. L'honneur est représenté par le duc Job et par le marquis de Rieux, l'argent par le coulissier Valette et par le jeune Achille, frère d'Emma. Entre les deux camps oscillent M. et Mme David et Emma, lesquels finissent par se rallier au bon parti. Le jeune Achille lui-même, après un bref égarement, rejoint sa famille dans le camp des honnêtes gens. Et ce pauvre Valette reste seul avec son déshonneur.

Je ne dis point que cette lutte ne pût être dramatique et émouvante. Elle l'est dans *Ceinture dorée*, dans *les Effrontés*, dans *la Contagion*, dans *Maître Guérin*; elle l'est même en quelques endroits de *l'Honneur et l'Argent*. Mais, ici, elle se passe en discours — et quels discours ! — bien plus qu'elle n'est mise en action. Et puis deux choses m'y refroidissent : j'y trouve la Bourse trop innocente, — et la Vertu trop heureuse et trop riche, même avant le dénouement.

Prenons ce coquin de Valette. Assurément ce qu'il a fait n'indique pas une grande tendresse de cœur ni beaucoup de délicatesse morale. Il avait un brave homme d'oncle qui l'aimait comme un fils, mais dont il se souciait, lui, assez peu, et qu'il allait voir le plus rarement possible, le bonhomme demeurant loin de Paris. Cet oncle meurt, laissant à son neveu un héritage de cinquante mille francs. Alors mon Valette a une idée. Il empoche l'argent sans dire à personne que l'oncle est mort et sans prendre le deuil. Pourquoi ? Vous allez voir. Il fait semblant de jouer à la Bourse et, au bout de quelque temps, montre dix mille francs de bénéfices. Il feint de risquer ces dix mille francs, puis en montre vingt mille. Et ainsi de suite. On se dit : « Comme il est fort ! Il gagne à tout coup ! » Il inspire de la confiance et de l'admiration. Alors il se met à jouer pour de bon, et comme (paraît-il) il suffit d'avoir la réputation de gagner pour gagner en effet, il se trouve avoir, au bout de l'année, trois cent mille francs en portefeuille.

Vous me direz que ce sont bien des affaires ; que, selon toute apparence, les habitués de la Bourse s'inquiètent peu de savoir si vous avez perdu votre oncle ou non, si l'argent que vous jouez vous vient d'héritage ou autrement ; qu'un bout de crêpe au chapeau de Valette eût sans doute passé fort inaperçu ; qu'en tout cas, il n'était point obligé de dire ce que lui a laissé le bonhomme ; que, d'ailleurs, il y a des oncles qui ne sont pas riches ou qui n'ont que des rentes viagères ; que personne ne l'eût interrogé sur le point qu'il voulait dissimuler ; qu'au surplus, puisqu'il est si malin, il pouvait, pour commencer, se faire une aussi bonne situation à la Bourse en spéculant réellement avec ses cinquante mille francs qu'en faisant semblant de les gagner peu à peu, et que voilà donc un bien grand luxe de grosses malices...

C'est un peu pour cela que j'ai dit que la Bourse était « innocente » dans la pièce de Léon Laya.— Pas méchant, d'ailleurs, ce trop ingénieux Valette. Quand le duc Job lui remontre combien c'est vilain de ne pas regretter plus que cela son oncle et de profiter de ses économies sans seulement porter son deuil ; quand il ajoute que lui, en Afrique, dans le désert, il songeait avec émotion au bon oncle de son ami Valette, à cet excellent homme que le hasard d'un billet de logement lui avait fait connaître autrefois.... le pauvre coulissier en est tout attendri et tout confus, il n'a pas un mot pour se défendre, il ne sait plus où se fourrer... Ah ! le veau d'or a là un bien faible enfant de chœur !

Et l'autre, le jeune Achille David, n'est pas même de la force de ce pâle Valette. Sans doute il se présente d'abord assez crânement. Il affecte des airs d'homme pratique et dépourvu de préjugés. Il chasse à l'héritière ; il prétend épouser la fille d'un banquier brésilien dont il sait que l'immense fortune a une origine malhonnête... Mais attendez ! Si Achille est devenu un homme d'argent, c'est par désespoir d'amour ; c'est parce que ses parents l'ont empêché d'épouser une certaine Mlle Berthe, sous prétexte qu'elle n'était pas assez riche. Alors il s'est dit : « Puisque l'argent est tout, eh bien, ne songeons plus qu'à l'argent ! » Mais, le soir même du jour où il a déclaré à ses parents, suffoqués d'indignation, qu'il épouserait, fût-ce malgré eux, la Brésilienne aux millions impurs, il aperçoit Berthe dans une loge à l'Opéra. Cela suffit : l'argent ne lui est plus de rien ; son amour et sa vertu lui reviennent en un clin d'œil ; c'est Berthe qu'il veut. Et, cette fois,

M. David, régénéré lui aussi, consent au mariage. Ce n'était pas la peine de prendre ces airs d'homme fort, pour redevenir si vite, sous un regard de jeune fille, un si bon jeune homme.

L'Argent est donc fort médiocrement représenté dans cette pièce. Hélas! la Vertu ne l'est guère plus brillamment. Certes, le duc Job est un brave cœur. On nous apprend qu'il a donné quarante mille francs, le tiers de sa petite fortune, à un ami pour lui sauver l'honneur. Le trait est beau ; il est même rare. Il fait du duc une sorte de héros de l'amitié. Mais enfin, dans le courant même du drame, quelles preuves nous donne-t-il de son désintéressement ? Où sont les sacrifices que sa vertu s'impose ? — C'est, direz-vous, que l'auteur ne lui en fournit point d'occasion. — Et c'est justement de quoi je me plains. Le duc Job, d'abord, n'est pas assez Job. Puis, le duc Job a tous les bonheurs. Il aime sa cousine, et il a la chance d'être aimé d'elle, et elle finit par le lui dire, après quelques façons. Autre chance : cette cousine est très riche ; ce n'est pas pour cela qu'il l'aime, mais pourtant elle l'est. Voyez-vous dans tout cela l'ombre d'un sacrifice ou d'un mérite ? Enfin, au moment où le duc Job est déjà parfaitement heureux, il a une dernière chance : quatre millions lui tombent du ciel.

Ces quatre millions me dégoûtent. Rappelez-vous, d'abord, d'où ils viennent. L'ami que le duc Job a obligé, un certain Brémont, avait un père. Brémont, mourant aux colonies, a fait le duc Job son légataire universel. Mais il se trouve que le père Brémont, un vieil Harpagon colossalement riche, est mort (en France) trois jours avant son fils. Et c'est ainsi que Brémont jeune est mort millionnaire sans le savoir, et que les millions du père Brémont tombent dans l'escarcelle du duc Job.

Or, on a eu soin de nous dire, à plusieurs reprises, que le père Brémont était un abominable homme, un usurier féroce et sans entrailles, un vieux coquin sinistre. Jugez par quels moyens il a pu amasser ces quatre millions. Et cependant le duc Job les empoche avec tranquillité et sans le moindre scrupule. En d'autres termes, l'indignation que le duc a montrée tout le long de la pièce contre les infamies que l'argent fait commettre, l'auteur l'en récompense en l'accablant de millions dont il sait que l'origine est très probablement infâme. L'ennemi des hommes d'argent accepte le butin suspect d'un homme d'argent. Le pourfendeur de ces volereaux de Valette et d'Achille David est payé de sa vertu par l'héritage d'un vieux voleur.

Vraiment, le pauvre Laya n'en songeait pas long.

Mais, quand même les quatre millions seraient immaculés, je me révolterais encore contre la bassesse d'un pareil dénouement et contre ce qu'il a, au fond, d'insultant pour le public.

Qu'a voulu l'auteur? Apparemment nous inspirer le mépris de l'argent ou, tout au moins, nous détourner des lâchetés, des indélicatesses, des duretés, des ignominies grandes ou petites que l'amour de l'argent peut conseiller, nous les faire prendre en haine en nous les mettant sous les yeux, et, pour préciser encore, nous faire convenir que nous aimerions mieux être le duc Job que le coulissier Valette. Si l'auteur avait été brave, ou s'il avait su s'y prendre, il n'eût même pas laissé un sou à son duc. Il ne lui eût pas permis d'épouser sa cousine, et il nous eût contraints, — pour un soir et devant la rampe, — de préférer la vertu vraiment pauvre à l'argent malhonnête, — de la préférer même pour nous, ou du moins de croire que nous la préférions.

Léon Laya ne s'est pas senti la force de nous faire aimer la vertu toute nue : soit. Il a laissé quelques rentes à son duc et l'a marié à celle qu'il aimait : nous le voulons bien, quoique son héros, dans ces conditions, me semble déjà beaucoup moins admirable et que l'honnêteté lui soit rendue diablement facile, si facile que plus d'un gredin consentirait à être honnête à ce prix. Mais voici où la pensée de l'auteur me choque décidément et m'offense. Il semble s'être dit: « Une couronne ducale, un amour partagé et vingt mille francs de rente, est-ce assez pour recommander efficacement à mes spectateurs l'honnêteté et le mépris de l'argent? Cette prime à la vertu est-elle suffisante? J'ai peur que non. Je crains, en vérité, d'être un moraliste un peu sévère et exigeant. Il faut que mon public opte pour la vertu avec allégresse. Si je n'y mets que vingt pauvres mille francs de rente, je le connais, il n'optera qu'avec résignation et par respect humain. Haussons la prime et mettons quatre millions. Comme ça, on me suivra peut-être. » N'avais-je pas raison de vous dire qu'il y a non seulement une ineptie évidente, mais une sorte de pleutrerie dans le dénouement du *Duc Job*?

Et, ainsi, cette pièce de famille n'est pas même morale. Comme toutes les comédies de cet ordre, elle implique un mensonge et une absurdité. La conclusion en est : « Soyez vertueux, et je vous jure que vous deviendrez riches. » Or, cela n'est pas vrai, d'abord ; et ensuite, si c'était vrai, il ne faudrait pas qu'on s'en doutât, car une pareille idée serait destructive de toute vertu ; et, enfin, il ne faut pas que cela soit vrai. Car, si la vertu est riche, à quoi la reconnaîtra-t-on? J'ajoute ceci, que la richesse extrême est forcément, et par essence, injuste. Je ne rappelle pas le mot admirable de Bossuet : qu' « il y a à l'origine de toutes les grandes fortunes des choses qui font frémir ». Je dis seulement que la vertu riche n'est vertu que dans la mesure où elle se dépouille, où elle refuse d'être riche. Donner tous les ans un million aux pauvres quand on a cinquante millions de rente, ce n'est encore qu'un faible commencement de vertu, un petit effort, déjà méritoire, pour n'être pas abominable aux yeux de Dieu, mais rien de plus... Pour revenir au *Duc Job*, l'esprit secret en est radicalement anti-évangélique. Croyez, d'ailleurs, que j'accorde au bon Léon Laya toutes les circonstances atténuantes que vous réclamerez pour lui. Il n'a pas bien su ce qu'il faisait. Il n'est pas le seul. Nous attendons encore une pièce contre l'argent, où le héros ne soit pas millionnaire au dernier acte.

HECTOR CRÉMIEUX ET HERVÉ

Menus-Plaisirs : Reprise de *l'Œil crevé*, folie musicale en trois actes, de MM. Hector Crémieux et Hervé, musique de M. Hervé

1er septembre 1890.

Je savais que *l'Œil crevé* passe pour une des bouffonneries les plus délirantes qu'on ait mises sur la scène, pour un des chefs-d'œuvre du genre amphigourique. Mais je vous avoue que je ne connaissais pas la pièce. J'étais au collège en 1867, quand elle fut donnée pour la première fois, et fort loin de Paris quand elle fut reprise en 1881. J'ai comme cela beaucoup d'ignorances dont je me console, parce qu'elles me permettent d'avoir de temps en temps des impressions presque fraîches et de découvrir ce que tout le monde sait. Et cela est un plaisir.

Or, j'ai bien vu, l'autre soir, que *l'Œil crevé* était peut-être, parmi les farces célèbres, celle qui contient le plus de ces plaisanteries que j'appellerai aléatoires, dont l'auteur même ne sait pas au juste si elles sont drôles, ni si elles le paraîtront, ni dans quelle mesure, et qui peuvent également, selon l'humeur du public et ce qui flottera dans l'atmosphère, glacer les spectateurs ou les emporter dans un rire dément et d'autant plus irrésistible que les causes n'en sauraient guère être expliquées. Oui, il y a du hasard, il y a du « pile ou face » dans le comique de *l'Œil crevé*. Mais je m'attendais, sur la foi de la renommée, à des extravagances si effrénées et si continues, à une telle incohérence de pensée, à un rire si voisin du rire vide qui agite à petites secousses, dans les allées de Charenton et de Sainte-Anne, les heureux évadés de la raison, que j'ai été, non certes déçu, mais un peu surpris, et que, finalement, mon impression a été celle-ci :

C'est étonnant ce qu'il y a, dans *l'Œil crevé*, de bon sens et de logique !

Sauf la dernière scène où, pendant quelques minutes, tout sombre joyeusement dans l'inintelligible, l'intrigue est aussi claire et plausible qu'on le peut souhaiter dans un conte à dormir debout. Elle est d'ailleurs fort simple, et les mobiles qui font agir les personnages y sont des plus humains et des plus faciles à saisir. Je vous rappelle la « fable » pour que vous en admiriez la lucide ordonnance et la vraisemblance morale.

Nous sommes en 1789, « le flot monte... ». Le marquis d'Esprucprucpruck, sentant le besoin de faire des concessions au peuple, déclare qu'il donnera sa fille, Fleur-de-Noblesse, au vainqueur du tir à l'arbalète.

Fleur-de-Noblesse est une personne originale, qui n'est pas fière et qui a la passion de la menuiserie. (Pourquoi pas ? Louis XVI était bien serrurier.) Elle aime un jeune ébéniste, Petit-Léon, et a juré de n'être qu'à lui. Malheureusement, Petit-Léon est un tireur médiocre, tout à fait incapable de gagner le prix. Qu'à cela ne tienne ! Fleur-de-Noblesse confectionne une cible à truc et remet secrètement à son amoureux une flèche aimantée. En sorte que Petit-Léon met dans le mille le plus aisément du monde.

Mais, tout à coup, survient Alexandrivore, le plus adroit tireur de la contrée. Alexandrivore aime Dindonnette, une jeune fille de naissance mystérieuse, provisoirement paysanne et servante d'auberge. Il n'a donc aucune prétention à la main de Fleur-de-Noblesse et ne veut concourir que par amour-propre. Mais Fleur-de-Noblesse, qui ignore sa pensée, craint qu'il n'y ait deux vainqueurs et que cela n'amène des complications. Elle use donc d'un nouveau stratagème. Au moment où part la flèche d'Alexandrivore, elle donne un coup de pied dans la cible, et c'est elle-même qui reçoit la flèche dans l'œil. C'est encore un truc. Ce truc, on ne nous l'explique pas, car à quoi bon ?

Sur l'ordre du marquis, le malheureux Alexandrivore est chargé de chaînes et enfermé dans un donjon.

Les parents de Fleur-de-Noblesse sont, comme vous pensez, accablés de douleur. Ils consultent les plus grands médecins. Petit Léon, que Fleur-de-Noblesse a mis au courant du truc, se présente déguisé en docteur. N'oubliez point, ici, que nous sommes en 89, que l'ébéniste Petit-Léon est imbu des idées révolutionnaires, qu'il est le camarade d'Alexandrivore, dont il sait que son amour n'a rien à craindre. Et c'est pourquoi il déclare que « l'auteur de l'accident peut seul retirer le projectile de l'œil de mademoiselle », et il lance ainsi le peuple à l'assaut du donjon où Alexandrivore est emprisonné.

Hein ! comme ça se tient !

(Ah ! par exemple, dans la dernière scène, ça ne se tient plus. Comment, la marquise ayant reconnu dans Dindonnette le fruit d'une ancienne faute et laissé échapper le secret de sa maternité, le duc d'En-face sauve la marquise en déclarant reconnaître le médaillon que porte Dindonnette ; comment, de ce que le duc d'En-face a changé, pour des raisons de famille, l'enfant qui se trouvait dans le carton à chapeau, il s'en suit que Dindonnette est la fille du marquis, que Fleur-de-Noblesse est la fille de la blanchisseuse Cassolette et que le gendarme Géromé est le fils de ladite Cassolette et du bailli, c'est ce qui demeurera éternellement énigmatique aux générations des hommes.)

Si l'action « se tient » merveilleusement, les personnages se tiennent encore mieux. Il ne serait pas difficile de dégager de *l'Œil crevé* un tableau sommaire, simplifié, mais véridique, de l'état des esprits pendant la révolution de 1789, tableau rajeuni par quelques traits qui semblent plutôt empruntés à l'histoire morale de 1848. Parfaitement !

Le marquis d'Esprucprucpruck, c'est, comme je l'ai indiqué, le gentilhomme qui, à la veille du grand mouvement, affecte le libéralisme et « fait des concessions » à l'esprit nouveau. La marquise Ipsiboé représente plus particulièrement ce que l'ancienne société eut de frivole. Petit-Léon est plutôt un ouvrier de 48. « Tu ne comprends donc pas le rôle que nous avons à jouer dans le chambardement général, dont l'aube étincelante se lève au-dessus des brouillards du passé ? » C'est le beau prolétaire selon la bonne George Sand : « Moi, je comprends le progrès par l'amour...

> Non, il n'faut pas qu'l'assiette au beurre
> Reste toujours dans la mêm'main !
> Mais pour que not'sort s'amélieure,
> Mes enfants, faut connaît' le ch'min.
> Il s'agit pas d'prend' des Bastilles
> Et d'aligner des bataillons ;
> C'est en s'faisant aimer d'leurs filles
> Qu'on entrera dans leurs salons.
> . . . .
>   Nous faut la cime
>   De l'escalier,
>   Car nous somm's le sublime,
>   Le sublime ouverier.

Telle scène entre Petit-Léon et Fleur-de-Noblesse semble une parodie presque directe de tel chapitre de George Sand et, par exemple, du premier chapitre du *Meunier d'Angibaut* :

« PETIT-LÉON : Fleur de-Noblesse !

« FLEUR-DE-NOBLESSE : O mon joli artisan ! quel besoin j'avais de te voir !... Oh ! cette existence moelleuse dans le château de mes pères... ce luxe... ces laquais... ce bien-être... Ah !... que tout cela me pèse !... Laisse ma main... trop efféminée, hélas !... presser ta main calleuse.

« PETIT-LÉON : Faites donc !... Faites donc, comtesse ! »

Quant au gendarme Gérômé, il se fait exactement de la Révolution l'idée que peut s'en faire un bon gendarme, l'idée que dut s'en faire la masse énorme des simples... Un livre récent de M. Biré nous montre en détail ce que nous savions en gros : que la vie de la très grande majorité des Parisiens fut à peine dérangée par les événements de la Révolution et poursuivit, même sous la Terreur, son cours habituel, comme si rien de considérable ne se passait. S'il en fut ainsi à Paris, jugez ce qu'il en dut être dans les villages. Depuis que l'humanité dure, l'histoire se fait, les plus grandes révolutions s'accomplissent sans que les neuf cent quatre-vingt-dix-neuf millièmes des hommes y prennent part, le plus souvent sans qu'ils le souhaient, presque toujours sans qu'ils en profitent, toujours sans qu'ils le comprennent. Tel le gendarme Gérômé :

« ... Parce que faut vous dire qu'à Paris, en cet instant de l'an de grâce 1789..., il se passe des choses tout à fait incohérentes relativement à la position de tout un chacun.

« ÉCLOSINE : Comprends pas.

« GÉRÔMÉ : Vous ne comprenez pas ?... Ni moi non plus... c'est de la politique... et je ne suis pas sargé... mais paraîtrait, enfin, que l'on voudrait, à Paris, que les nobles, ils deviendraient les vilains... et les vilains, ils deviendraient les nobles... Voilà.

« DINDONNETTE : Ça s'rait donc pour le temps du carnaval ?

« GÉRÔMÉ : Non, ça serait pour toujours. »

Le bailli, lui, représente à la fois la classe moyenne et la classe des fonctionnaires, deux classes d'hommes, — dont l'une n'est d'ailleurs qu'une fraction de l'autre, — qui permettent aux révolutions de s'accomplir, l'une en les laissant faire par indifférence ou lâcheté, l'autre en leur gardant tout prêts les anciens cadres administratifs quand elles sont faites. Ecoutez le bailli. Il s'exprime avec beaucoup de vérité : « Il n'y a pas à s'y tromper... le flot monte... le flot monte... il envahit... Et moi, dans ces conjonctures, voici quel serait mon plan. Si les idées nouvelles doivent triompher, je voudrais triompher avec elles. Si elles ne doivent pas triompher, je voudrais les combattre. » Et encore : « Evidemment il monte le flot ! il monte ! Faut-il marcher ?...

Faut-il stopper ?... Ciel, inspire-moi ! Dois-je ou ne dois-je pas ? O incertitude d'un cœur vraiment dévoué à ses propres intérêts !... »

Tout cela, c'est la partie proprement parodique de la pièce. Le comique en est analogue à celui de *la Grande Duchesse* ou de *Barbe-Bleue*. Ces facéties de *l'Œil crevé* n'ont rien de commun avec « l'amphigouri » ou le « coq-à-l'âne, puisqu'elles ont un sens, et très net, et puisqu'elles sont des dérisions précises de choses connues.

Sur ce fond, que je ne crains pas d'appeler raisonnable (car tout est relatif), s'ébat, il est vrai, avec de grosses pétarades, une autre sorte de comique, un comique de parade et de tréteaux, calembours, jocrisseries et pasquinades. Cela laissera certainement froids les hommes qui ont des idées arrêtées sur la hiérarchie des genres. Si vous n'en êtes pas, il se pourra également que ces turlupinades vous semblent mortelles ou qu'elles vous communiquent un bon rire ingénu et bienfaisant. C'est selon les heures, et on ne sait pas à quoi cela tient. Mais si vous faites grâce à certaines bouffonneries du *Médecin malgré lui*, de *l'Amour médecin* et du *Mariage forcé*, ou si peut-être même vous les admirez, vous serez obligés, en conscience, d'être indulgents à celles de *l'Œil crevé*. Vous vous direz que le genre auquel elles appartiennent est respectable par son antiquité, et vous vous ferez, pour les goûter, une âme enfantine, populaire et, si je puis dire, traditionnaliste.

Ce comique forain de *l'OEil crevé* m'a paru, en quelques endroits, remarquable de franchise, de spontanéité et d'inattendu dans la simplicité parfaite. Ainsi, quand Fleur-de-Noblesse, après avoir cogné trois ou quatre fois la tête du bailli avec la poutre qu'elle porte sur l'épaule, lui demande impatientée : « Ah ! ça, vous le faites donc exprès ? » je connais peu de répliques aussi belles et aussi justes que la réponse du bailli : « *Quel intérêt y aurais-je ?* »

De la même catégorie de comique, quoique d'une qualité peut-être moindre, ce fragment de dialogue :

« LE BAILLI, *criant :* Sentinelle ! où est la sentinelle ? Senti...

« ALEXANDRIVORE : Si vous criez comme ça, vous allez le réveiller.

« LE BAILLI : C'est juste. (*Appelant tout bas.*) Sentinelle ! sentinelle ! (*A haute voix.*) Gérômé ! *Lui, je peux l'appeler fort... il ne dort jamais !* »

Je ne pense pas, enfin, que ni Turlupin, ni Gautier-Garguille aient eu beaucoup de « baladinages » meilleurs que celui-ci. Petit-Léon, déguisé en médecin, interroge Fleur-de-Noblesse :

« Est-ce la première fois que vous recevez une flèche dans l'œil ?

« LE MARQUIS : Vous faites là des questions saugrenues, docteur.

« PETIT-LÉON : Je vous en prie, marquis, je sais ce

que je fais ! (A *Fleur-de-Noblesse* :) Avez-vous quelques personnes dans votre famille à qui cela soit également arrivé ?

« LA MARQUISE : *Penseriez-vous que ce fût héréditaire ?* »

Voyez encore, au second acte, la turlupinade sur les trois roulements de tambour, qui sont trois si l'on veut, car « ça dépend de celui par qui vous commencez ; si vous commencez par le troisième, ça fait six : trois et trois fait six ». Celle-là est d'un caractère tout à fait traditionnel et classique, et, comme je ne sais pas pourquoi j'en ris, je me dis que c'est peut-être par atavisme.

Je rangerai dans la même classe de facéties, mais toutefois en la mettant un peu à part, comme plus savante et plus préméditée, la chanson du gendarme Géromé. Elle n'est pas seulement belle parce qu'elle est stupide avec méthode et sérénité, ni par la surprise de la rime absente, ni par le contraste que fait l'emportement glorieux du rythme avec le simplisme didactique des paroles : mais c'est qu'elle est réellement « adéquate » à l'âme du bon gendarme, qu'elle en délimite avec exactitude la puissance intellectuelle et spéculative, et qu'elle exprime rigoureusement sa conception de la guerre, son opinion sur les civils, sa complexion amoureuse, son orgueil professionnel et le genre et le degré de poésie dont il est capable... Oui, Géromé est tout entier dans ces strophes précises et martiales :

> Pour les braves militaires,
> Y a deux genres de flanc,
> Le flanc gauche et le flanc droite,
> Arche en arrière, en avant !
> Un roulement.
> C'qui fait que qué'q'fois on s'trompe,
> C'est qu'on n'réfléchit pas assez
> A la différenc' qu'y a entre la main droite
> Avec cell' qu'est d' l'autre côté.
> Rataplan, plan, plan, en avant.
> Un roulement.

Je vous préviens (car je suis sérieux dans tout ceci) que je passe cinq vers qui me semblent moins heureusement venus que les autres, et j'arrive à la strophe finale :

> Les gens qui sont dans l'commerce
> Ne comprennent pas tout ça !
> Quand ils nous voient avec leurs bonnes, ça les
>   [vexe.
> Ils font un pif qu'est long comm'ça !
> Rataplan, etc...

Enfin, par delà la parodie et par delà la jocrisserie, les auteurs de *l'Œil crevé* s'élèvent ou descendent (comme vous voudrez) jusqu'au coq-à-l'âne, qui fut, comme vous savez, un genre de facétie cher à nos pères, qui prospéra au seizième siècle, avant la Pléiade, puis dans la première moitié du dix-septième siècle, et que ni Marot ni Voiture n'ont dédaigné.

Ici, je n'ai pas l'embarras du choix. La dernière scène de *l'Œil crevé* est bien une façon de coq-à-l'âne en dialogue et en action : mais il n'y a, dans toute la pièce, de coq-à-l'âne proprement dit que le couplet de Géromé : « A la bataille de Moule-en-Suif, je m'étais engagé dans le régiment des patineurs irlandais. Je force la porte d'une maison déserte. Un laboureur me demande le chemin de la Grenouillère ; je lui fends la tête du revers de ma latte, et, du même coup, j'abats trois arbres qui se trouvaient derrière lui !... Le lendemain j'étais nommé inspecteur du gaz chez une riche famille péruvienne. »

Je n'essaierai pas de vous dissimuler que ceci est du plus bas comique ; et les auteurs le savent bien. Le coq-à-l'âne est un tremblement de terre dans un cerveau, si j'ose m'exprimer ainsi. Il consiste à assembler pêle-mêle des idées aussi éloignées que possible les unes des autres et dont l'incohérence soit risible. Elle ne l'est pas toujours. Là encore l'écrivain travaille un peu au petit bonheur. A tout mettre au mieux, les effets du coq-à-l'âne, s'ils peuvent être très violents, sont aussi très limités.

Remarquez cependant que, ce comique venant surtout de la dissemblance des idées rapprochées, il y aurait des chances pour que nous fissions, en nous y appliquant, des coq-à-l'âne supérieurs à ceux du seizième et du dix-septième siècle, car une culture d'esprit et une civilisation plus compliquées nous fourniraient un plus grand choix d'objets, d'images et d'idées hétérogènes. En réalité, il y a plus d'imprévu dans le coq-à-l'âne de Gérômé que dans ceux de Marot, de Rabelais ou de Scarron, car ces écrivains n'ont pu mettre dans les leurs ni « inspecteur du gaz », ni « régiment de patineurs irlandais », ni « riche famille péruvienne ». Et ainsi, on pourrait presque affirmer que, si toutes les époques s'étaient livrées à ce genre... littéraire, le coq-à-l'âne serait un des meilleurs signes de l'état de la science et de la civilisation à travers les siècles...

Toutefois, les auteurs de *l'Œil crevé* ont bien fait de n'user du coq-à-l'âne qu'avec discrétion. Ils ne nous l'ont asséné, — comme un coup de grâce, — qu'au moment où nous avons les nerfs ébranlés par les facéties, grimaces et pîtreries antérieures et par deux heures d'une musique délicieusement démente, au moment où nous n'offrons plus aucune résistance, où nous « rions aux anges », et sans savoir pourquoi.

Les trois espèces de comique que j'ai relevées dans cette bouffonnerie fameuse sont donc, comme vous avez pu voir, très habilement dosées. *L'Œil crevé* est, au fond, tout au fond, une folie très suffisamment raisonnable, et c'est pour cela qu'elle est bonne.

THÉATRE LIBRE

Théatre-Libre : *Dans le rêve,* comédie-drame en un acte, de
M. Louis Mullem.

13 juillet 1891.

Paul Rémond est un jeune homme de vingt-deux ou vingt-trois ans, qui est employé dans une compagnie d'assurances. Il habite, avec sa mère et sa sœur, un appartement modeste, mais fort proprement tenu par les deux femmes. La mère est une petite bourgeoise qui a les vertus, les prudences et sans doute aussi les préjugés des petites bourgeoises. La sœur a tous ses diplômes et attend une place d'institutrice ; elle paraît très raisonnable et aisément résignée.

Les Rémond ont pour voisin, de l'autre côté du palier, un fort brave homme, M. Ducler, qui est sous-chef de bureau dans la même administration que Paul. Ducler compte sur un prochain avancement, et il ne tiendra qu'à Paul de succéder à Ducler comme sous-chef de bureau. Mme Ducler est une fort gracieuse et fort aimable jeune femme. Les Ducler voient souvent les Rémond. Ils dînent les uns chez les autres et sortent ensemble le dimanche... Vous voyez d'ici le « milieu » et le genre de vie. C'est la vie de la petite bourgeoisie parisienne ; vie humble et resserrée, mais non pas douloureuse.

Paul Rémond n'est donc point particulièrement maltraité par le sort. Et cependant il souffre le martyre. Pourquoi ?

C'est qu'il est atteint de littératurite aiguë.

Il veut écrire ; il s'imagine avoir du génie et croit dur comme fer que c'est la faute de sa mère et de sa sœur si ce génie ne peut se manifester. Car, s'il ne les avait pas, il lâcherait son bureau, et, s'il lâchait son bureau, il écrirait des chefs-d'œuvre, c'est évident.

Vous me direz qu'un employé a pourtant des loisirs, que c'est parmi les employés que se recrutent la moitié de nos poètes, de nos romanciers et de nos vaudevillistes, et qu'enfin, si le travail de son bureau ne laisse à Paul que des loisirs trop coupés, il lui reste ses soirées et ses dimanches.

Mais il paraît qu'il lui est impossible de travailler en compagnie de sa mère et de sa sœur ; elles remuent trop, elles ne respectent pas assez l'auguste labeur de sa pensée. Alors il file chaque soir à la brasserie, où il retrouve des échauffés de son espèce.

Le dimanche... C'est justement sur l'après-midi d'un dimanche d'hiver que la toile se lève. Paul est assis au coin du feu de la salle à manger. Il est obligé de se tenir là, car on n'est pas assez riche pour avoir plusieurs feux dans l'appartement. Il relit un manuscrit commencé, et songe... Sa mère, un tablier bleu sur sa robe de laine noire, trôle dans la salle, ouvre des meubles, prépare un petit repassage... Ce va-et-vient derrière son dos exaspère Paul Rémond. Il parle durement à la bonne femme et, dans ses récriminations où le ridicule l'emporte encore sur l'odieux, se plaint de sa vie étroite et de sa « pensée » comprimée (pauvre petit !). La bonne femme réplique avec un bon sens très ferme, mais tout de même elle essuie une ou deux larmes à la dérobée.

Les Ducler viennent alors chercher Mme et Mlle Rémond pour faire un tour de promenade. Paul refuse de les accompagner. Il en veut à Ducler parce que ce brave homme est d'humeur joviale et paraît content de son sort. Il en veut à Mme Ducler parce que cette jeune femme, qui est jolie et naturellement élégante, n'a pas l'air de trop mépriser son mari ni de souffrir autrement de sa vulgarité.

Donc, Paul reste seul. Enfin il va pouvoir travailler ! Au lieu de cela, il s'abandonne à un monologue affreux.

D'abord, notre jeune littérateur s'excite sur son œuvre. Cette œuvre doit être une pièce de théâtre.

Dans cette pièce, si toutefois j'ai bien compris (car trop souvent on devine M. Antoine beaucoup plus qu'on ne l'entend), Paul Rémond revendique pour tout esprit supérieur le droit d'adorer son moi, son cher moi, de le cultiver et de l'enrichir, d'en faire le centre glorieux où le plus possible de ce vaste univers se reflète : car tel est le devoir d'un vrai littérateur. Et là-dessus le cher moi de Paul Rémond s'exalte. Il se sent méchamment opprimé et exploité. Oh ! cette mère, oh ! cette sœur pour qui il est le « soutien de famille », qui trouvent tout naturel qu'il se sacrifie, et qui le tiennent, et qui ne cherchent même pas à se faire pardonner cette tyrannie, car elles savent bien qu'il a le cœur « trop bon » pour la secouer jamais ! il montre le poing à ces deux ennemies hypocrites et leur crie des injures... Eh bien ! elles se trompent : il les lâchera, il lâchera son ignoble métier de rond-de-cuir pour penser ! pour créer à l'aise ! pour renouveler la littérature ! pour être un de ceux que M. Jules Huret *interviewe* ! Sa mère et sa sœur deviendront ce qu'elles pourront. Que lui importe ? Elles se soulageront en disant de lui pis que pendre et en pleurnichant chez les voisines. Et qu'est-ce que les ruines qu'il laissera derrière lui, en comparaison de ce qu'il édifiera dans ses écritures, mendiées par l'éditeur Charpentier ? Est-ce que l'homme enfin, et particulièrement l'homme de génie, n'a pas droit à son développement total, et cela, quoi qu'il advienne ?

C'est ainsi que Paul exprime le fond de son âme de jeune littérateur. Mais rassurez-vous : il est plus sot que méchant. Au moment même où il profère, dans son prurit de la lettre imprimée et dans son délire d'autolâtrie, les phrases les plus déplaisantes, une hallucination salutaire le sauve du crime déjà consenti. Cette hallucination, l'ingénieux Antoine l'a rendue sensible à nos yeux par un artifice de machinerie. Une des parois du décor devient transparente, et Mme et Mlle Rémond apparaissent derrière une gaze, enlacées, dans une attitude de douloureux reproche. Paul, en voyant ces deux touchantes figures, revient tout à coup à de meilleurs sentiments et s'aperçoit que les propos qu'il a tenus étaient d'un simple misérable. A vrai dire, s'il a parlé tout haut, c'est presque à son insu. Faites attention que, même chez de très honnêtes gens, la parole intérieure est, à certains moments, scélérate. Cela s'appelle la tentation.

Pour nous le mieux signifier, l'auteur a voulu que ce monologue impie se déroulât dans les ténèbres. Après que son âme d'homme de lettres a tout dit, Paul va chercher une lampe dans la chambre d'à côté, et, cette lumière chassant les esprits de la nuit, il retrouve son âme de bon garçon.

En même temps, les Rémond et les Ducler rentrent de la promenade. Paul embrasse sa mère très gentiment. « Eh bien ! as-tu travaillé ? lui demande la bonne femme. — Oui, et je crois même avoir trouvé quelque chose qui n'est pas trop mal. » Il pense sans doute qu'il pourra fourrer son monologue de tout à l'heure dans quelque drame ou quelque roman. Il n'est donc pas tout à fait corrigé. C'est qu'en réalité son cas est incurable.

J'ai cru comprendre que la jolie Mme Ducler, qui, jusque-là, avait été très froide pour son jeune voisin, est pourtant assez disposée, au fond, à le consoler, et que Paul s'en aperçoit, trois secondes avant le baisser de la toile. Et ainsi, pour nous bien montrer le retour de ce jeune écrivain au bon sens et sa conversion à la vie de famille, l'auteur nous laisse entendre que Paul ne tardera pas à avoir pour maîtresse la femme de son sous-chef de bureau.

Ce qui fait que ce petit drame a reçu un accueil incertain, c'est sans doute qu'il manque un peu trop d'action, c'est aussi qu'il nous est fort difficile de nous intéresser aux souffrances trop purement égoïstes et imaginaires du héros ; mais c'est surtout qu'on se demande, pendant un long moment, si l'auteur a bien, sur ce polisson, les mêmes sentiments que nous. On jurerait presque, dans la première partie de la pièce, que M. Mullem est avec le jeune Rémond, qu'il le plaint, qu'il l'excuse, qu'il épouse ses griefs. Cette impression ne disparaît qu'à l'approche du dénouement. On s'aperçoit alors, non sans un grand soulagement, que *Dans le rêve* est bien décidément une honnête satire des sous-Chatterton d'aujourd'hui. De quoi il convient de féliciter M. Louis Mullem.

Car il faut le dire, le personnage du jeune Rémond est pleinement ridicule et haïssable, haïssable des pieds à la tête, et ridicule de la tête aux pieds. Sa souffrance ne nous laisse pas seulement indifférents parce qu'elle est toute d'imagination, parce qu'elle ne fait qu'un avec sa vanité, parce que, d'ailleurs, elle est absurde et que, tandis qu'il gémit sur son génie opprimé, il y a de très fortes chances pour qu'il gémisse sur un néant : car on n'est jamais sûr d'avoir du génie et on ne sait ça qu'*après*. Mais il y a, en outre, chez ce jeune nigaud, un détestable snobisme, et qui n'a jamais plus furieusement sévi que de nos jours ; un préjugé aussi inepte, en vérité, que les préjugés des bourgeois les plus croupissants. Ce préjugé consiste à croire que la littérature est, par elle-même, une occupation infiniment supérieure à toutes les autres besognes humaines, quelles qu'elles soient, et qu'elle confère au premier blanc-bec qui s'avise de barbouiller des vers ou de la prose, un caractère sacré, un droit au respect de sa famille et de ses contemporains.

C'est une opinion d'enfant, et qui n'est excusable qu'à l'âge où l'on publie son premier volume de vers. Eh ! moi aussi, quand j'étais très jeune, j'ai donné dans cette niaise superstition. Un grand savant, un grand ingénieur, un grand homme d'Etat me semblaient, dans le secret de mon âme, fort peu de chose. J'estimais que M. Pasteur n'était, après tout, qu'un homme de beaucoup de patience. Les fautes de français et les boursouflures des discours de Gambetta me choquaient horriblement. Je me demandais : « Mais qu'est-ce qu'ils ont tous à trouver Bismarck si fort ? » Je ne comprenais le génie que sous la forme littéraire. Surtout les facultés d'un homme de guerre, d'un homme politique ou d'un diplomate, si puissantes qu'on pût les supposer, restaient pour moi d'ordre irrémédiablement inférieur.

Depuis, ayant un peu plus fréquenté le monde, je me suis détrompé. J'ai compris, par exemple, que, pour agir sur les hommes, il faut les connaître ; qu'un homme politique peut fort bien, tout comme un romancier, être un observateur, un psychologue et un moraliste ; qu'il peut avoir, lui aussi, sa conception de la vie ; qu'il peut avoir son idée et son rêve et en poursuivre la réalisation avec des hommes vivants pour matériaux, et qu'il peut être par conséquent artiste à sa manière. Dès lors, l'humanité m'est apparue plus variée qu'auparavant ; je me suis intéressé à un plus grand nombre de choses, et il m'a semblé que je cessais d'être un spécialiste, un lettré de Chine, un pédant.

Paul Rémond en est un. Car il voit dans la littérature un mandarinat qui isole l'initié, qui le met à part et au-dessus des autres hommes. Or, elle n'est qu'une des formes naturelles de l'activité humaine, et qui ne vaut qu'à la condition de ne point exclure, chez l'écrivain, les autres formes d'activité. Je sais bien que de nos jours elle est devenue, par la force des choses, une profession ; mais nous devons l'oublier autant que nous le pouvons. Nos meilleures pages sont toujours celles que nous avons écrites le plus involontairement, en cessant, pour ainsi dire, d'être des « professionnels », des hommes de lettres. Les littératures n'ont jamais été plus belles qu'aux époques où ce n'était pas un métier de faire des livres, où l'on était citoyen, soldat, magistrat, avant d'être poète et auteur dramatique, et où l'on n'écrivait enfin que pour soulager son cœur, et non pour écrire. A ces époques-là, il n'y a presque point d'œuvres médiocres, justement parce qu'il n'y a point de littérateurs de profession. Le grand poète Eschyle, dans son épitaphe, néglige totalement de mentionner qu'il a fait des pièces qui ont eu quelque succès, et rappelle seulement qu'il était à la bataille de Salamine. Il y a bien du sens dans ces préceptes du vieux Boileau :

> Que les vers ne soient pas votre éternel emploi.
> Cultivez vos amis, soyez homme de foi.
> C'est peu d'être agréable et charmant dans un livre,
> Il faut savoir encore et converser et *vivre*.

C'est dans les temps où la littérature est un métier que les écrits superflus et médiocres pullulent (par exemple, à Alexandrie, sous les Ptolémées ; à Rome, aux deux premiers siècles de notre ère). Et le plus triste, c'est que ce métier paraît sacro-saint à ceux qui l'exercent : la vanité littéraire devient alors démesurée, intolérable ; l' « homme de lettres » est né.

Remarquez, en effet, ce qui est au bout du misérable rêve de Paul Rémond. S'il maltraite sa mère et sa sœur et s'estime injustement sacrifié par elles, est-ce d'aventure parce qu'un démon sublime et désintéressé s'agite dans son sein ? Est-ce parce qu'il a en lui des pensers qui le brûlent et dont il faut qu'il se délivre coûte que coûte, en les exprimant ? Dans ce cas, soyez sûrs qu'il trouverait moyen de les exprimer, si étroite et laborieuse que soit sa vie et sans négliger aucun de ses humbles devoirs. Mais, hélas ! ce n'est point un dieu qui tourmente le pauvre diable ; ce n'est qu'un prurit de vanité qui l'échauffe. Nous le voyons se battre les flancs pour trouver une idée, et il nous confesse lui-même qu'il n'y voit pas très clair. Jamais délire ne fut moins spontané. Et ce qu'il désire et ce qu'il appelle avec des cris furieux, ce n'est point la joie intime et fière d'avoir fait une œuvre égale à son rêve ; c'est le succès de théâtre ou le succès de librairie, c'est la notoriété et l'argent et c'est de voir sa photographie aux vitrines des papeteries. Et dans ces conditions, en mettant tout au mieux et en lui prêtant même quelque talent (ce à quoi rien ne nous oblige), qu'est-il capable de produire, sinon un de ces livres inutiles, comme il en éclôt une centaine tous les ans et comme en peut faire tout jeune homme bien doué et qui a de la lecture, dont on dit : « ce n'est pas mal », et quelquefois : « c'est curieux », imitations d'imitations, assimilables par plus d'un point à ces produits de l'industrie dont les fabricants ou les marchands, n'étant en effet que des bourgeois, inspirent à notre bon jeune homme tant de mépris ?

Et c'est pour ça qu'il fait pleurer maman Rémond !

Mais justement, s'il avait ou s'il devait avoir du génie, ou s'il était seulement intelligent, il n'aurait pas ces façons de petit cuistre de brasserie, de petit pion de la littérature nouvelle. Il ne se croirait pas d'une essence supérieure à celle de sa mère et de sa sœur. Il leur saurait gré de leurs obscures vertus ; il leur pardonnerait d'avoir les idées et les préjugés de leur éducation et de leur état. Il n'exigerait pas de sa mère trop de reconnaissance ; il songerait qu'elle le croit sans doute assez bon pour ne pas sentir trop amèrement qu'il s'immole. Il considérerait qu'il a des dédommagements : une maison tenue avec économie par deux femmes qui dépensent peu pour elles-mêmes, et dont l'une, d'ailleurs, va prochainement se suffire : il n'est donc pas si « exploité » que cela. Il ne s'étonnerait point que sa mère illettrée ne vénère point un génie dont il n'a pas encore donné de preuves. Il goûterait les joies des existences modestes, où les plus petits plaisirs deviennent savoureux. Il se figurerait que sa vie est une histoire en vers de Coppée. De jour en jour, par l'indulgence et l'attention, il comprendrait un plus grand nombre de choses. Sa sensibilité s'approfon-

dirait, en même temps que s'élargirait son esprit...
Et c'est ainsi que, de cette pratique même de la vie
transformée par lui en continuel exercice moral,
germerait en lui, peut-être, et sortirait un jour, par
une éclosion naturelle et sans qu'il l'eût presque prémédité, un chef-d'œuvre, un vrai chef-d'œuvre... Car
c'est comme ça qu'ils naissent, parfois, — quand ils
naissent, — et non par l'application des règles de
quelque rhétorique, fût-ce de la plus récente.

THÉATRE-LIBRE : *L'Amant de sa femme,* scènes de la vie parisienne, de M. Aurélien Scholl.

1ᵉʳ décembre 1890.

Je ne pense pas que M. Paul Desjardins ait jamais l'idée de placer M. Aurélien Scholl parmi les « compagnons de la vie nouvelle ». M. Scholl est, en effet, un de nos amalécites les plus distingués et les plus impénitents. Ces amalécites sont ennemis des philistins. Mais les uns et les autres sont l'étonnement et le scandale des enfants de Dieu.

Depuis un bon tiers de siècle, M. Aurélien Scholl tient, avec une supériorité incontestable, un emploi frivole, bizarre et écrasant. Il fait des mots sur la vie, les mœurs et les événement de Paris ; seul aujourd'hui avec M. Pierre Véron, il perpétue chez nous un genre qui semblait épuisé depuis que « le boulevard » n'est plus qu'une expression géographique : je veux dire la chronique à brefs alinéas, avec un mot spirituel au bout de chaque ligne ; la « nouvelle à la main » à jet continu. Des « mots » il en a plus fait que Chamfort et Rivarol réunis ; il en a plus fait que M. Alexandre Dumas. Dans ce tas énorme, il y en a de profonds, il y en a de féroces, il y en a de pittoresques, il y en a de gais, il y en a très peu de médiocres. L'esprit de la plupart de ces mots, c'est un pessimisme de soupeur, et qui n'a rien de commun avec celui que M. Brunetière définissait, l'autre jour, à propos de Schopenhauer. Le pessimisme boulevardier ne conclut pas, ne veut pas conclure ; il se passe d'espérance et veut s'en passer ; car l'espérance, songez-y, implique l'effort et le renoncement. L'esprit de M. Scholl est, si je puis dire, à base de nihilisme moral.

Et, donc, M. Scholl continue à faire des mots. Et il continue à mener la vie qu'il faut pour se maintenir dans les dispositions d'esprit très particulières que ce genre de production suppose nécessairement, du moins lorsque cette production est journalière et ininterrompue. Cela est admirable. L'état de conscience d'un spécialiste de cet ordre et de cette force me paraît même très difficile à concevoir. A-t-il des heures de solitude, de retour sur soi, de vie intérieure ? Que penserait-il s'il pensait sans faire de mots ? Que trouverait-il en lui-même s'il y rentrait ? Que se dirait-il ? Ne serait-il pas triste affreusement ?

Je n'insiste pas. L'esprit de M. Scholl est redoutable. Si, l'autre soir, quelque bonne âme a été choquée de ce que le libertinage de *l'Amant de sa femme* avait de brutal et d'insolent ; ou si quelque autre a trouvé que dans cet étincelant dialogue il y avait tout de même un peu de plaqué par-ci par-là, personne, comme vous avez pu voir, ne s'est risqué à le dire. Pour moi, je constaterai simplement que *l'Amant de sa femme* est peut-être, au fond, ce que le Théâtre-Libre nous a donné de plus libre.

C'est par là que la pièce m'a surtout paru curieuse. Il est juste de rappeler que le Théâtre-Libre n'admet à ses représentations que des invités ; qu'on y est entre soi ; qu'on y va comme à une soirée d'hommes dans quelque atelier et que, dans ces conditions, la limite des hardiesses permises se peut reculer presque autant qu'on veut.

Je dois dire, en outre, que la hardiesse est ici plus encore dans le sujet que dans les mots ou même que dans les gestes. Il s'ensuit que c'est pire, — ou plus piquant, selon les points de vue. On a rapproché la saynète de M. Scholl de certains dialogues de Crébillon fils et des psychologues érotiques du dix-huitième siècle. Mais ce sur quoi raisonnent ces gentils écrivains, ce qu'ils nous montrent et nous recommandent, ce n'est que l'amour libre ou l'adultère. Je trouve, dans *l'Amant de sa femme*, quelque chose de bien plus rare et plus significatif. Ce que cette piécette recommande aux maris qui veulent garder leur femme, c'est la débauche dans le mariage.

Toutefois, M. Aurélien Scholl n'est pas l'unique inventeur de la méthode. Non ; c'est une idée qui est comme cela dans l'air. Une quantité de vaudevillistes, de romanciers et même de moralistes nous ont enseigné qu'une des premières conditions du bonheur conjugal, c'est que le mari ait soin de traiter sa femme comme une maîtresse. Telle est même la pensée fondamentale d'un livre jadis célèbre et qui passa, ma foi ! pour honnête. L'auteur, ayant entrepris de défendre et de prôner le mariage, nous le peignait plus divertissant et plus excitant que l'amour libre... Et cela s'appelait : *Monsieur, Madame et Bébé.*

M. Aurélien Scholl a un mérite. Il a montré plus de franchise, de loyauté, de dédain des vaines hypocrisies qu'aucun des étonnants moralistes qui ont développé avant lui cette thèse éminemment contemporaine. Ses personnages sont bien uniquement de petites bêtes de joie ; la réconciliation de ses deux époux ressemble bien, par tous les détails, par les discours, les gestes et les accessoires, à la rencontre d'un viveur et d'une fille dans un restaurant de nuit ; et ce mari et cette femme ont bien réellement éliminé, de l'idée qu'ils se font du mariage, tout ce par quoi le mariage peut, à la rigueur, se distinguer de la galanterie.

La vicomtesse Valentine de Saint-Rieul a laissé surprendre, par son mari, une lettre qu'elle écrivait à son amant, M. de Périgny. Les deux hommes sont en train de se battre. Elle attend. Oh ! bien tranquillement. Le mari, qu'elle préfère un peu au fond, est très fort au pistolet ; l'amant est myope... Et puis, vous savez ? Arrive que pourra ! On verra bien.

Saint-Rieul revient. Il a cassé le bras, d'une balle à Périgny. Oh ! sans colère. A présent, que va-t-il faire de sa femme ?... Elle est jolie après tout, et puis, au fond, il ne lui en veut pas énormément.

Justement, il rencontre chez lui une amie de sa femme, la marquise de Valleray, une cascadeuse très bonne fille et pleine d'expérience. « Qu'est-ce que vous feriez à ma place ? — Je pardonnerais. Mais là, gaiement, sans phrases, pas comme dans les drames. Si elle a pris un amant, c'est votre faute. Vous n'étiez pas assez... tendre avec elle. — C'est vrai, je la respectais trop (et il donne des détails). Eh bien, je ne la respecterai plus — C'est cela ; contentez ses petites curiosités, soyez son amant, et elle n'en cherchera plus d'autres. — C'est dit .. Après tout, Périgny me l'a dressée... »

Arrive Valentine. « Tu sais ? lui dit Raoul, je te pardonne, et tu vas voir si j'ai le pardon joyeux... D'abord, je fais remeubler l'hôtel. Des meubles gais. Tu me diras des nouvelles de ta chambre... Et puis, tout ce que tu pourrais attendre d'un amant, tu l'auras avec moi, entends-tu bien ? Je te promets de ne plus te respecter. Et, pour commencer, soupons ! »

On apporte alors, dans le boudoir de Valentine, une table toute servie et chargée du souper traditionnel des cabinets particuliers. Les deux époux boivent d'une certaine eau-de-vie russe... puis du champagne. Le mari poursuit l'exposé de ses petites théories et se dispose à les appliquer ; tout cela très détaillé... Et ce soir-là, comme dit le poète, « ils ne *burent* pas plus avant ».

Et voilà, paraît-il, le ménage idéal. Seulement, si c'est cela, on se demande à quoi bon le mariage, et même ce que peut bien signifier cette antique institution. Il est vrai que cette interprétation nouvelle du lien conjugal n'est possible que chez les riches, « les sales riches », comme dit l'autre ; et que le mariage reprend un sens quand on songe aux pauvres et aux gens qui ont des enfants... Après tout, qui sait si M. Scholl ne s'est pas donné le plaisir de pousser à ses dernières conséquences une idée chère à nos moralistes faciles, justement pour nous montrer que la notion même du mariage se détruit du moment que l'idée du devoir est exclue de cette notion ? Dans ce cas, M. Scholl ne se divertirait à démolir que pour faire éclater la nécessité de reconstruire. Tel Kant, préludant, par la *Critique de la raison pure*, à la *Critique de la raison pratique*. Je souhaiterais que telle eût été l'austère pensée de derrière la tête de l'éminent boulevardier : car alors je pourrais confesser que *l'Amant de sa femme* m'a amusé, hélas !

Théatre-Libre : *L'Honneur*, comédie en cinq actes, de M. Henri Fèvre.

J'ai laissé voir, à plusieurs reprises, un certain faible pour le Théâtre-Libre et j'ai cru à la sincérité de quelques-uns des efforts qui y étaient tentés. Mais je commence à trouver que le Théâtre-Libre se répète un peu et que, en outre, il continue trop à ne pas être toujours aussi vrai qu'il le croit.

Premièrement, donc, on s'y répète à satiété. Un seul sujet, ou presque : la bassesse morale, la cupidité, l'hypocrisie, la sottise et la dureté (tout cela se tenant) des classes bourgeoises. Un immuable et sempiternel quatuor, que vous retrouverez également dans *la Sérénade*, dans *la Prose*, dans *Tante Léontine* et dans *l'Honneur* : le bourgeois père de famille, assez brave homme, mais faible jusqu'à la lâcheté ; sa femme, impérieuse, acariâtre, insupportable, capable de tout pour l'argent ou pour la « considération » ; sa fille, une petite grue mal élevée et sans cœur, aux sens précoces ; le jeune homme à marier, dur, cynique, sans illusions ni préjugés, un « petit féroce » de Daudet. Ou bien c'est le vieux passionné, l'érotomane à cheveux gris, veuf ou célibataire, opprimé par sa servante-maîtresse ou roulé par une fille. Ce personnage-là, vous le retrouverez, sauf quelques variantes, dans *la Pelote*, dans *Esther Brandès*, dans *Rolande*, dans *l'École des veufs*. En dehors de cela, rien ou presque rien.

Une remarque que j'ai souvent faite au Théâtre-Libre : c'est que, si ignobles et si veules que soient les hommes, les femmes y sont, en général, beaucoup plus odieuses et plus abominables. Les hommes y gardent encore, çà et là, quelque conscience, quelque notion du bien et du mal, quelque sentiment de justice et de pitié. Mais les femmes y sont absolument méchantes et « amorales ». Les auteurs ne font grâce qu'aux femmes galantes. C'est à celles-là seulement qu'ils consentent à laisser quelquefois un peu de droiture, de franchise, de bonté. Mais, à l'ordinaire, les écrivains du Théâtre-Libre nous apparaissent comme profondément misogynes, et misogynes avec dérision et mépris, en même temps que hantés par l'image de la femme.

Cette façon de considérer les femmes, ce mépris systématique mêlé de sensualité obsédante, vous jugerez qu'il vaut la peine de le signaler, si vous faites attention que la plupart des fournisseurs de M. Antoine sont encore d'assez jeunes gens. Cette idée qu'ils semblent avoir « du sexe à qui ils doivent leur mère », je crois qu'un moraliste ou un politique aurait raison de s'en inquiéter. Il est évidemment mauvais pour la communauté humaine que les jeunes gens aient de tels sentiments sur les femmes et qu'ils n'aient plus, à l'âge de l'amour, aucune des illusions de l'amour. Le grand inconvénient social d'une philosophie aussi pessimiste (et le pessimisme est devenu banal comme les rues ; les journaux l'ont vulgarisé, dépouillé de toute métaphysique, approprié aux plus grossières intelligences, et ce n'est bientôt plus qu'une sagesse de commis-voyageurs) ; l'inconvénient, dis-je, de ces négations de brasserie et d'atelier, c'est qu'elles sont, en vérité, trop commodes, et que, s'appliquer à voir le monde si laid et si mauvais, cela vous dispense peu à peu d'être bon. On se réjouit en quelque sorte du mal de la création parce qu'on croit que c'est la marque d'une grande force d'esprit d'avoir osé le constater. Puis il semble que le mal universel vous absout d'avance, à vos propres yeux, de tout ce que vous pourrez vous permettre.

Pour être bon, il faut du moins croire un peu au bien ; il faut croire, non pas précisément que le monde est bon, mais qu'il est fait pour le devenir. Notamment, la mauvaise opinion que ces jeunes gens ont de la femme, — opinion qui ne fut autrefois que littéraire et baudelairienne, mais qui revêt aujourd'hui un caractère positiviste et pseudo-scientifique, — et leur conception brutale et exclusivement physiologique de l'amour finissent par n'être pour eux qu'une absolution de la débauche. Elles rendent seulement leur débauche triste, froide, antinaturelle, et d'autant plus inassouvissable. La moitié de la littérature, depuis dix ans, consiste dans la description méthodique et la minutieuse analyse (une analyse mensongère d'ailleurs, pleine d'outrances et d'hallucinations et qui vraiment nous surfait la volupté) des œuvres et des gestes de la Vénus physique. Quant à la Vénus ouranienne, vraie mère du monde, propagatrice de la vie et de l'espérance, instigatrice de l'action, je ne crois pas qu'elle soit jamais tombée dans un pareil discrédit.

J'ai dit la monotonie du Théâtre-Libre. Quant aux doutes que j'ai eus quelquefois sur la vérité de ses peintures, je m'en tiendrai, pour vous les faire comprendre, à la dernière pièce qu'il nous a donnée, l'*Honneur*, comédie en cinq actes, de M. Henri Fèvre.

Mais la question n'est pas simple, oh ! non. Elle est double et même triple. On peut se demander si ce que M. Fèvre nous a montré est *vrai*, c'est-à-dire conforme à l'idée que nous pouvons nous faire de la réalité ; puis, à supposer que le fond de la pièce soit vrai, si l'auteur a su le rendre *supportable*, dans une représentation publique, à des hommes assemblés et qui doivent garder quelque souci des intérêts supérieurs de la communauté à laquelle ils appartiennent (ceci est le point de vue moral) ; et, enfin (ceci est le point de vue littéraire), si l'auteur a su nous rendre *vraisemblable* cette peinture que je suppose être vraie. N'oubliez pas qu'il s'agit d'une pièce écrite expressément pour être jouée et qui a été jouée en effet, et non pas d'un roman.

Sur le premier point, je réponds avec la plus grande sécurité : — Oui, le fond de la pièce est vrai, absolument vrai. Je ne dis pas que toutes les bourgeoises soient capables de faire ce que fait Mme Lepape ; mais il y en a, même parmi celles que j'ai pu connaître de près ou de loin, qui n'en sont pas incapables. J'estime même qu'il faut être singulièrement naïf ou bien mal informé pour en douter un instant. J'ai beaucoup vécu parmi les paysans, parmi la bourgeoisie campagnarde et parmi celle des petites villes. Certes, j'ai rencontré dans ces milieux-là d'admirables vertus naturelles, des cœurs simples et bons pour qui la loi morale était quelque chose d'inappris, de non reçu du dehors, de profondément senti, une force intime vivante et agissante. Mais cela était l'exception. Je ne dis pas que ce soit dans les classes populaires ou dans la petite bourgeoisie qu'il y a le moins de vertu : au contraire ; mais je crois que c'est souvent là que la pratique, telle quelle, de la vertu est le plus purement formelle et se passe le moins de supports extérieurs. Dans ces humbles centres de population, où beaucoup d'intelligences et de consciences sont restées également rudimentaires, où, d'autre part, tout le monde se connaît et où tout le monde se sent surveillé, il est inévitable que le pharisaïsme le plus naïf règne dans les mœurs. Et il ne faut pas trop s'en plaindre, car ce pharisaïsme est du moins un hommage à la lettre de la loi, et il importe beaucoup à la société que la règle soit observée extérieurement; d'autant mieux que cela peut entraîner insensiblement l'obéissance intérieure, et qu'en mille circonstances la forme emporte le fond. Au reste, la société humaine ne subsisterait pas longtemps sans l'hypocrisie.

Donc, pour un nombre immense de personnes de la petite bourgeoisie (et pour bon nombre de gens dans les autres classes), la règle, c'est l'opinion des habitants du même bourg ; la vertu, c'est leur estime ; l' « honneur », c'est d'être « considéré » ; la religion, c'est d'être baptisé et d'être marié et enterré à l'église ; la morale, c'est de ne tuer ni de voler, ou plutôt de ne pas paraître avoir volé ou tué, et c'est de payer ses contributions, puisqu'au surplus on ne peut pas faire autrement. Et c'est, plus encore, d'être reçu chez certaines personnes et de refuser d'en recevoir certaines autres, celles qui, précisément, ont violé notoirement la règle extérieure.

Que de fois j'ai entendu de braves femmes, bourgeoises ou paysannes aisées, à propos d'incidents insignifiants, de quelque fredaine du fils de la maison, ou d'un manque d'égards de monsieur le curé, s'écrier avec une véritable angoisse : — Mon Dieu ! qu'est-ce que « le monde » va dire ? — « Le monde », c'étaient les voisins ; c'étaient l'épicier, le boulanger et les petits rentiers de la grand'rue. Ce souci peut mener loin les personnes bornées et vaniteuses qui n'ont pas d'autres principes de vie morale. J'ai eu plus d'une fois, devant certaines bourgeoises, l'impression très nette que, si leur fille se trouvait mise à mal, leur principale préoccupation serait « qu'on ne le sût pas » ; que l'idée d'un avortement, — s'il pouvait s'opérer sans le dire, sans intervention étrangère et sans qu'un mot malsonnant fût prononcé, — leur viendrait inévitablement à l'esprit ; que, s'il se rencontrait quelque benêt pour réparer sans le savoir le dommage causé par un autre, elles n'hésiteraient point à lui confier cette besogne ; qu'elles seraient capables, comme Mme Lepape, de commettre doucement des crimes pour sauver leur considération, et qu'elles croiraient peut-être, en cela, faire leur devoir. Je reconnais donc sans peine, encore une fois, la vérité de la donnée. Je la trouve même intéressante dans sa brutalité et sa dureté. Car elle vise, dans un cas particulier, une forme d'hypocrisie, une variété de « direction d'intention » très commune, très répandue, très populaire. Oui, c'était là un beau sujet de comédie.

Seulement, un tel sujet, s'il devait sans doute être traité avec franchise, devait l'être aussi avec une sorte de réserve, de retenue, d'austérité qui fût sensible partout, qui nous rassurât sur les intentions de l'auteur et qui nous garantît, en quelque sorte, sa droiture morale. Or (et c'est là mon second point), il est trop visible que l'auteur a écrit sa comédie dans un esprit de complaisance morosement sensuelle pour les aspects physiques de l'amour. Il est clair que maint passage de sa pièce offense des pudeurs qui se rencontrent encore, quoi qu'on dise, ailleurs que chez les bookmakers sentimentaux et chez les filles arrivées, et, d'autre part, que ces mêmes passages semblent plus divertissants qu'il n'aurait fallu aux blasés et aux cyniques. Bref, l'œuvre est à la fois trop choquante pour les uns et trop amusante pour les autres ; et l'auteur y apparaît en quelques endroits indigne, si je puis dire, de traiter son sujet par la façon dont il l'a traité.

Il y a là tout un étalage de détails sur des choses honteuses... Lorsque M. Baugréant interroge Cécile au premier acte, je ne puis même vous indiquer ce qu'il lui insinue pour la rassurer sur les suites des plaisirs qu'il lui propose... On pourrait tirer, du rôle de Mme Lepape, tout un petit traité populaire d'obstétrique prématurée... Quoi que nous puissions faire, il se lève pour nous, de ces dialogues, des images précises. Et si l'auteur nous dit qu'elles sont peu ragoûtantes et que, par conséquent, elles ne sauraient être dangereuses, c'est donc qu'avec toutes ses prétentions il connaît bien mal les hommes. Et s'il riposte avec Molière :

> Vous êtes donc bien tendre à la tentation,
> Et la chair sur vos sens fait grande impression,

je lui répondrai que ces vers sont sans doute de Dorine, mais qu'il est des circonstances où ils pourraient encore mieux être de Tartufe.

S'il ajoute qu'il y a des vérités brutales qu'il faut bien avoir le courage d'étaler pour frapper les spectateurs et les moraliser par l'effroi, je persisterai à croire qu'il est périlleux de détailler ces vérités par le menu, et qu'une telle complaisance de notation chez un moraliste me paraît peu compatible avec le sentiment initial auquel ce moraliste est censé obéir. Enfin, tout cela me gêne. Il me semble que certaines œuvres, sur certains sujets, doivent, sous peine de heurter les âmes honnêtes et sérieuses, impliquer la pureté de l'auteur, ou que du moins elles l'obligent à nous laisser clairement sentir qu'il a ou qu'il s'efforce d'avoir horreur des ignominies qu'il nous met sous les yeux. Cette impression, M. Henri Fèvre nous la donne-t-il ? Hélas ! je crains fort que certaines parties de son œuvre ne l'aient trop diverti le premier, ne l'aient ému d'une joie mauvaise, où il y avait une sorte de consentement et d'abandon à l'impureté universelle. J'arrive à me poser cette question : — Un homme de bonne volonté, et qui croirait fermement que les actes qu'il prête à Baugréant, à Cécile et à sa mère sont, en eux-mêmes, partout et toujours, des crimes, — ou des péchés, — aurait-il accumulé dans son œuvre, avec cette complaisance tranquille, les images qui peuvent induire en péché ? Il s'en suivrait que, dans cette peinture du pharisaïsme bourgeois, l'auteur ne serait pas entièrement exempt de pharisaïsme. Je n'émets ici qu'un doute. Et je n'oublie point, tandis que je diagnostique à tâtons une plaie secrète, que nous avons tous la nôtre.

En résumé, tant qu'il y aura une règle des mœurs, des œuvres comme *l'Honneur* me paraîtront, en certaines de leurs parties, condamnables au nom de l'intérêt général, pour les raisons que j'ai indiquées. Prenez au reste que je n'ai rien dit si vous croyez encore (moi, je n'en suis plus si sûr) que la littérature et la morale ou l'utilité publique n'ont rien à voir ensemble.

Au point de vue littéraire (j'y arrive enfin), je reprocherai à M. Henri Fèvre de n'avoir pas toujours su rendre le vrai vraisemblable, du moins en ce qui regarde le rôle de Mme Lepape. Cette mère abominable, qui conseille, et en quels termes! qui impose même l'avortement à sa fille; qui ne s'en cache point, même devant son honnête homme de mari; qui dit à sa fille : « Surtout ne fais pas la sotte avec ton cousin ! » et qui explique ce qu'elle entend par là; qui grise ledit cousin et l'enferme elle-même avec Cécile, en leur disant : « Mes enfants, amusez-vous bien ! » cette mère cynique est une exception monstrueuse. Avec une autre allure, elle pouvait être une exception plausible.

L'idée que Mme Lepape se fait de l' « honneur » est profondément immorale. Pourtant, cette idée suppose une éducation bourgeoise. Pour Mme Lepape, ce qui importe le plus, c'est de « paraître » honorable, non de l'être. Soit. Mais il est évident qu'elle doit tenir à le paraître partout, même dans sa maison et aux yeux des siens, et même à ses propres yeux. Tout ce qu'elle fait, je consens qu'elle le fasse. Mais qu'elle ne le dise point. Or, elle le proclame. Les discours de cette bourgeoise bourgeoisante sont exactement ceux d'une faiseuse d'anges et d'une entremetteuse de profession. Et c'est à sa fille qu'elle les adresse. Et il semble que l'auteur se soit appliqué à lui enlever toute excuse. Car enfin elle pourrait aimer sa fille, à sa façon. Il y aurait alors, dans son cas, une affreuse perversion du sentiment maternel. Ce serait surtout pour éviter à sa fille ce qu'elle craint elle-même le plus au monde, la déconsidération publique, qu'elle se déciderait à toutes les infamies secrètes, et elle songerait à sa fille plus qu'à soi. Et, la première colère passée, elle aurait des retours de tendresse pour la malheureuse enfant. Même il serait curieux que, après la faute de Cécile, elle crût encore, par habitude, à son ignorance (une enfant si bien élevée !), qu'elle évitât de prononcer certains mots devant elle, qu'elle lui conseillât les utiles manœuvres qui peuvent la débarrasser, comme on conseillerait un remède pour un rhume ou pour une foulure, et qu'elle la poussât à toutes les abominations le plus décemment du monde... Mais Mme Lepape est pareille, d'un bout à l'autre de la pièce, à une furie déchaînée et à une matrone coutumière de la cour d'assises...

Il se fait temps, j'imagine, de reconnaître qu'avec tout cela il y a du talent dans cette brutale comédie. Certaines scènes sont traitées avec une énergique sobriété. Le rôle de M. Lepape est excellent. C'est un très brave homme, qui n'est pas héroïque, ou qui l'est quand il n'est plus temps. Il me paraît d'une grande vérité. Le rôle de la vieille bonne, Olympe, qui représente la simple morale populaire, avec ses intolérances, mais aussi dans toute sa belle franchise, mérite le même éloge. On a blâmé le revirement soudain de Cécile qui, après avoir paru une assez bonne petite fille, entre si rapidement dans le jeu de sa mère, et qui, dès qu'elle espère se tirer d'embarras par la plus ignoble trahison, passe, en un clin d'œil, d'un repentir qui semblait profond à la plus impudente allégresse. Mais on ne nous a pas caché que Mlle Cécile n'était qu'une petite bête de trop de tempérament ; on ne nous a point parlé de sa probité ; et il est clair qu'elle se montre ici la digne fille de sa mère. Ce revirement si soudain m'a donc semblé d'une effrayante — et amusante — justesse.

Théatre-Libre : *L'Envers d'une sainte*, pièce en trois actes, de M. François de Curel.

8 février 1892.

L'Envers d'une sainte (j'aimerais mieux un autre titre) me paraît être la pièce la plus originale et la plus intéressante que le Théâtre-Libre nous ait donnée depuis *les Résignés* d'Henry Céard.

La scène représente un intérieur bourgeois de petite ville, un salon cossu, net et ciré, avec le portrait de Léon XIII au-dessus du piano et, sur la cheminée, le buste du comte de Chambord. Là vivent deux dévotes : la veuve Renaudin et sa sœur, une vieille demoiselle, Noémie Dulac.

Elles attendent, ce jour-là, l'arrivée de Julie Renaudin, fille de la veuve. Julie est entrée au Sacré-Cœur voilà dix-neuf ans. Or, elle vient de découvrir qu'elle s'est trompée sur sa vocation ; elle a demandé à être relevée de ses vœux (« il en a fallu des démarches à Rome ! »), et elle revient pour achever sa vie entre sa mère et sa tante.

La voici, l'ex-religieuse, en robe sombre, plate, sans taille, le teint mat, de très grands yeux, et paraissant plus jeune que ses trente-huit ans... Elle embrasse paisiblement les deux vieilles femmes ; elle reconnaît les lieux ; elle parle de son père, qui est mort pendant qu'elle était au couvent. « Pauvre papa !... Je le vois encore !... Là dans son fauteuil... Toujours si patient ! Ah ! les morts !... » — « Quand on y pense ! continue la mère... Tous ceux que tu ne retrouveras plus... Tes deux grand'mères... Tante Mélanie... Tante Louise... Il y a trois mois, ton cousin Henri... Quand on a un peu vécu, et qu'on se reporte vers le passé, comme il semble animé, et le présent morne ! Ne trouves-tu pas ? » Mais Julie : « Non... Pour moi, la vie de loin, cela se résume dans quelques souvenirs... presque rien... et un presque rien qui serre le cœur... »

Or, lorsque sa mère a nommé « le cousin Henri », Julie a eu un petit tressaillement. C'est que, ce cousin, Julie, à dix-huit ans, l'adorait et lui était autant dire fiancée. Mais Henri Laval est allé à Paris.. Et il en est revenu marié, une petite Parisienne au bras, qui s'appelait Jeanne et qui était gentille et d'une douceur un peu molle... Alors, dans un accès d'atroce jalousie, Julie a essayé de tuer Jeanne. Un jour qu'elles traversaient toutes deux un ravin sur une planche étroite, Julie, qui marchait derrière, a fait semblant de faire un faux pas et a poussé la jeune femme dans le ravin... Jeanne était enceinte ; elle a failli mourir ; toutefois, elle s'en est tirée ; elle a mis au monde, un peu avant terme, une petite fille,

Christine ; et ayant tout compris, l'amour de Julie, sa jalousie, son crime, elle a eu la générosité, on pourrait presque dire, étant donné son caractère, la gentillesse de lui pardonner. Et Julie, pénétrée de repentir, s'est réfugiée au couvent, moitié pour expier, moitié pour qu'Henri, ignorant son crime, la plaignît, admirât son sacrifice, se souvînt d'elle avec tendresse et remords, ne la vît plus qu'avec une auréole de sainte...

Henri mort, elle a cru pouvoir rentrer dans la maison maternelle ; elle s'est figuré qu'elle y retrouverait la paix de l'âme. Mais non. Son ancien amour, après dix-neuf ans, la possède comme au premier jour. C'est que, au couvent, les sentiments durent. « ... Est-ce qu'on ne sort pas du bagne, au bout d'un demi-siècle, sous les habits qu'on portait le jour du crime ? Vous dispersez vos affections, les nôtres s'exaspèrent. Ce que vous oubliez, nous l'amplifions. Vous souriez des anciennes douleurs, tandis qu'elles nous rongent ! » Et c'est pourquoi elle ne peut s'empêcher de demander avec insistance ce qu'Henri pensait d'elle, s'il parlait d'elle quelquefois. Aux réponses évasives qu'on lui fait, elle comprend que Henri l'avait parfaitement oubliée, qu'il ne l'a même jamais nommée une seule fois. Cela est bien cruel ! Et cela est bien étrange ! Que s'est-il donc passé ! Voici :

Henri se souvenait, en réalité, de sa fiancée trahie. Même, vers l'époque de la première communion de la petite Christine, il était devenu très froid avec Jeanne. De plus, très contrarié de n'avoir point de fils, il en voulait presque à sa femme d'être incapable, à cause de son accident, d'une nouvelle grossesse. Alors, pour se défendre, pour reprendre le cœur de son mari, Jeanne lui a dit le crime de l'autre... Et c'est depuis cette confidence qu'Henri n'a plus jamais prononcé le nom de Julie.

Tout cela, c'est Jeanne en personne qui le raconte à l'ex-religieuse, par cette même mollesse d'âme qui lui a jadis rendu le pardon facile, et qui, ensuite, venant se joindre au sentiment de son intérêt d'épouse, l'a conduite à détruire, par cette sorte de dénonciation faite à Henri, tout l'effet et le mérite de ce premier pardon.

C'est donc pour rien que la malheureuse Julie a enterré au cloître sa jeunesse toute vive ! Elle en conçoit, contre Jeanne, une implacable et mortelle rancune. Et nous allons voir comment se venge une dévote, quand cette dévote est une femme passionnée et ardente et née pour l'amour humain.

Sa vengeance lui est tout indiquée. Christine est là, Christine, la fille de l'ennemie, une enfant de dix-huit ans, très pieuse, très généreuse et qui, tout de suite, s'est prise d'une amitié exaltée pour sa sainte cousine, pour la belle, la pâle défroquée. Il ne s'agit que de s'emparer de cette âme, de la voler à sa mère, pour que celle-ci souffre à son tour...

Christine est fiancée à un professeur, Georges Pierrard, un excellent garçon et dont elle est profondément aimée, mais qui, avant de la connaître, a vécu comme presque tous les jeunes gens, et dont ni le cœur ni le corps sont intacts. Julie se procure des renseignements sur la vie que Georges a menée à Paris; et elle les communique à Christine avec une grave tristesse. Auparavant, elle a eu soin de « fanatiser » la jeune fille, de lui inculquer les idées les plus inexorablement intransigeantes touchant le mariage et touchant les conditions où non seulement la femme, mais l'homme lui-même doit se présenter à ce sacrement. Elle amène donc Christine à rompre avec Georges, parce qu'il n'est pas pur, et parce qu'il n'est pas un catholique très exact. Mais la pauvre fillette, qui adorait son fiancé (comme autrefois Julie adorait Henri), en a le cœur tout déchiré. Et ainsi Christine, de toute façon, torturera sa mère, soit qu'elle l'abandonne pour ensevelir son désespoir au couvent, soit que, restant à dépérir auprès d'elle, elle la désole par le spectacle de ce silencieux désespoir...

L'ancienne nonne, voleuse d'âme, et la mère éplorée ont alors une explication d'une très belle et très dramatique violence. Mais la petite Christine tient bon, tant sa sainte amie s'est emparée d'elle. Et comme Jeanne continue, en présence de sa fille, à accabler Julie des plus durs reproches : « Ecoutez, maman, dit Christine ; je ne puis pas vous laisser accabler Julie... Ne croyez pas à un engouement de jeune fille... Je lui suis infiniment attachée... J'ai raison... J'ai pour moi l'autorité de papa... »

Et Christine raconte que, quelques jours avant de mourir, son père, se trouvant seul avec elle, l'a serrée dans ses bras et lui a dit : « J'ai une recommandation à te faire... Ta cousine la religieuse a eu à se plaindre de moi, et je le regrette profondément... Je meurs en pensant beaucoup à elle... Si jamais tu crois la consoler en le lui disant, fais-le. Pourtant, je t'engage à t'en assurer d'abord... En tout cas, je veux que tu cherches les occasions de lui témoigner une très grande amitié. Tu comprends, c'est une espèce de réparation dont je te charge... Sois comme sa fille... Je ne pense pas que tu aies occasion de la rencontrer avant ton mariage ; mais, après, arrange-toi pour la voir et être très bonne... Je compte sur toi, ma petite... »

En entendant le récit de Christine, Julie a senti son cœur se fondre, elle est tombée à genoux... Ainsi, Henri a pensé à elle avant de mourir ! Henri lui a pardonné !... Toute sa haine s'en va dans un flot de larmes... Elle réparera le mal qu'elle a fait. Elle se confesse devant la grave fillette étonnée d'entendre ces choses et d'entrevoir ce douloureux et effrayant mystère de passion... « Oui, pour frapper mon ennemie, je détruisais sans pitié votre bonheur... Je sais comment on s'y prend avec les jeunes filles... Pauvre enfant !... Je prétendais qu'une honnête femme n'accepte pas un cœur qui s'est déjà donné. Je soutenais que c'est une abomination... Je disais cela, n'est-ce pas ?... Et, voyez, je mendie les miettes du cœur de votre père, d'un cœur qui se détournait de moi et me laissait vieillir dans l'abandon ! »

Christine comprend, Christine est sauvée. Et Julie rentrera au couvent. Que ferait-elle ailleurs ?

Tel est-ce drame, tout en abrégé. Sur le fond, je n'ai rien à dire ; je n'ai qu'à louer. Tout au plus risquerai-je une réflexion.

La grande originalité de Julie, n'est-ce pas? c'est qu'elle fait une chose atroce tout en n'étant pas fort éloignée d'être une sainte. Quelle que soit la raison qui l'ait jetée au couvent, sa foi est profonde, sa piété ardente ; elle a vraiment été, comme elle le dit elle-même, « une bonne religieuse ». Eh bien ! à cause de cela, je voudrais que, *tout d'abord,* elle ne fût pas parfaitement consciente des vrais mobiles qui la poussent à s'emparer de l'âme de la petite Christine ; il me plairait qu'elle se connût moins elle-même dans les premiers moments, et qu'elle nous étalât moins le plan criminel de sa future vengeance. — Vous direz peut-être que cette demi-ignorance de ses impulsions secrètes serait peu vraisemblable chez une personne habituée à l'oraison solitaire, à la méditation, à l'examen de conscience. Je n'en suis pas convaincu. Ces exercices peuvent n'être point exclusifs d'un certain aveuglement sur soi, et peuvent même y aider en développant, chez ceux qui les pratiquent régulièrement, la subtilité casuistique. Et, d'ailleurs, le propre de toute passion désordonnée n'est-il pas de troubler, d'obscurcir, d'abuser les âmes qu'elle possède, et de faire servir à cette duperie jusqu'à leurs habitudes de repliement et leur adresse à se scruter ? — Donc, ce qui engagerait d'abord Julie à « capter » pour Dieu le cœur de Christine, ce serait, avant toutes choses, le très sincère dégoût et l'indicible horreur que lui inspirent désormais les amours humaines, — horreur très naturelle, après son aventure. Il s'y mêlerait sans doute le plaisir égoïste de dominer, de gouverner, d'enlever aux autres et d'avoir toute à elle la fille de l'homme qu'elle a tant aimé. Mais enfin, dans tout ceci, elle pourrait croire d'abord qu'elle agit en religieuse, en servante de Dieu, et non en femme qui se venge. C'est à la douleur de la mère de Christine qu'elle reconnaîtrait la malfaisance de sa conduite ; et la joie involontaire que lui causerait cette douleur l'éclairerait enfin sur elle-même, sur ses intentions réelles, sur la méchanceté de son désir. Et alors, mais alors seulement, elle consentirait à cette méchanceté et poursuivrait son œuvre scélérate avec préméditation, dût-elle y perdre son âme. Ou plutôt elle se dirait : « Qu'importe que Jeanne souffre ? Je suis bien sûre que je sauve Christine et que je sers les desseins de Dieu... La souffrance de Jeanne, qu'est-elle d'ailleurs que le châtiment de la lâcheté qu'elle a montrée en révoquant son premier pardon, chose pire que de ne pas pardonner ? Et le plaisir que me fait cette souffrance, qu'est-ce autre chose que la joie de l'abandon aux volontés de Dieu qui frappe Jeanne pour son bien, et une façon encore d'adorer et de glorifier les desseins de sa providence ? » Ainsi la dévote, formée par dix-neuf années de couvent, serait partout inextricablement mêlée à la femme, — sauf dans la dernière scène, où Julie verrait totalement, comme dans un éclair, ce qu'elle a fait, et pourquoi elle l'a fait... Est-ce que je me trompe ? Est-ce que cela serait trop compliqué pour le théâtre ?

Au reste, ce n'est point une critique que j'ai prétendu faire. Julie pourrait être ce que j'ai dit. Mais Julie est très bien comme elle est. Sa vengeance est, moralement, très distinguée, comporte un état d'âme souverainement intéressant et rare, dans la description duquel M. François de Curel n'a pas un moment faibli. Le style de la pièce est à la fois énergique et précis ; il abonde en expressions ramassées et singulièrement heureuses. La constitution du « milieu » est parfaite. Toute l'action se passe entre des femmes de noir vêtues, — sous les yeux du Pape et du comte de Chambord, comme je l'ai indiqué au commencement. L'atmosphère même est pieuse. Je suis tenté de regretter qu'à un moment un homme intervienne, et qui est un profane : Georges Pierrard. Il est là pour opposer fortement la morale humaine à la morale religieuse, et la conception laïque du mariage à sa conception mystique et ascétique. Mais les choses qu'il dit, Mme Renaudin suffirait à les dire, sous une autre forme. Et nous aurions alors *une pièce sans homme*, chose unique. Comment M. de Curel n'a-t-il pas été tenté par cette idée ? — Volontiers aussi j'aurais supprimé, si cela avait été possible, la tante Noémi, qui n'est qu'une confidente, une « utilité ». Mais assurément j'aurais conservé la veuve Renaudin, cette bonne dame affairée qui est toujours dehors, à ses « Œuvres », à des sermons, à des saluts, à des réunions de charité, et qui ne se doute point du drame extraordinaire qui se joue dans sa maison. La veuve Renaudin, c'est la madame Benoîton de la dévotion.

Quel dommage que la pièce de M. de Curel ne soit pas parfaite ! Car elle ne l'est pas, je suis bien obligé d'en venir à cet aveu. La malveillance du public de la « première » n'est certes pas justifiée ; mais elle ne s'explique pas toute par ce fait, que les habitués du Théâtre-Libre, sur la foi de ce titre : *l'Envers d'une sainte*, attendaient des obscénités qui ne sont point venues. La pièce a des longueurs, des maladresses et des redites. Les mêmes choses y sont répétées plusieurs fois ; et toutes ne sont pas mises à la place qu'il faudrait pour la clarté, l'intérêt et le mouvement du drame. A part trois admirables scènes (entre Julie et Jeanne, au premier acte ; entre Julie et Christine, au second ; entre Julie, Jeanne et Christine, au troisième), tout est en conversations et en confidences plus qu'en action. Ce drame ressemble trop à un très remarquable roman dialogué.

C'est égal ; il est vraiment beau et d'une qualité exquise ; et s'il avait été signé Ibsen...

JEAN JULLIEN

Odéon : *La Mer*, pièce en trois actes, de M. Jean Jullien.

4 octobre 1891.

La Mer est une œuvre d'une profonde sincérité et, par endroits, d'une réelle puissance, où il est visible que M. Jean Jullien, fidèle à des théories maintes fois exposées par lui avec une généreuse intransigeance, a voulu accorder le moins possible aux nécessaires conventions de son art. Et ainsi cette pièce ne vaut pas seulement par le drame qui s'y développe : elle a, par surcroît, l'intérêt d'une sorte d'expérience littéraire. Elle pourrait presque servir à déterminer jusqu'où peut aller un auteur dans l'exacte transcription de la réalité sans nuire à la clarté ou à l'intérêt du drame, à éprouver la valeur des diverses conventions généralement admises, à discerner celles qui peuvent être répudiées ou réduites avec profit, et celles qui ne le sauraient être sans dommage.

Par exemple il est convenu que, pour faciliter soit l'exposition de la pièce, soit l'explication des caractères, les personnages diront très souvent ce que, dans la réalité, ils ne diraient point, ce qu'ils ne sentiraient nullement le besoin de dire. Dans presque toutes les premières scènes des comédies de Scribe, les acteurs se racontent les uns aux autres des choses qu'ils savent depuis longtemps. Et il en est de même dans beaucoup de chefs-d'œuvre du théâtre classique. J'ouvre *l'Avare.* Après trois ou quatre répliques, Elise dit à Valère: « Je me représente à toute heure ce péril étonnant qui commença de nous offrir aux regards l'un de l'autre ; cette générosité surprenante qui vous fit risquer votre vie pour dérober la mienne à la fureur des ondes ; ces soins pleins de tendresse que vous me fîtes éclater après m'avoir tirée de l'eau, et les hommages assidus de cette amour… qui, vous faisant négliger et parents et patrie, arrête vos pas en ces lieux, y tient en ma faveur votre fortune déguisée, et vous a réduit, pour me voir, à vous revêtir de l'emploi de domestique de mon père. » Et Valère continue ce petit « historique ». Il est évident que Valère et Elise n'ont, à ce moment-là, aucune raison de narrer ces choses, sinon qu'il faut bien que nous les connaissions. Or, cette convention, M. Jean Jullien l'a écartée avec un scrupule tout particulier. A chaque moment de l'action, ses personnages ne disent que ce qu'ils doivent naturellement dire à ce moment-là : ils négligent de nous renseigner *ex professo* sur leur passé ou sur leur caractère. Leurs propos se bornent toujours à ce que leur suggère l'action présente ; rien n'y est *mis exprès* pour nous élucider ou nous commenter cette action.

Il est encore convenu que les personnages de théâtre doivent être plus clairs, plus logiques, plus *conséquents* que ceux de la vie réelle. C'est un des préceptes les plus incontestés du vieil Art poétique : *Servetur ad imum*. Si un personnage semble se contredire dans ses actes, l'auteur devra, par quelque artifice, expliquer ou résoudre ces contradictions. Ce sera parfois ce personnage lui-même qui prendra la peine de se définir, de démêler à notre intention par où ces contrariétés d'humeur ou de passion se ramènent à l'unité. Ou bien ce sera un « raisonneur » qui nous fera cette démonstration. Vous savez que la plupart des critiques reprochent encore à Shakspeare et à Molière d'avoir négligé ce petit travail en ce qui concerne Hamlet, Alceste ou Tartuffe. Bref, la règle est de faire des personnages qui se tiennent et dont la *continuité* ne soit pas seulement intérieure, mais apparente. Encore une convention que M. Jean Jullien semble avoir repoussée de parti pris. Et ce parti pris est d'autant plus significatif qu'il s'agissait ici, non point d'individus fort civilisés et, par suite, assez complexes, mais de créatures toutes rudimentaires et dont les « sautes » de conduite ou de sentiments pouvaient sans doute être expliquées à peu de frais.

Ce que l'abandon de ces conventions a eu d'effets bons ou mauvais, l'examen de la pièce nous le fera peut-être sentir.

Nous sommes dans le petit village de Kervian, en Bretagne, sur la plage, devant un cabaret. Passe une pauvre fille, Jeanne-Marie, l'air triste, qui va couper des ajoncs. Elle est injuriée en passant par Menguy, la cabaretière. Les propos de Menguy et ceux de quelques pêcheurs qui se rendent à leurs barques nous apprennent que Jeanne-Marie avait un fiancé, Yves Lemell, qu'on n'a pas revu depuis trois ans et qui doit s'être perdu en mer ; que, pendant ce temps-là, Jeanne-Marie a « fauté », et qu'elle a un enfant, on ne sait de qui.

Tout à coup Yves reparaît. Le saisissement des gens, en voyant ce ressuscité, est médiocre : c'est que les réapparitions de cette espèce ne sont pas si rares en pays de marins et que, au surplus, ceci n'est point un mélodrame. Yves aperçoit Jeanne-Marie derrière le rocher, et la rattrape... Il l'aime toujours, le brave garçon ; il l'embrasse de toutes ses forces, il lui rappelle qu'ils sont promis l'un à l'autre. Jeanne-Marie, épouvantée, se confesse ; elle jure qu'elle a été prise de force, un soir de pardon. Yves la croit, — car il l'aime ; et il lui pardonne, — pour la même raison. C'est aussi simple que cela Mais il a une grosse colère en songeant à celui qui a mis sa promise à mal. Il veut savoir son nom... « Le voilà ! » dit Jeanne-Marie en lui montrant un pêcheur qui traverse la plage. C'est Kadik, un beau gars et un mauvais gars. Yves saute sur Kadik, le terrasse, l'étrangle à moitié...

« Ne me le tue pas ! » crie une voix. C'est Elisabeth, la femme de Kadik, qui accourt. Elisabeth est la propre sœur d'Yves Lemell ; elle a épousé Kadik pendant l'absence de son frère. C'est une brave femme, honnête, énergique et avisée et qui aime son chenapan de mari. Quand elle sait l'histoire, le premier saisissement passé, elle s'indigne que Kadik ait eu le cœur d'abandonner son enfant. Et comme Yves veut quitter le village avec Jeanne-Marie : « Eh ! dit-elle, si tu t'en vas, il va falloir vendre notre maison, dont tu possèdes la moitié. Est-ce qu'il ne vaudrait pas mieux s'arranger ? Ce qui est fait est fait... Epouse Jeanne-Marie puisque tu l'aimes ; viens demeurer chez nous avec elle et son enfant, que tout le monde croira être de toi. Cela fera taire les langues et nous vivrons bien d'accord. » Après quelques hésitations, les deux hommes consentent ; et c'est le premier acte.

Vous trouverez que voilà une combinaison bien cynique. Comment Elisabeth, qui est une bonne créature, peut-elle la proposer ? Est-ce la même femme qui reproche à Kadik d'avoir abandonné son bâtard, et qui a l'idée de faire vivre Jeanne entre son mari et son séducteur, et l'enfant de Jeanne entre ses deux pères ? — Eh ! oui, c'est la même femme. Elle gourmande Kadik par honnêteté ; elle excuse Jeanne par charité ; elle veut garder sa maison par intérêt, et elle concilie sans beaucoup de peine son intérêt avec sa probité et sa bonté, parce qu'elle n'a aucun raffinement de sensibilité morale. L'idée que ces choses soient incompatibles ne lui vient même pas, et le problème qui vous tracasse n'existe point pour elle.

— Mais Yves Lemell, comment, après un si furieux accès de colère, se laisse-t-il apaiser si facilement? Et comment, s'il aime Jeanne-Marie, peut-il accepter l'idée de vivre sous le même toit que son séducteur, et auprès d'un enfant dont ce séducteur est le père?
— Eh! c'est que Yves Lemell est un homme tout simple ; c'est que ses grands accès de colère, une fois tombés, le laissent désarmé et docile comme un petit enfant ; c'est qu'il est à peu près incapable d'éprouver deux sentiments à la fois ; c'est qu'il est faible ; c'est qu'il subit la légère supériorité intellectuelle et la forte volonté de sa sœur, et c'est que, lui aussi, il n'est pas fâché de conserver la maison du père.

— Mais Jeanne-Marie, qui est-elle? Est-elle digne de sympathie et, malgré sa faute, de quelque estime? Elle affirme à Yves qu'elle a été prise de force par Kadik; mais c'est elle qui le dit, et il est clair qu'elle ne peut dire autre chose. En réalité, les filles de la campagne ne tombent jamais par ignorance et, comme elles ne manquent point de vigueur musculaire, le viol proprement dit est, avec elles, chose bien difficile. — Cela est vrai, et, comme nous ne connaissons l'aventure de Jeanne-Marie que par ce qu'elle en dit elle-même, nous ignorerons donc, d'un bout à l'autre du drame, dans quelle mesure elle a été violentée et, par suite, quel degré et quelle sorte de sympathie nous devons lui accorder. Et j'avoue que cette incertitude nous gênera un peu. — Mais, en outre, comment cette fille, sur laquelle il paraît bien qu'on a voulu nous attendrir au début, peut-elle avoir assez d'estomac pour accepter de vivre entre son amant et son mari, et pour... — J'ai déjà fait la réponse à propos d'Yves Lemell. Nous avons ici affaire à des êtres habituellement passifs et peu réfléchissants, dont l'honnêteté est sans finesse et se compose, pour une grande part, du souci de l'opinion publique. Or, ici, l'opinion publique de Kervian dira : « Yves épouse la mère de son enfant : c'est très bien. Il est tout naturel qu'il vive dans la maison du père Lemell avec sa sœur et son beau-frère. Ce sont deux bons ménages, et bien honnêtes. » Et enfin ces gens-là ignorent à la fois certains scrupules et certaines souffrances délicates, parce qu'ils ont une imagination très faiblement représentative des situations morales.

Voilà tout ce qui est sous-entendu dans le premier acte de *la Mer* ; voilà tout ce que nous sommes obligés de suppléer. Peut-être est-ce un peu trop. Je suis tenté de croire que ce premier acte, qui est d'ailleurs rapide et émouvant, nous eût pris bien davantage encore si M. Jean Jullien eût consenti, par un de ces artifices qu'il dédaigne, à nous faire connaître clairement le passé et le caractère de ses personnages, et ce qu'il faut penser d'eux, et quels mobiles les font successivement agir...

Au second acte, nous apprenons que la combinaison d'Elisabeth n'a pas réussi du tout. Elle a des inconvénients dont les associés se sont aperçus à l'user. Les deux belles-sœurs s'accordent mal, les deux hommes se détestent. Kadik, qui se déplaît à la maison, s'est mis à boire : il ne quitte plus le cabaret de la Menguy. Alors Elisabeth a une idée : c'est d'embarquer Yves pour l'Islande. Yves consent d'abord ; puis, à la prière de Jeanne que ce départ épouvante, il refuse. Kadik se fâche. De nouveau, l'énergique Elisabeth réconcilie de force les deux beaux-frères. C'est tout.

Ici encore, nous ne sommes pas pleinement satisfaits. Nous avons cette impression que ce qu'on ne nous montre pas serait plus intéressant et plus important à connaître que ce qu'on nous montre. Une foule de questions nous viennent : — Elisabeth est bien changée. Elle paraissait, au premier acte, capable sinon de finesse morale, du moins de pitié et de justice. Elle aimait son frère, et voilà qu'elle semble ne plus l'aimer. Elle est devenue extrêmement dure pour Jeanne-Marie. Elle n'est plus qu'une femme qui, tout en le gourmandant avec une affectueuse brusquerie, aime uniquement son ivrogne et son beau coq de mari. Que s'est-il donc passé ?

Est-elle secrètement jalouse de Jeanne ? Cette idée que Jeanne a été à Kadik l'a-t-elle plus tourmentée qu'elle ne l'avait prévu ? L'attitude de Kadik a-t-elle justifié cette jalousie ? Kadik nous dit seulement que ça l'agace de voir Yves et Jeanne-Marie s'embrasser tout le temps. Mais Yves lui-même, qu'éprouve-t-il tous les jours, forcé de coudoyer l'homme qui a joui le premier de sa femme ? Et quel est rôle de l'enfant dans tout cela ? Qu'est-ce que ces gens cachent dans le fond de leur cœur ? Il y a ici dix fois plus de sous-entendus qu'au premier acte, et, décidément, cela commence à nous gêner.

Tout ce second acte roule sur cette question : « Les deux ménages étant brouillés, Yves partira-t-il ou ne partira-t-il pas ? » Une question beaucoup plus essentielle était celle-ci : « Comment les deux ménages se sont-ils brouillés ? »

Etant donné que M. Jean Jullien entend serrer la vie de tout près, qu'il ne veut éclairer son dialogue ou son action d'aucun commentaire artificiellement amené, et que ses personnages (encore une fois) ne disent que ce que comporte le *moment* où ils nous sont présentés, le choix de ce moment est de la dernière conséquence. Il faut évidemment prendre celui où ils ont le plus de choses à nous apprendre sans y faire effort. Or, il semble bien qu'ici M. Jean Jullien se soit trompé. Je ne trouve pas qu'il ait choisi, dans la vie des couples Yves-Jeanne et Kadik-Elisabeth, l'heure la plus pleine de faits moraux intéressants.

A mon avis, c'est dans la maison des Lemell et des Kadik, la veille ou quelques jours auparavant, qu'il fallait nous transporter.

Seulement, voilà ! M. Jean Jullien avait intitulé son drame *la Mer*. Il voulait que la mer fût tout le temps sous nos yeux, jouât le rôle de grand personnage muet. Il tenait à sa toile de fond. Mais cela, monsieur le réaliste, est une idée de poète, de misérable poète. Encore cette idée n'est-elle pas entièrement justifiée, car l'histoire qui remplit vos deux premiers actes pourrait être histoire de terriens aussi bien que de pêcheurs, et votre dénouement seul est essentiellement marin. Je sais bien qu'un de vos soucis a été de créer autour de votre drame une atmosphère marine ; mais ce n'était pas une raison pour tout faire évoluer autour des tables en plein air d'un cabaret de la plage. Les pêcheurs, après tout, ont des foyers. Enfin, par un scrupule touchant et pour nous mieux signifier encore que nous ne sommes pas à Pithiviers, vous avez pris soin, au second acte, de placer, — trop près des principaux interlocuteurs, — un vieux marchand de médailles et d'images bénites et de faire défiler, — périodiquement, — des gars ou des pêcheurs de crevettes qui n'ont rien du tout à dire et qui, par grand respect de la vérité locale, disent n'importe quoi avant de disparaître derrière les portants. L'intention était bonne ; mais il faut avouer que ces rapides et inutiles figurants avaient l'air quelque peu automatiques, et vous avez bien dû vous en apercevoir.

Le troisième acte est, à mon avis, de beaucoup le meilleur. C'est que, là du moins, ce que nous avons besoin de savoir pour bien comprendre l'action est strictement contenu dans ce qu'on nous dit. Il nous suffit d'être informés que Kadik et Yves Lemell se haïssent, et que celui-ci est un brave garçon, et que celui-là est un drôle sournois et capable de tout.

Kadik et Yves sont partis pour la pêche, sur la même gabare. La mer est menaçante. Sur la grève, des femmes et des filles attendent leurs maris ou leurs frères, qui rentrent peu à peu... Mais Yves et Kadik ne sont pas encore rentrés... Tout à coup, Elisabeth et Jeanne-Marie aperçoivent leur bateau engagé dans une passe dangereuse ; le bateau heurte un rocher ; un des deux hommes qui le montent tombe à la mer. Lequel des deux ?... Le bateau s'approche ; Kadik paraît à l'avant et fait le grand signe de croix qui annonce qu'un homme est mort. Jeanne-Marie, éperdue, s'écroule au pied du calvaire qui domine l'Océan, et pousse longuement ce cri, pareil à celui d'un oiseau de mer dans la tempête : « Yves !... Yves !... »

Ce qui est terrible, c'est que personne, personne ne dit ce dont tout le monde est sûr. Des pêcheurs et des femmes commentent l'accident avec circonspection, mais on sent que tous ont la même idée... Cette idée, Kadik la lit, en débarquant, dans les yeux épouvantés d'Elisabeth. En le voyant approcher, les pêcheurs et les femmes se sont éloignés avec des mots prudents... A ce moment tinte le glas des trépassés... Kadik tremble et, répondant à une question que sa femme ne lui pose pas : « Mais c'est un accident! Puisque je te dis que c'est un accident! » Elisabeth l'entraîne vers sa maison. Elle dit à Jeanne-Marie : « Il y a trop de douleur chez nous à présent : n'y rentre plus. » Et l'autre continue à jeter sa longue lamentation : « Yves!... Yves!... »

Ce dernier acte est tragique au plus haut point, et il l'est avec simplicité et grandeur.

Ma conclusion? Elle vous paraîtra modeste après ce que j'ai annoncé ; mais ma mémoire a eu des défaillances, et il me faudrait entendre de nouveau l'œuvre de M. Jean Jullien pour pouvoir instituer sérieusement sur elle l'expérience dont je parlais. Enfin, voici. Dans une partie du premier acte et surtout du second, le drame est sans doute plus ramassé, mais à peine plus clair que la vie, et je persiste à croire que c'est là un défaut, et qui va contre l'objet même de l'art, et enfin, c'est dans ces endroits que le drame m'a le moins contenté, — encore qu'il vaille toujours par l'imitation sincère des mouvements de la réalité, et que j'aie, au surplus, éprouvé quelque plaisir à le compléter moi-même à mesure qu'il se déroulait un peu énigmatiquement et à faire ainsi la besogne de l'auteur. Ailleurs, — là où les propos des personnages suffisent à nous apprendre ce que nous voulons savoir d'eux, — l'œuvre est vraiment belle, et nous pouvons jouir alors d'une vérité de transcription qui n'a guère été dépassée. — Et, au surplus, il vaut encore mieux, pour le progrès de l'art, tenter, à ses risques et périls, de se passer des conventions nécessaires que de se soumettre bassement et du premier coup à toutes les conventions, même superflues. C'est encore en affirmant la possibilité de la vérité absolue au théâtre qu'on peut le mieux arriver à plus de vérité relative. Et, à cause de cela, si M. Jean Jullien nous a déjà beaucoup donné, nous pouvons attendre de lui beaucoup plus encore.

PORTO-RICHE

Théatre d'application : *L'Infidèle*, comédie en un acte, en vers, de M. Georges de Porto-Riche.

28 avril 1890.

Le Théâtre d'application nous a donné, avec un grand succès, *l'Infidèle*, comédie en un acte, en vers, de M. Georges de Porto-Riche, l'auteur de *la Chance de Françoise* et de *Bonheur manqué*.

Comme le disait Molière, — à moins que ce ne soit Corneille, — de je ne sais plus laquelle de ses comédies, — la pièce est « d'une constitution singulière ».

Si vous considérez la fable, ce n'est rien ; rien, c'est-à-dire peu de chose : un acte en vers pour l'Odéon, une barcarolle rimée, avec lagunes, gondoles, sérénade, pourpoints, chapelet, madone et duel au clair de la lune. Vanina est trompée par son amant, le poète Renato. Pour exciter sa jalousie, elle se travestit en cavalier et râcle de la guitare sous son propre balcon. Abusé par ce déguisement, Renato tue sa maîtresse, croyant tuer un rival.

Mais, sur ce canevas en apparence innocent, M. Georges de Porto-Riche a jeté des broderies éclatantes et féroces. Il a placé, dans ce milieu de convention romantique, des personnages d'une vérité franche et même hardie ; il leur a prêté des discours d'une poésie subtile et insolente. Sa substantielle fantaisie paraît l'œuvre d'une imagination brillante et précise en même temps que d'une âme généreuse et amère. Il a fait à sa façon, avec un mélange savoureux d'âpreté et de gaieté, ce que j'ai peut-être vu de plus approchant des comédies d'Alfred de Musset.

« Connais-toi toi-même », dit la sagesse antique et la sagesse de tous les temps. M. de Porto-Riche connaît l'homme de lettres, tel que l'ont fait de nos jours le développement d'une certaine « sensibilité artiste » et l'accroissement de la concurrence littéraire. Il le connaît, et il le méprise, en le plaignant et l'aimant malgré tout, — comme il plaint d'ailleurs ses victimes en les dédaignant un peu. Il a donc mis face à face l'homme de lettres et la femme amoureuse ; il a opposé Renato, c'est-à-dire la vanité, l'artifice, et comme l'incapacité d'aimer dans l'amour, et Vanina, c'est-à-dire l'amour tout pur, la nature intacte ; et il a heurté l'un contre l'autre ces êtres contradictoires sous les yeux d'un bon cynique, Lazzaro, à la philosophie nihiliste et joyeuse, — joyeuse à faire pleurer,

— qui les raille, les plaint et les absout tous deux.

Renato, c'est encore un peu le mari de Françoise, ce composé si singulier et si vrai de fatuité et de simplicité, de franchise et de mensonge, d'égoïsme et de tendresse, dont les vices éprouvent le besoin de se juger, de se confesser, de se faire pardonner, et qui se croit absous de ses mauvaises actions par le sincère désir de ne faire de mal à personne, et aussi par la persuasion que rien n'est volontaire et que rien, d'ailleurs, n'a d'importance dans ce monde de forces aveugles et de fuyants phénomènes.

Donc, Renato, poète et secrétaire du doge Lorédan, annonce à Vanina, sa maîtresse, qu'il doit accompagner en Espagne la filleule du doge, Thérèse d'Almeira. Vanina, je vous l'ai dit, aime Renato éperdument. Il le sait, il constate la chose avec tranquillité :

Ta vie est dans mes mains.

Et elle :

Comme un Dieu que j'adore,
Tu peux la faire longue et tu peux la briser ;
Je vis de ton premier à ton dernier baiser.

Elle est jalouse, puisqu'elle aime. Elle lui dit : « L'infante est belle et tu me trahiras. » Alors, tout en la caressant, car elle est mignonne, car il lui est doux de la sentir toute à lui

(O petite Nina, si petite en mes bras!)

Renato lui dit innocemment, pour la consoler, des choses désolantes :

L'art seul m'occupe, enfant...
Les femmes n'ont jamais embrasé ma pensée ;
Et près d'elles souvent, maître de mon cerveau,
En devisant d'amour, je cherche un vers nouveau.

Et, comme elle n'est point une bête, comme elle le connaît et qu'elle a, parmi son grand amour plus fort que tout, des clairvoyances d'ailleurs inutiles, des divinations dont elle n'a pas le courage de tirer les conséquences, elle lui répond :

Tu ne me trahis pas, je comprends : tu travailles.

Sur quoi Renato, charmé d'avoir une maîtresse si spirituelle, et comme s'il se sentait dispensé, par cet esprit, de la corvée d'être tendre, parle à Vanina de ses préparatifs de voyage. Il lui confie, entre autres choses, qu'il emporte dans sa valise des médicaments. « Pensons à la santé », dit-il avec une affectation ironique qui n'est que du dandysme à rebours, qui rappelle les soins que M. Maurice Barrès s'amuse à prendre publiquement de sa santé dans *Un Homme libre*, et qui, sous une apparence de raillerie, exprime l'importance que le digne poète attache très sérieusement et très réellement à son précieux corps. Puis, avec la condescendance d'un homme qui se sait adoré, Renato conseille à Vanina d'aller, dans quelque église, brûler un cierge à son intention.

Je n'ai pas le loisir de commenter ainsi tous les vers de *l'Infidèle*. Sachez seulement que tous prêteraient à une glose de ce genre. C'est dire combien cette fantaisie est riche de fond.

Vanina sent déjà que Renato ne l'aime plus. La preuve lui en est bientôt apportée par l'ami Lazzaro, peintre raté, ivrogne réussi, philosophe cynique plein de douceur. L'excellent bohème affirme à la jeune femme que Renato l'aime toujours, et, pour le lui démontrer, il lui récite certains vers que Renato déclamait, l'autre jour. Lazzaro les a crus composés pour Vanina. — Hélas ! dit-elle en chancelant :

Ce sont des vers nouveaux qui ne sont pas pour moi.

Dégrisé par sa bévue, Lazzaro conseille à Vanina de se venger de Renato en le trompant, et se met pour cela à sa disposition. Il la presse avec une éloquence audacieuse et qui ne craint pas les mots. Peut-être vous effaroucherais-je en citant ces vers trop colorés ; mais, l'autre jour, dans cette petite salle où l'on était entre soi, ils sonnaient si bravement et si joyeusement qu'il n'y a pas eu moyen de se scandaliser. Au moins copierai-je pour vous le couplet où Lazzaro, voulant dégoûter Vanina de son rimeur, drape les hommes de lettres de la belle façon. Certains traits en sont vifs, je l'avoue ; mais quelle verve éclatante et drue !

Le vin ne t'a pas fait une bouche amoureuse.
Renate est plus tentant,

vient de dire Vanina. Alors Lazzaro :

         Femme au rire moqueur,
Je n'ai pas son talent, mais il n'a pas mon cœur.
Même au lit, ce n'est pas à la maitresse aimée
Que pensent les rimeurs, c'est à la renommée.
Vous n'êtes, ô beautés! sous leurs embrassements,
Que matière à sonnets et que chair à romans.
Vos paroles d'amour sont vite ramassées,
Ce sont les chiffonniers de toutes vos pensées.
Vous ôtez votre robe, ils ôtent leur pourpoint :
Mais quand vous soupirez, ils ne soupirent point.
Conviens-en, toi qui sais comme le tien manœuvre,
Il faut toute la nuit parler de leurs chefs-d'œuvre,
Et le plus amoureux de ces faiseurs de vers,
Pour mendier deux mots de l'Arétin pervers,
A l'heure du berger vous fausse compagnie.
Prenez-moi des gaillards qui n'ont pas de génie,
Mais une âme brûlante et des jarrets d'acier.
Les gringalets pareils à ton écrivassier,
Quand vous voulez marcher, se plaignent d'une entorse.
Tous ceux que j'ai connus étaient des gens sans force.

Cet égoïsme particulier aux hommes de lettres, ou plutôt cette inaptitude à s'oublier, à aimer pleinement et naïvement ce qu'ils aiment, j'ai déjà tenté maintes fois de la définir, tantôt pour la réprouver et tantôt pour l'absoudre, à propos du *Gerfaut* de M. Emile Moreau, des études de M. Deschanel sur

Racine, et des *Résignés* de M. Henri Céard. J'ajouterai seulement que, pour être équitable, il faudrait distinguer les cas. Cet égoïsme est simplement odieux chez certains petits misérables tout dévorés de vanité et qui ont la « gendelettrerie » dans les moelles. Chez les hommes qui ne sont point mauvais, cet égoïsme, outre qu'il est, dans une certaine mesure, inévitable et imposé par la profession, arrive à se limiter et à se corriger lui-même. S'il est vrai que les « accidents du monde, dès qu'ils sont perçus, apparaissent » à l'écrivain-artiste « transposés comme pour l'emploi d'une illusion à décrire » (comme dit Flaubert, exprimant une pensée juste dans une fort mauvaise phrase), « tellement que toutes les choses, y compris son existence, ne lui semblent pas avoir d'autre utilité », il arrivera sans doute que, ayant contracté ce pli de se dédoubler pour s'observer et pour observer les autres, il ne soit jamais tout entier dans son émotion ni dans sa passion ; et ainsi les personnes qui le voudraient tout à elles se plaindront toujours d'être lésées. Mais comme, d'autre part, dans cette attitude habituelle de spectateur et, si vous voulez, de voyeur, qu'il a adoptée en face du monde, ces personnes ne lui paraissent, elles aussi, que des sujets d'observation, il s'ensuit que, s'il est indulgent pour lui-même, il le sera encore plus pour elles. Car, les âmes ne l'intéressant qu'en tant qu'elles sont descriptibles et définissables par des mots habilement enchaînés, il perdra l'habitude et bientôt ne se croira même plus le droit de les juger au nom d'une règle morale.

L'Art est si occupé à traduire qu'il n'a pas le temps ni le goût de condamner. Ne considérer l'univers et toutes les créatures que comme une matière d'art, c'est, presque forcément, être clément pour toutes les créatures. Si l'artiste oublie un peu d'aimer son amie pour la regarder vivre, il se sentira par là même engagé à ne lui reprocher point d'être ce qu'elle est. Au reste, il comprendra qu'il la fait souffrir ; il lui pardonnera même d'être ainsi faite qu'elle ne peut, elle, pardonner. Il concevra qu'il doit lui paraître bizarre et dur, qu'en effet il est en dehors de la bonne nature, qu'il y a de la maladie dans son cas, qu'il n'est qu'un malheureux à qui la complète sincérité est interdite. A certaines heures, il sera pour lui-même d'une extrême sévérité. Et alors il se mettra à aimer très réellement, à sa façon, d'un amour triste, triste de ne pouvoir plus être irréfléchi et naïf, d'un amour où il y aura de l'humilité et de la compassion. Et cet amour sera intelligent ; il saura exactement comment il faut caresser l'amie, ce qu'il faut dire pour qu'elle soit contente. Son odieuse manie d'observation et de dédoublement lui aura du moins servi à cela. Et ne dites point qu'il sera donc toujours condamné à l'artifice ; car sans doute son expression sera feinte et concertée ; mais enfin le sentiment qui lui suggérera ces feintises sera vrai. Ce sera, si voulez, une sincérité détournée ;

mais on fait ce qu'on peut. Et le désir de sentir et de parler *comme si on aimait* n'est-il pas encore de l'amour ?

Enfin l'amant dont je parle ne fera jamais de scène, ne haïra jamais après avoir aimé, et, trahi, s'en ira tranquillement (après les démonstrations de douleur qu'il jugera convenables). C'est bien quelque chose.

Ai-je besoin de dire que le cas souffre pas mal d'exceptions, qu'on a vu des artistes et des gens de lettres fieffés oublier leur littérature et aimer naïvement, éperdument, douloureusement, comme de simples hommes ?

M. de Porto-Riche sait tout cela mieux que moi. Mais, par une sorte de partialité impitoyable et courageuse, par une très noble haine des vices spéciaux dont tout écrivain sent du moins grouiller en lui les germes, il n'a voulu nous montrer que la plus détestable variété de l'homme de lettres. Ce Renato est le type accompli de l'égoïsme et de la fatuité littéraire dans l'amour. Et pourtant, tel qu'il est, Vanina l'adore ; et elle sait pourquoi, et elle en donne les raisons, qui viennent s'ajouter à ce que je disais tout à l'heure. Après que Lazzaro a dit leur fait aux rimeurs : « Qu'importe ? réplique Vanina,

Leurs mots sont différents des mots habituels.
Lorsqu'ils viennent à nous en flattant nos chimères,
Nous cédons et, pourtant, nous savons par nos mères
Qu'ils apportent la honte et qu'ils nous quitteront.
Nos douleurs valent moins que les vers qu'ils feront.

Et cet horrible petit Renato lui-même, parce qu'il est poète, a çà et là des sincérités subites, des mots d'une vérité subtile et touchante, des mots que vous ne trouveriez pas, ni moi non plus. Comme il vient de proclamer, non sans fanfaronnade, sa dureté de petit homme de lettres uniquement préoccupé de « parvenir », et que Vanina, un moment indignée, lui a reproché son manque de cœur, il fait sur lui-même un retour rapide et, avec une sorte d'humilité tendre, bien inattendue parmi toutes ces affectations vaniteuses, par un tour de force ou par une coquetterie de dédoublement moral, par un sentiment singulier, comme s'il revendiquait le droit d'être méchant du moment qu'il l'avoue, et comme s'il exigeait pour cela la pitié, attendu que le méchant est à plaindre, — avec cette pensée encore, que ceux qui nous pardonnent nous sont redevables du plaisir de pardonner et que c'est donc nous qui les obligeons, — il laisse échapper ce vers délicieux et rare, qu'on dirait être prononcé par un autre que lui, car, en effet, les poètes ont plusieurs âmes :

Ça, ne nous fâchons pas le jour où je m'en vais.
Pourquoi lire en mon cœur, puisque je suis mauvais?

Sur quoi j'ai envie de poser cet axiome, auquel il faudrait beaucoup d'explications : « La littérature, qui rend quelquefois mauvais, empêche toujours de l'être complètement. »

Je suis forcé maintenant d'aller vite. Vanina essaye de retenir Renato par la jalousie. Elle lui raconte que, tous les soirs, un amoureux vient pincer de la mandoline sous ses fenêtres. Cela ne prend pas. « Qu'il chante sa complainte, dit Renato. J'ai confiance en toi. Va dormir, mignonne. »

Si elle avait dit vrai, pourtant ? En y réfléchissant, Renato n'est plus si tranquille. Il rencontre Lazzaro et lui confie ses inquiétudes :

Je sens pousser, ce soir, des cornes à ma tête.

LAZZARO
Erreur ! Mais n'en sois pas trop réjoui, poète.
Cet ornement sied bien aux écrivains pressés.
Sans parler des malins que leur femme a lancés,
Le déshonneur vous sert, et les dames perverses
Vous lisent davantage, en sachant vos traverses.

Ce n'est pas que Renato soit jaloux ; mais il est curieux. Il s'arrête enfin à ce parti : il ira voir dona Thérésa ; s'il est bien reçu, il restera chez elle : sinon, il reviendra, avec sa rapière, surprendre le donneur de sérénades sous le balcon de Vanina.

« Oh ! oh ! dit Lazzaro, je n'en suis plus. » Et quand Vanina reparaît, très engageante : « Grand merci ! » lui dit le bohème :

Ma vie est en danger : je reste un honnête homme.

— Bah ! dit Vanina, je n'ai qu'à descendre sur la

place pour trouver dix amoureux. — Essayez, ma belle, dit Lazzaro. Et, dans une série d'admirables couplets, sonores, allègres, pittoresques, hauts en couleur, — d'une hardiesse qui, sans doute, ne dépasse pas les limites permises, mais qui évidemment les atteint, — il lui explique, avec une abondance précise, qu'elle ne trouvera point de clients parce qu'elle a l'air trop vertueux et qu'on verra bien qu'elle n'est pas du métier.

Elle rentre chez elle ; mais une idée lui est venue, c'est de se montrer, elle-même, sous sa fenêtre en habits de garçon. Ce que Lazzaro aurait de mieux à faire serait de s'en aller. Mais il reste pour voir ce qui arrivera et pour intervenir, à l'occasion, dans la bagarre probable. Et, tout en éprouvant son épée, il se livre à des réflexions :

Le duel aujourd'hui distrait beaucoup de gens.
Vingt cadavres par nuit, c'est le compte à Venise.
Vive le point d'honneur quand l'honneur agonise !
Hélas ! les coups d'estoc tentent les plus pouilleux,
Et les fils de banquiers deviennent chatouilleux ;
Il faut fermer la bouche à la foule trompée,
Tous les fils de voleurs savent tirer l'épée..

Ces vers sont excellents. J'ai remarqué avec une surprise ingénue que l'élégant auditoire ne les applaudissait pas. Même ils ont été suivis d'un silence particulièrement profond, vous savez? d'un de ces silences qu'on entend. Pourquoi?

Vanina reparaît, masquée, vêtue d'habits d'homme, enveloppée d'une cape, et commence sa sérénade. Renato survient, la provoque ; tous deux tirent leur épée. « Fou ! dit Lazzaro à son ami. Monsieur te rend service en te débarrassant d'une femme qui t'ennuie. — C'est juste ! fait Renato. Mille pardons ! Monsieur ! » Et il ajoute (non peut-être qu'il soit très sincère en cela, mais par bravade et parce que cela lui semble piquant, pauvre cabotin qu'il est) : « Je vous la laisse. Je la connais par cœur. Je suis rassasié de ce plat. Goûtez-y et rendez-la heureuse ! » Vanina, toujours masquée, lui jette son gant au visage : « Tiens, lâche ! » Les épées se croisent ; Vanina tombe blessée à mort. « Adieu, Renato. » Son masque se détache... Renato, désespéré, sanglote sur le cadavre. Mais Lazzaro :

Va, ne regrette rien, petite aux longues tresses ;
Il dira ton histoire à ses autres maîtresses ;
Car il est de la race ingrate des rimeurs.
Et grâce à ses beaux vers, ô pure enfant qui meurs,
A travers le cercueil où ses mains t'auront mise,
Les gais Vénitiens te verront en chemise.

Et voici le dernier vers :

RENATO
Elle m'était fidèle.

LAZZARO
Elle t'aurait trompé.

On ne saurait trop louer la forme de cette comédie.

La rime est riche et drue sans qu'il en coûte rien au sens; le rythme est plein ; les images brillantes et nettes; la langue précise et saine. Cela est d'un vrai poète — et d'un excellent écrivain. Et comme cela est, en outre, d'un très franc observateur des sentiments humains, j'estime qu'il faut beaucoup attendre de M. de Porto-Riche. Il nous doit une grande comédie moderne. Il nous la donnera s'il le veut, et s'il n'est pas le plus paresseux des hommes.

ODÉON : *Amoureuse,* comédie en trois actes, de M. Georges de Porto-Riche.

4 mai 1891.

Nerveuse, inquiète, trépidante, douloureuse, la comédie de M. Georges de Porto-Riche me paraît exprimer, avec une rare intensité, un sentiment des plus intéressants, la haine de l'amour chez un homme qui connaît très bien l'amour.

Que l'amour puisse être haïssable, là n'est pas la découverte. Je vous ai fait remarquer, à propos de *Souvent homme varie,* à propos du drame de M. Hennique : *Amour,* à propos même du *Tamerlan* de Christophe Marlowe, que rien n'égale l'égoïsme de l'amour, non pas même l'égoïsme de la vanité, de la cupidité ou de l'ambition. Pour celui qui aime, l'être aimé est tout; mais, en revanche, il veut être tout pour l'être aimé, il ne se contente pas à moins. Possédé lui-même, il veut posséder, lui aussi. En sorte que l'amour absolu est à la fois le plus désintéressé et le plus despotique des sentiments, celui qui comporte le plus d'abnégation et le plus d'exigence. On pourrait dire que l'amour, c'est la passion de la propriété portée à son plus haut degré d'exaltation. Oh! combien vrai le mot de La Bruyère : « L'on veut faire tout le bonheur, et, si cela ne se peut, tout le malheur de ce qu'on aime. »

Dès lors, vous voyez à quelles conditions l'amour peut être supportable, ou même délicieux. Il faut que chacun des deux considère l'autre comme son tout, et qu'en même temps chacun des deux soit exactement tout pour l'autre. Bref, il faut que l'un et l'autre aiment également. On a vu quelquefois cet équilibre réalisé, principalement chez les personnages de la fiction : chez Théagène et Chariclée, chez Paolo et Francesca, chez Roméo et Juliette. Mais, dès que cet équilibre est rompu, dès que l'un des deux amants aime moins que son compagnon de chaîne, cette chaîne se fait sentir, et l'amour peut devenir douloureux pour l'un et oppressif pour l'autre.

Or, rien de plus commun que cette rupture d'équilibre : c'est presque la règle, et de là la continuelle inquiétude des hommes.

M. Georges de Porto-Riche nous expose, dans les deux premiers actes d'*Amoureuse*, avec une lucidité et une âpreté extrêmes, un des cas les plus généraux, et aussi les plus aigus, et enfin les plus modernes (en raison des conditions ordinaires du mariage contemporain), de cette inégalité sentimentale. Et cette rupture d'équilibre, il nous la montre, dans son troisième acte, irrémédiable, sinon par la pitié et par la charité.

Etienne Fériaud est un homme d'aujourd'hui, intelligent, curieux, sensuel, peu passionné, affaibli et énervé par l'habitude de l'ironie et du dédoublement de soi. Il a été longtemps un « homme à femmes », bien qu'il y ait en lui l'étoffe d'autre chose et bien qu'il soit aussi un homme de science et un médecin distingué. Sa dernière maîtresse a été une certaine Catherine Villiers, un type de courtisane économe, bourgeoise et pondérée. Il était déjà fatigué des amours errantes et changeantes : sa paisible et confortable liaison avec Catherine a été pour lui comme le noviciat du mariage Cette vie reposante et régulière, il s'est dit qu'il pourrait la trouver dans le mariage, avec l'honorabilité en plus. Le pot-au-feu de la femme galante l'a conduit tout doucement au pot-au-feu légitime, et c'est ainsi que, à trente-cinq ans, il a épousé une jeune fille de dix-huit ans, Mlle Germaine, comptant être enfin tranquille, comptant surtout être délivré de l'amour.

Horreur ! L'amour qu'il fuyait, il l'a retrouvé à son foyer, avec tous ses troubles, toute son intolérance, toutes ses jalousies, toutes ses fureurs et son insatiable voracité. Ce qui était pour lui une fin était pour elle un commencement. Cette pure jeune fille s'est mise à aimer éperdument et goulûment son mari. Amoureuse ! elle n'est qu'amoureuse, et il semble bien qu'elle le soit pour toujours Voilà huit ans qu'elle adore son mari sans interruption, rôdant autour de lui, dérangeant son travail, l'interrogeant quand il sort et quand il rentre, mendiant un mot d'amour et une caresse, se sentant importune, et pourtant incapable de se contenir, souffrant d'être ainsi et ne pouvant être autrement. Et cela est lamentable.

Je n'adresserai qu'un reproche à M. de Porto-Riche, c'est d'avoir, au premier acte, prêté à la jeune épouse amoureuse des façons un peu trop directement libertines, d'avoir un peu trop fait d'elle une élégante chienne déchaînée. Evidemment l'amour, dans sa plénitude, est un sortilège des sens autant que du cœur ; mais ce que l'amour a forcément de sensuel semble, à la personne qui aime, un effet plutôt qu'une cause, et c'est pourquoi elle éprouve peu le besoin d'en parler. D'ailleurs, une femme aussi profondément éprise que Germaine craindrait de se faire tort aux yeux de celui qu'elle aime en réclamant avec tant d'insistance ce qui n'est significatif que s'il est accordé avec une liberté entière. Elle craindrait de paraître s'attacher surtout à ce qu'il y a de moins personnel dans les démonstrations d'amour, d'avoir l'air de tenir au plaisir plus qu'au bonheur et de préférer ce qu'elle reçoit à ce qu'elle donne. Elle redouterait de ressembler, fût-ce dans un moment fugitif, aux femmes qui font d'amour métier et marchandise justement parce qu'elles n'aiment point, et d'en éveiller le souvenir dans l'esprit de son mari. Plus retenue et plus pudique (je ne dis pas moins sensuelle, remarquez-le), Germaine, serait

plus touchante et nous ferait plus aisément croire à
la profondeur de sa passion. Mais quoi! M. Georges
de Porto-Riche est d'un siècle qui s'est piqué d'introduire la débauche dans le mariage, et qui a jugé que
cela était salutaire, et que cela devenait même respectable...

Etienne Fériaud est excédé par la tendresse tyrannique et gloutonne de Germaine. Il sent l'âge le
gagner : les dix-huit ans qui le séparent de sa femme
se traduisent par une différence extrêmement sensible de température ; et, comme la troisième jeunesse a notablement ralenti son inspiration sentimentale, il s'aperçoit décidément qu'un homme a
tout de même autre chose à faire au monde que
l'amour. Mais, d'autre part, Germaine est toujours
bien jolie ; elle a, quand elle s'y met, — et elle s'y
met souvent, — des insistances qui rendent l'abstention difficile. Puis elle a des ruses de femme, de
diaboliques façons de l'amener à ses fins tout en ayant
l'air de n'y pas tenir. Il y a aussi, dans la sincérité
et dans la profondeur de cette tendresse, quelque
chose qui l'attendrit. Enfin, il est resté, malgré tout,
« homme à femmes », c'est-à-dire extraordinairement vaniteux ; il a gardé un besoin d'être adoré, et
dès que cette adoration, qui l'exaspère, fait mine
de se relâcher, il ne peut se défendre d'avoir des
coquetteries d'homme qui la réveillent et la tiennent
en haleine... Et ils vivent ainsi côte à côte, durement
enchaînés par eux-mêmes, l'amour et la jalousie de

la femme, la faiblesse et la fatuité de l'homme étant leurs geôliers, sans compter l'habitude qui tire sur eux le verrou : elle, toujours inassouvie et toujours tremblante ; lui, cédant toujours, et toujours furieux d'avoir cédé. Ainsi, sur la galère-amour, rament-ils inégalement et vont-ils, à cause de cela, de secousse en secousse.

Toute cette situation nous est minutieusement exposée dans le premier acte. Un ami d'Etienne, Pascal Delannoy, aide à cette exposition par les confidences qu'il reçoit de la femme et du mari. Pascal a aimé Germaine avant son mariage. Il a d'ailleurs continué. Fériaud, qui est le moins jaloux des hommes, moitié parce qu'il n'aime guère sa sa femme, moitié parce que c'est un garçon très sûr de lui, a laissé son vieux camarade venir quotidiennement dans la maison. Ce Pascal est une façon de bohème très distingué, d'une blague un peu mélancolique, capable de sentiments profonds. Vous verrez plus tard à quoi il doit servir. — Ce premier acte est étincelant ; il est presque tout en répliques d'une justesse et d'une rapidité étourdissantes. J'ai rarement vu tant d'esprit en si peu d'espace, ni un esprit plus cinglant, ni tant d'observation sous des traits d'esprit.

Donc, voilà huit ans que dure le mensonge du ménage Fériaud. Tout à coup, les voiles se déchirent, la vérité éclate. On a demandé : — Pourquoi à cet instant-là précisément ? et pourquoi au bout de huit ans? — C'est que rien ne dure plus, dans la réalité, que les situations fausses ; et c'est aussi que, lorsque la fausseté d'une situation est parvenue à son *maximum*, le plus petit hasard, et le plus imprévu, suffit à dissiper l'équivoque, et qu'un mot de trop peut renverser l'édifice menteur de toute une vie.

Fériaud a été désigné pour représenter la science française au Congrès de médecine de Florence. C'est la première fois, depuis son mariage, qu'il quittera Germaine. Il doit partir le soir même. Sournoisement, hypocritement, par des baisers aussi savants que s'ils n'étaient pas légitimes, et tout en lui disant : « Non, va-t-en, c'est ton devoir ; si tu me cédais, tu me le reprocherais dans une heure », la petite femme l'a décidé à rester. Elle fait servir le dîner dans le cabinet de travail de son mari ; un dîner de cabinet particulier : bisque, écrevisses, champagne. Il paraît, au reste, que c'est l'ordinaire du ménage Fériaud, et qu'il est extrêmement rare que Monsieur et Madame dînent dans la salle à manger. Joignez que Germaine ne s'occupe de rien dans la maison, que tout y est en désordre et qu'il y a de la poussière sur les meubles. Et, encore une fois, je regrette que l'auteur ait cru devoir donner à Germaine ces façons et ces goûts de cocotte, car ils s'accordent mal, semble-t-il, avec l'intensité et le sérieux présumé d'une passion qui n'a fait que croître durant huit années ; puis Germaine devrait comprendre que ce n'est point par là qu'elle retiendra le plus sûrement Etienne; et, enfin, elle pourrait être une ménagère soigneuse et n'en être pas moins excédante pour son mari ; mais, en revanche, elle en deviendrait plus intéressante pour nous et, toutefois, le malentendu entre les deux époux n'en serait pas moins irrémédiable ; au contraire.

Or, ce que Germaine avait prévu sans y croire est arrivé. Au bout d'une heure, Fériaud regrette sa faiblesse. Il sait qu'il se réveillera, le lendemain, la tête vide et mécontent de lui. Si, au moins, il pouvait échapper un instant à cet énervant tête-à-tête, passer la soirée dehors ! Mais, sur un mot qu'il a dit imprudemment, Germaine a donné à des amis une loge de théâtre qu'il avait retenue pour le soir. Vraiment, elle s'est bien pressée ! Et, sur ce détail misérable, la querelle s'engage, s'aigrit peu à peu, et s'envenime. Toute sa rancune de huit années remonte aux lèvres d'Etienne. Il en a assez, à la fin, d'être l'esclave et la victime de sa femme. Des mots irréparables sont prononcés. Non, il n'aime pas Germaine, il ne l'a jamais aimée et, à son malfaisant et égoïste amour, il préférerait tout, oui, tout, même son infidélité ! Germaine, d'abord anéantie d'étonnement et de désespoir, éclate à son tour. A qui en a-t-il ? N'a-t-elle pas été loyale ? Est-ce sa faute, à elle, si elle avait dix-huit ans et lui trente-cinq, et si le mariage était pour elle tout autre chose que pour lui ? Son seul crime n'a-t-il pas été de l'adorer uniquement et absolument ? Et, s'il s'est cru mal aimé, ne pouvait-il le lui dire ? N'avait-il pas assez de puissance sur elle pour la transformer et la pétrir à son gré ? Mais non : il n'a jamais eu avec elle que de méchantes ironies suivies de lâches faiblesses. Comment eût-elle pu comprendre ?... Et tous deux se grisent de leurs paroles ; ils disent tout dans une colère grandissante. C'est, en un quart d'heure, le déballage complet de deux vies et de deux cœurs. Et, le plus terrible, c'est que tous deux ont raison.

La scène est admirable. Nous n'y avons pas seulement trouvé les qualités connues de M. de Porto-Riche, la netteté, la hardiesse, l'acuité d'observation et d'expression, mais encore l'énergie soutenue, la suite, la teneur. Tout le fond d'une situation morale y est réellement épuisé. Cela est définitif.

Les deux époux sont là, tout frémissants de fureur. Pascal entre alors : « Veux-tu ma femme ? lui crie Fériaud. Eh bien ! prends-la ! » Et il sort comme un fou. — « Bah ! murmure Pascal un peu ahuri, autant moi qu'un autre ! »

Tout ce que nous avons vu défait, aux deux premiers actes, par la fatalité d'un malentendu moral et physique, par la colère et l'égoïsme, — et par la faiblesse, — nous allons le voir, au dernier acte, refait et réparé tant bien que mal, par la douleur et la pitié, — et par la faiblesse encore : car ce sont bien, hélas ! de vrais cœurs d'homme et de femme que M. de Porto-Riche nous met sous les yeux.

Un affolement passager, le sentiment désespéré d'une abominable injustice a jeté Germaine dans les bras de Pascal. Pascal l'a prise, — un peu tristement, — parce qu'elle se donnait, et parce qu'il l'aime depuis si longtemps ! Mais comme ils sont malheureux après la faute ! Son premier péché a, comme il arrive, réveillé après coup, dans la petite épouse courtisane, une conscience. Et son amant lui fait maintenant horreur. La scène où ces choses nous sont expliquées est singulièrement poignante dans sa brièveté et dans son ironie.

Et Fériaud ? Depuis qu'il fait lit à part, qu'il est délivré de l'obsession amoureuse de sa femme, il la regrette étrangement ; décidément, il préfère encore son malheur ancien à sa solitude et à sa liberté présente. Son supplice lui manque ; il lui est redevenu cher. Il s'attendrit sur la pauvre Germaine. Il ne peut soutenir cette idée qu'il la fait souffrir exprès, uniquement parce qu'elle l'aimait trop ; il comprend que l'amour, à un certain degré, se crée son droit ; que ceux qui nous aiment absolument ont, en un sens, toujours raison contre nous ; qu'il n'est jamais permis de frapper ce qui nous adore... Ajoutez un peu de jalousie à l'endroit de Pascal, et vous serez au courant des sentiments secrets de Fériaud.

Je suis seulement fâché que ce nouvel état d'esprit nous soit révélé d'une façon trop indirecte ; voici comment : son ancienne maîtresse, Catherine Villiers, celle qui était si économe, si rangée, si bourgeoise, d'un commerce si paisible et si hygiénique, revient s'offrir à lui. Il la repousse fort brutalement. Et sans doute nous devinons pourquoi ; mais, enfin, il faut que nous le devinions.

Après quoi, — car il ne soupçonne pas que sa femme ait pu le tromper avec Pascal, bien qu'il lui en ait octroyé la permission, — Fériaud aborde doucement et tendrement Germaine, lui propose d'oublier, de se réconcilier, de vivre comme auparavant. Hélas ! la pauvre petite le voudrait bien, mais sa trahison est entre eux deux. Et, tandis que son mari essaye de la reprendre dans ses bras, elle lui fait l'aveu de la faute, comme malgré elle, et d'un cœur défaillant... Etienne d'abord s'indigne et fait quelques grands gestes, car il est homme ; et, Pascal entrant à ce moment-là, il lui dit qu'il ne se battra pas avec lui, mais qu'il le chasse, et Pascal sort en criant : « Ma vie est brisée ! » Et, en effet, Pascal est encore le moins heureux des trois : car, pour un rapide et irrévocable plaisir qu'on lui a jeté avec colère et qu'il a très mal goûté, il perd un vieil ami, il perd la douceur d'un rare sentiment, d'un amour silencieux, et cependant avoué, pour une femme dans l'intimité de qui il lui était donné de vivre. — Il est seulement fâcheux que toute cette partie de la pièce paraisse un peu heurtée et sommaire, comme si l'auteur n'avait pas eu le temps d'achever son œuvre.

Pascal parti, nous sentons bien, par tout ce que nous connaissons du caractère et de l'esprit d'Etienne, — qui est un faible et un clairvoyant miséricordieux, — qu'il pardonnera, qu'il lui est impossible de ne pas pardonner. Ce pardon, je l'eusse voulu mieux amené, mieux préparé, exposé et motivé plus amplement, plus solennel, non dans les mots, mais par l'humanité douloureuse des sentiments dont il eût paru découler nécessairement. Il eût peu produire alors un bien plus grand effet, et nul n'aurait eu envie soit d'en sourire, soit de s'en scandaliser... Donc, un peu brusquement, Fériaud ouvre ses bras à Germaine. « Mais, dit-elle, nous allons être malheureux ! — Qu'est-que cela fait ? » Seront-ils, d'ailleurs, plus malheureux qu'auparavant ? Du moins, ils s'aimeront un peu mieux *parce qu'ils se sont fait du mal* et qu'ils ont eu pitié l'un de l'autre.

Avec ses défauts, — que je n'ai point dissimulés, et qui sont même intéressants par l'espèce de nervosité inquiète dont ils témoignent chez l'auteur, — la comédie de M. de Porto-Riche est, à mon gré, une des plus riches de vérité humaine et une des plus originales de ces vingt dernières années.

LE DÉPUTÉ LEVEAU

Vaudeville : *Le Député Leveau*, comédie en quatre actes, de M. Jules Lemaitre.

20 octobre 1890.

Un de mes collaborateurs vous a raconté, au « Courrier des théâtres », la fable du *Député Leveau*. Il l'a fait avec une exactitude et une justesse parfaites. Je n'ai donc pas à recommencer l'exposé de la pièce.

Je me contenterai de répondre à quelques-unes des objections qu'elle a soulevées. Non à toutes ; car ceux à qui la pièce a déplu dans son ensemble et qui ne l'ont jugée ni vraie, ni vivante, je n'ai rien à leur dire, sinon qu'ils ont peut-être raison et que je n'ai pu faire mieux. Je constate d'ailleurs, avec un plaisir dont je n'ai pas à me cacher, que ceux-là sont en petit nombre. Mais je retiendrai les objections de mes amis, c'est-à-dire celles que je m'étais faites à moi-même, en écrivant ma comédie. Je les retiendrai, non point pour les pulvériser, mais, au contraire, pour en reconnaître la solidité et pour confesser que, les ayant prévues, je n'ai pas su les prévenir, puisqu'enfin on me les a faites.

La séduction du député radical par l'ambitieuse marquise, leur commencement d'entente pour la formation d'un parti des mécontents et des honnêtes gens, tout cela s'opère vraiment avec une merveilleuse rapidité. J'aurai beau dire que les nécessités du théâtre l'exigeaient, et que, au surplus, les dispositions antérieures du politicien et de la grande dame rendaient leur accord facile : l'objection subsiste.

On ne sait pas trop si la marquise de Grèges aime son mari, ni si elle aime le député Leveau, ni de quelle façon et jusqu'où. Dans ma pensée, c'est très clair. La marquise n'aime personne ; seulement, elle a de l'amitié pour son mari, qui est un homme très bien, dont elle est fort contente de porter le nom et dont la personne même ne lui déplaît pas. Et enfin elle ne peut travailler pour elle-même qu'en travaillant pour lui. Et, d'autre part, elle ne déteste pas son grand diable de radical, dont les façons l'ont d'abord amusée. Elle aurait préféré ne pas se donner à lui ; elle n'y a consenti que parce qu'il n'y avait pas d'autre moyen de le tenir ; mais si elle l'a fait sans enthousiasme, elle l'a fait sans trop de peine, un peu dans la disposition d'esprit d'un tacticien qui sacrifie un régiment. Bref, c'est un type très simple d'ambitieuse toute pure, ou, plus exactement, de dominatrice, — nullement amoureuse, par conséquent, mais nullement cocotte, ni aventurière. Tout cela est dit, et à satiété, dans la pièce. Mais sans doute cela n'est pas dit où il fallait, ni comme il fallait, puisque cela a échappé à quelques-uns.

Bien que Leveau ait été présenté dès l'abord comme un homme qui « a des naïvetés », il faut confesser que sa naïveté dépasse les bornes au deuxième acte. Comment, sur une promesse aussi visiblement complaisante et fragile que celle de la marquise, peut-il prendre assez d'assurance pour vouloir contraindre sa femme au divorce? Cela est d'un grand nigaud ou d'un grand fou. Je pourrais répondre que cela est cependant de la psychologie la plus élémentaire; que la marquise le tient à la fois par les sens, par la vanité, par l'intérêt, que cela est bien assez pour rendre un pauvre homme aveugle et qu'enfin, s'il fait cette énorme sottise, c'est tout bonnement qu'il veut la faire. Ces choses sont dites à plusieurs reprises. Mais, il paraît que tout le monde ne les a pas entendues, et c'est sans doute ma faute.

Quelques-uns ont été choqués que Mme Leveau, une si bonne femme et si sympathique, commît cette vilaine action, d'écrire une lettre anonyme au marquis. Mais 1° Mme Leveau est, à ce moment-là, au comble du désespoir; elle ne sait plus ce qu'elle fait et ne prévoit pas certaines conséquences de cette dénonciation; 2° Mme Leveau, provinciale de petite ville, représente la morale humaine, populaire, traditionnelle, sans nul mélange de morale artificielle et mondaine. 3° Cette lettre surprise par Leveau a d'assez bons effets pour la suite du drame. De ce que la brave femme n'a reculé devant aucun moyen de défense, il me semble que son écroulement devant les pleurs de sa fille en devient plus significatif. Puis, l'idée que sa femme a pu croire « qu'il ne se serait pas battu » et l'exaspération où cette idée l'a jeté expliquent peut-être, si elle avait besoin d'être expliquée, la crânerie d'attitude de Leveau au dernier acte, où il risque bien réellement sa vie. Enfin, il m'a paru amusant que la lettre anonyme écrite par la femme fût, à l'acte suivant, envoyée par le mari... Mais je m'aperçois que je plaide ici, en somme, les circonstances atténuantes.

On a regretté que Mme Leveau et sa fille disparussent après le deuxième acte. On a dit : « Mais le véritable sujet, c'est la lutte de la mère et de la fille contre Leveau et sa maîtresse. Au troisième acte, c'est une autre pièce qui commence. » Dans ma pensée, le véritable sujet, c'est Leveau roulé par la marquise, puis se vengeant d'elle; c'est la lutte entre la marquise et Leveau, — compliquée seulement d'une lutte accessoire entre Leveau et sa femme. Du moment que je n'ai pas pu le faire comprendre à tout le monde, l'objection subsiste, c'est évident. Mais je me console de celle-là puisqu'elle implique

que ma bonne amie Mme Leveau a paru intéressante.

Aux uns, le dénouement n'a pas paru clair ; aux autres, il n'a pas paru satisfaisant. Je ne prétends pas qu'il soit satisfaisant ; mais j'avais cru qu'il était clair. Le marquis est sorti, après avoir déclaré qu'il demanderait, malgré sa répugnance, le divorce contre sa femme. Leveau a dit à la marquise : « C'est moi qui ai envoyé la lettre à votre mari » ; elle a répondu : « Vous êtes donc un lâche ? » Il a répliqué : « Un lâche ? Il pouvait me tuer en entrant ; je m'y attendais. » Là-dessus la marquise songe : « C'est vrai qu'il n'est point un lâche... Que vais-je devenir, moi, maintenant ?... Après tout, ce Leveau est un homme... Il sera peut-être ministre l'an prochain, surtout si je m'en mêle... » Et alors, avec une résignation ironique, furieuse et douloureuse : « Allons ! je serai Mme Leveau. » Le malheur, c'est que ce que je sous-entends devait apparemment être exprimé pour être compris, et que je n'avais aucun moyen de l'exprimer ici dramatiquement.

Enfin, tout en jugeant le personnage de Leveau suffisamment vrai, beaucoup l'ont trouvé absolument odieux et abominable. Le dirai-je ? ce n'est pas tout à fait ma pensée. Chose singulière, je n'ai point éprouvé de haine contre lui en écrivant son rôle. J'éprouvais plutôt une sorte de sympathie secrète, non assurément pour sa personne, mais pour la cause qu'il se trouve servir, tout en ne songeant qu'à se servir lui-même, et par les pires moyens. Il symbolisait pour moi, sans que je l'eusse précisément voulu, l'ascension nécessairement brutale, mais, au bout du compte, nécessairement bienfaisante, des classes inférieures. En somme, ce petit bourgeois, fils d'ouvrier ou de paysan, sera, au cinquième acte de ma pièce, le mari d'une marquise authentique. Cela ne me déplaît point. Il aura été peu délicat sur les moyens ; mais on aura beau faire, les cadres du vieil état social (que je n'aime pas, quoique mon égoïsme de bourgeois et de lettré se laisse aller parfois à dire le contraire) ne peuvent être brisés que par des violences individuelles ou collectives. Puis, Leveau ne travaille sans doute que pour lui, mais il dit travailler pour les autres, et quelquefois même il le croit. Et, au fond, si vous prenez patience, vous verrez peut-être qu'il travaille en effet pour eux. Il y a chez Leveau un peu de l'inconscience d'une force naturelle. Son rôle vaut mieux, pris dans sa signification, que pris dans sa réalité. Les plus justes révolutions s'entreprennent, en apparence, au nom d'idées fort généreuses, mais sont faites par des instincts déguisés en croyances, par des instincts qui se découvrent à eux-mêmes une cause finale qui les absout, ou, plus clairement, par des instincts qui se rêvent désintéressés. Autrement dit, le progrès se fait peut-être par les coïncidences des égoïsmes individuels avec l'intérêt de l'humanité. Bref, il y a dans le député

Leveau, non peut-être tel que je l'ai montré, mais tel que je le vois après coup, une puissance supérieure au député Leveau... Plus simplement, j'ai voulu le faire très coupable, mais non très méchant. Je voudrais y avoir réussi.

La très grande majorité de mes confrères ont été plus que charmants pour moi. Tel de leurs articles m'a vraiment ému et me fait leur obligé pour longtemps. Je me suis dit tous ces jours-ci, comme Blandinet : « Mon Dieu ! que les hommes sont bons », et aussi, dans un autre sens : « Mon Dieu ! que mes acteurs sont bons ! » Je n'aurai pas le mauvais goût de leur donner des rangs, et je remercie de tout mon cœur, dans l'ordre de l'affiche, MM. Dieudonné, Candé, Mayer, Mangin, Deroy, et Mmes Jane Hading, Marie Samary, Marguerite Caron, Boisselot, Blanche Marcel et Micali. Et, comme je tiens plus à être reconnaissant qu'à être discret, je ne puis m'empêcher de remercier aussi l'irréprochable directeur du Vaudeville, M. Albert Carré, et son collaborateur, l'excellent M. Boisselot, un labadens, car il est, comme moi, de Charlemagne et de Massin... Et je finis sur cette scène de famille et ce baiser Lamourette.

MARIAGE BLANC

Comédie-Française : *Mariage blanc*, drame en trois actes, de M. Jules Lemaitre.

23 mars 1891.

Je commence par vous avertir que vous devez, en conscience, tenir pour non avenus les articles qui ont paru jusqu'ici sur *Mariage blanc*, même ceux qui ne m'ont pas trop maltraité, et même, si vous voulez, celui de mon exquis confrère Henry Fouquier, qui a trouvé moyen de faire la meilleure apologie de la pièce, rien que par la façon dont il l'a exposée.

Je sais bien que, en fait, tout cela compte, et que le dommage qui en est résulté pour moi est probablement considérable. Mais, vraiment, cela ne saurait compter en droit. Car tous ces articles sur la « première » ont été écrits après la répétition générale et sous l'impression que cette répétition avait laissée. En d'autres termes, l'œuvre a été jugée publiquement alors qu'elle n'appartenait pas au public et, ce qui est plus grave, quand elle n'avait pas sa forme définitive.

C'est à la pièce de jeudi que les critiques s'en sont pris : or, la pièce de vendredi était bien réellement une autre pièce, toute différente de celle qu'ils avaient entendue, et jouée d'une toute autre façon. Donc, il y a confusion, quiproquo, maldonne.

Quelques-uns se sont trahis ingénument. Il y avait jeudi une fenêtre ouverte dans *Mariage blanc*. Vendredi nous l'avons fermée. Mais des critiques distraits, que je ne vous nommerai point, l'ont laissée ouverte.

Je constate sans récriminer, croyez-le bien. Mes confrères ont été obligés de faire ici ce que j'ai peut-être fait moi-même plus d'une fois. Je les récuse doucement, voilà tout ; j'en appelle aux lundistes et au public ; et, quand le public et les lundistes se seront prononcés, soyez tranquilles, je n'en appellerai plus à personne, pas même à la postérité.

Il reste que *Mariage blanc*, sous son avant-dernière forme, a étonné et affligé beaucoup d'honnêtes gens, et d'autres aussi.

Et pourtant, il me semblait à moi et, malgré tout, il me semble encore que l'idée de la pièce était si simple, si naturelle, si aisément intelligible, j'ajoute si rigoureusement morale !

Le comte Jacques de Thièvres est un oisif qui s'ennuie, un viveur dégoûté, un peu curieux, un peu dilettante, assez intelligent, nullement corrompu, plutôt bon. Il rencontre à Menton une petite poitrinaire, très douce, très gentille, Simone Aubert. Il découvre que la grande souffrance de cette enfant, c'est de penser qu'elle s'en ira sans avoir vécu comme les autres femmes. Il l'entend dire un jour : «... La plupart de mes amies sont mariées. Les autres, il y a des hommes qui les aiment, qui leur font la cour. On ne me l'a jamais faite, à moi. Je ne saurai donc pas ce que c'est que d'être aimée, d'être épouse, d'être mère... » Là-dessus Jacques se met à songer : « Je m'ennuie, je cherche une raison de vivre. Eh bien, en voici une... Pourquoi ne pas faire à la pauvre petite cette joie qu'elle n'attend plus ? Pourquoi ne pas lui donner l'illusion d'une vie de femme, l'illusion de l'amour ? » Et il demande à Mme Aubert la main de Simone. Il donne à la mère des raisons touchantes, il la rassure : «... Je n'oublie pas que c'est une malade que vous me confierez, et cette enfant qui sortira de vos bras restera une enfant dans les miens... Il m'est venu un grand désir d'être auprès d'elle, de veiller sur elle à toute heure. Or, le mariage seul pourrait me le permettre... Ce que je sollicite, en somme, c'est le droit de vivre avec elle comme si j'étais son frère aîné. Rien n'est plus pur qu'une telle tendresse. »

Et il dit vrai, et la mère le sent. Et c'est pourquoi, après un moment de trouble et de résistance, voyant que Simone aime Jacques, que ce « mariage blanc » peut en effet lui apporter l'illusion et la confiance et qu'un refus la tuerait sans doute, elle accueille la demande du charitable blasé.

Tout irait bien, et l'histoire serait purement édifiante, si la petite Simone n'avait une sœur, une sœur d'un autre lit, bien portante celle-là, un peu trop négligée par sa mère : la triste et florissante Marthe.

Jacques, tout à fait revenu des femmes, et d'ailleurs absorbé par le joli acte de charité où il se complaît, n'a pas fait attention à cette belle fille. Mais Marthe a pu croire, cependant, que c'était pour elle qu'il venait dans la maison. Ç'a été l'avis de Simone elle-même : « Pour qui donc viendrait-il ? Il t'aime, j'en suis sûre. Au reste, je vais lui parler, et je verrai bien. » Et Marthe s'est sauvée dans sa chambre, toute frémissante d'espoir ; et quand elle est redescendue, Simone était la fiancée de Jacques! Et alors la pauvre Marthe, se croyant trahie par sa sœur, n'a pu contenir sa colère et son désespoir ; mais elle s'est arrêtée, prise d'une pitié soudaine, devant un évanouissement de Simone. Car elle n'est pas méchante au fond. Du moins elle ne l'est pas encore. Personne, je vous le dis, n'est méchant dans cette pièce.

Donc Jacques de Thièvres épouse sa malade. Simone est heureuse. Jacques, ainsi qu'il l'a promis, la traite comme une enfant ; elle croit que c'est cela le mariage ; elle va mieux, elle semble renaître et revivre. Marthe, toujours plus éprise de Jacques, se consume douloureusement à côté de ce bonheur qu'elle estime lui avoir été volé. Et il faut bien avouer que la petite Simone n'a pas été parfaitement loyale et qu'elle a un peu agi, dans tout ceci, avec le terrible et d'ailleurs si pardonnable égoïsme des malades... Tant qu'enfin, un jour que Simone parle trop imprudemment de son bonheur, Marthe, enragée de jalousie et de désespoir, fait à la pauvre petite une scène abominable et lui reproche furieusement sa trahison... Simone, épouvantée, a une crise d'étouffement ; Jacques la porte sur son lit et, tandis que sa mère la soigne, il revient sur Marthe, d'un air de justicier...

Il commence très bien : « Vous savez que c'est atroce ce que vous avez fait là? » Mais hélas! Jacques n'est pas un saint. Il voit cette belle fille toute tortillée de passion, qui le maudit et qui l'adore à la fois, et qui tremble la fièvre, et qui le supplie de lui pardonner, et qui lui promet de partir : mais « pas sans l'avoir revu du moins » ! Jacques devrait s'en aller, et, pourtant, il reste, ému, intéressé malgré lui par cette folie d'amour. Il dit à peu près ce qu'il doit dire ; mais il a le tort de ramasser un châle pour le mettre sur les épaules de Marthe, et de la regarder dans les yeux, et d'accepter, — oh ! par pitié et sans mauvaise intention, — le rendez-vous suprême qu'elle lui donne pour le soir. Un peu de ce qu'il a été, un peu du voluptueux d'autrefois s'éveille et remue en lui... Il a la faiblesse de répondre, — comme pour se débarrasser de cette folle, et sans vouloir trop réfléchir à ce qui en adviendra : — « A ce soir donc ! » Mais Simone, qui s'est relevée, inquiète de l'absence de son mari, a entendu les derniers mots, a vu mettre le châle, a vu Marthe se jeter sur les mains de Jacques pour les baiser... Et elle est tombée par terre doucement, morte, comme une légère fleur fauchée.

Et la morale de l'histoire, c'est qu'un voluptueux et un curieux a bien de la peine à être tout à fait bon, à l'être avec efficacité ; que ce qui perd Jacques, c'est qu'il entreprend un acte de charité proprement évangélique avec une âme qui ne l'est point ; c'est qu'un ancien don Juan, ou simplement un dilettante, n'aura jamais en lui que de fort petits commencements de saint Vincent de Paul ; c'est qu'on peut faire beaucoup de mal en étant bon avec trop d'esprit, d'artifice, de complaisance secrète, si toutefois cela peut s'appeler encore être bon ; c'est que la vraie charité, toute simple et qui entraîne l'oubli de soi, est peu compatible avec l'attitude de détachement d'un homme pour qui le monde est, avant tout, un spectacle ; c'est que... je ne sais plus, et j'aime mieux emprunter au bon docteur Doliveux quelques-uns de ses propos : « Il y a dans votre acte de charité quelque chose de trop concerté, un fond de curiosité égoïste... et cela ne peut pas bien finir... Vous ne pouvez pas faire ce que vous dites sans mentir du matin au soir et du soir au matin... Jouer avec cette enfant si parfaitement innocente la comédie que vous rêvez, cela me paraît une offense à la nature et à l'amour, et je crains que l'amour et la la nature ne se vengent... » Seulement, le bon docteur me paraît ici un peu sévère. La coexistence du dilettantisme avec une bonté réelle ne me paraît point chose si impossible... Notez, d'ailleurs, que, dans le cours du drame, le sentiment de la curiosité s'atténue chez Jacques, que sa tendresse pour Simone devient de plus en plus sincère et profonde, et que, s'il tue cette enfant après avoir été son consolateur et son sauveur, c'est par une fatalité qu'il ne pouvait vraiment pas prévoir. Sa défaillance dans une minute mauvaise a, sans doute, des suites terribles ; mais elle est, après tout, assez excusable en elle-même. Si Jacques n'avait point de belle-sœur, il se trouverait avoir fait la plus jolie action du monde, voilà la vérité. Et ainsi il n'y aurait point de « morale de l'histoire », et *Mariage blanc* ne serait qu'un drame tendre qui donne à réfléchir çà et là sur la charité et sur le dilettantisme. Rien de plus.

Ce que je viens de vous raconter là, c'est l'essentiel du drame sous sa dernière forme, qui est la plus adoucie ; mais, encore une fois, ce n'est point de celle-là qu'ont raisonné les critiques.

Il est cependant possible que je me sois trompé, et de deux façons.

Ma première erreur a été de croire que l'idée de

Jacques de Thièvres n'avait presque rien d'extraordinaire, que sa conduite et ses sentiments étaient très faciles à concevoir, très clairs, très unis et par suite très acceptables. Comment ne l'aurais-je pas cru ? Le rêve de Jacques, je me souviens fort bien de l'avoir fait moi-même, il y a douze ou quinze ans, et très spontanément, à propos d'une petite que je rencontrais dans la « pension de famille » où je prenais mes repas... Et, sans doute, ce n'était qu'un rêve, une chose bonne à mettre en vers (j'en faisais alors, et si, par un surprenant hasard, vous connaissez mon premier volume, vous y aurez trouvé un sonnet intitulé : *Phthisica*) ; mais vraiment, il ne me semblait point que ce rêve fût si absurde ni si irréalisable. Surtout, il ne me semblait pas qu'il fût immoral. Je mettais, certes, dans cet acte de charité imaginaire, un peu de la coquetterie et de la complaisance secrète que Jacques met dans le sien ; mais, si je trouvais cela « joli à faire », c'était justement, et avant tout, à la condition que cela restât très pur. Et il m'a paru plus tard qu'un homme de quarante à quarante-cinq ans, qui aurait beaucoup vécu, et qui serait un peu fatigué, mais non perverti (tel mon héros), serait le personnage le plus capable de ne point s'écarter de ce dessein d'absolue pureté.

Jugez de mon étonnement quand j'ai vu accuser Jacques de sadisme. Le sadisme de Jacques me paraît une invention de l'échauffement cérébral et de l'immoralité un peu pédante de quelques spectateurs.

Ma seconde erreur a été de croire que l'idée de la mort n'était point d'une tristesse insupportable. C'est que, dès longtemps et selon le conseil des philosophes et des saints, cette idée se mêle, pour moi, à peu près à toutes les autres. Je m'imaginais avec candeur que le spectacle d'une jeune malade, qui est réellement heureuse durant plus de la moitié de la pièce et qui n'est frappée qu'à la fin d'un coup cruel, mais rapide, serait d'une mélancolie très douce, très mouillée, nullement torturante. Il paraît que non ; et, certain critique m'ayant accusé de vampirisme, un autre, de même force, m'a accusé de « cruellisme ».

Bref, j'avais cru faire un drame clair : on l'a trouvé obscur ; j'avais cru faire un drame tendre : on l'a trouvé féroce.

Seulement, je le répète, ce qu'on a trouvé féroce et obscur, ce n'est pas la version qui a été soumise au public de la première représentation : c'est une version antérieure et censée abolie.

Car il y a eu trois versions successives de *Mariage blanc*, et cela sans que le texte ait été remanié. Il y a seulement un peu moins de texte dans la seconde que dans la première, et beaucoup moins dans la troisième que dans la seconde. Voilà tout.

M. Jules Claretie s'amusait quelquefois, pendant les répétitions, à chercher des titres à ma pièce.

Il en trouvait beaucoup d'ingénieux ou de drôles. En voici trois : *On ne badine pas avec la mort*, ou *Trois Blondes* (à cause des trois chevelures de Mmes Reichenberg, Pierson et Marsy), ou *le bon Curieux*. Ces titres me paraissent tout à fait convenables pour étiqueter les trois manuscrits décroissants de *Mariage blanc*.

1° *On ne badine pas avec la mort*. — Cela, c'est le texte qui a été lu au comité. Dans ce texte, Jacques était un dilettante un peu raisonneur et qui paraissait content de son dilettantisme. Marthe était tout bonnement une criminelle. Elle faisait exprès d'ouvrir la fenêtre dans le dos de sa sœur pour la tuer. Et Jacques, d'abord très sincèrement indigné, finissait, au bout d'une longue scène, par la baiser sur la bouche (dix minutes après le baiser de Simone), et par lui donner lui-même rendez-vous pour le soir, au fond du jardin. Oh! tout cela très préparé, très expliqué, moins odieux qu'il ne vous semble : une série d'actes passionnels, ou de surprises des sens, ou de défaillances de la volonté. Bref, une tragédie, bien pâle encore assurément, car l'humble Marthe est fort éloignée de toute façon, et même dans ses actes méchants, d'une Hermione, d'une Roxane ou d'une Phèdre ; mais enfin une tragédie !

2° *Trois Blondes*. — C'est le texte de la répétition générale, celui qui a tant déplu à quelques-uns. Et pourtant, nous avions déjà passé un mois à adoucir, à atténuer, à élaguer, hantés que nous étions de cette idée : « Comment le public prendra-t-il cela ? Que peut-il supporter ? » Et dans ce travail des répétitions, c'est drôle, on se représente le public sous les espèces symboliques d'un énorme vieux monsieur très vertueux, très sévère, assez peu intelligent, très facile à choquer, et en même temps très grivois et qui cherche partout des polissonneries ; en sorte qu'on épluche le texte phrase par phrase, de peur d'y laisser quelque mot à double sens... Dans ce second texte, Marthe ne faisait plus exprès d'ouvrir la fenêtre : elle l'ouvrait sans y penser, et parce qu'elle étouffait. Jacques, à la dernière scène, ne la baisait plus sur la bouche ; il ne faisait que se résigner, pour finir une scène pénible, au rendez-vous que lui donnait cette folle. Tout son crime était de l'écouter trop longtemps et d'avoir l'air, un instant, d'oublier que sa femme agonise. Vous voyez que d'atténuations déjà. Seulement l'idée de la mort continuait à planer sur toute la pièce. Puis Jacques, très bon au second acte, beaucoup plus malheureux que coupable au troisième, tenait encore, au premier, des propos d'un dilettantisme un peu voulu, un peu froid. On ne comprenait pas que Jacques est de ceux qui valent mieux que leurs paroles, — et moins que certaines de leurs actions, — et qui, à cause de cela, ne savent pas mener ces bonnes actions jusqu'au bout. Donc, il fallait encore adoucir, attendrir Jacques de Thièvres.

3° *Le bon Curieux*. — C'est le texte de la « première ». Nous avions passé notre après-midi à « renbonir » Jacques, à égayer Simone, à blanchir Marthe, à supprimer les détails médicaux, et à rayer les mots « mort » et « mourante » dans toutes les phrases où ils pouvaient être rayés. — J'entends ici quelqu'un me dire : « Bref ! toutes les lâchetés ? Mais, Monsieur, vous ne tenez donc pas à vos idées ?... » Je répondrai à cela une autre fois. — Dans ce troisième texte, le terme de la mort de Simone n'est point fixé ; on peut espérer au troisième acte qu'elle vivra ; Jacques ne dit plus de choses inquiétantes ; Marthe n'ouvre pas la fenêtre ; Jacques, à la dernière scène, la maltraite tout le temps, ne lui parle plus du ton d'un curieux, et toute sa faute se réduit à se sentir troublé, un court instant, par le voisinage de cette belle fille déchaînée... C'est bien encore son dilettantisme qui corrompt son acte de charité et qui finit par tuer Simone, — mais beaucoup moins directement. Le drame garde un sens, mais moins net. En revanche, il peut sembler ainsi plus touchant...

Que vous dire maintenant de mes interprètes ? Le temps me manque pour les louer comme je le voudrais, et je suis trop fatigué pour chercher les beaux adjectifs qui conviendraient à leur talent. Vous avez sûrement admiré la grâce adorable, la perfection si simple et si vivante de Mme Reichenberg (Simone), la si douloureuse profondeur d'accent de Mme Blanche Pierson (Mme Aubert), la beauté et la fougue généreuse et superbe de Mlle Marsy (Marthe), et la cordialité spirituelle de M. Laroche (le docteur Doliveux).

Quant à M. Frédéric Febvre... celui-là, je le retrouverai. Tout ce que je puis vous dire aujourd'hui, c'est qu'il a mis ma pièce en scène avec une fertilité d'invention expressive et pittoresque, un sentiment de l'élégance et en même temps de la vérité, une abondance d'idées dont j'ai été émerveillé ; c'est qu'en montant la pièce de cette façon il y a très réellement collaboré ; c'est qu'en quelques heures, entre la répétition générale et la première, il a fait ce miracle, de transformer entièrement l'air et l'accent du rôle de Jacques, et de créer de pied en cap un autre personnage. Il a aimé ma pièce, il y a cru ; il l'a soutenue, à la première, sur ses robustes épaules. Je lui en garde une profonde reconnaissance, et j'espère la lui exprimer mieux une autre fois.

LE CHAT NOIR

Théatre du Chat-Noir : *Ailleurs !* revue symbolique en deux parties et vingt tableaux, poème de M. Maurice Donnay, dessins de M. Henri Rivière, musique de M. Charles de Sivry.

16 novembre 1891.

Le Chat-Noir affirmait une fois de plus, mercredi dernier, sa mission religieuse et sociale.

Vous vous souvenez que le Chat-Noir reçut naguère, sous la coupole même de l'Institut, une louange sans prix. Un écrivain généreux et magnifique, dont les propos ne furent jamais frivoles, ne craignait point de déclarer que, pour le sentiment du grand et pour l'expression des choses épiques, seul, de notre temps, le Chat-Noir avait pu faire la pige à Bossuet ; et ainsi le Chat de Montmartre consolait M. de Vogüé de la perte du regretté Aigle de Meaux.

Le Chat-Noir était digne de cette consécration. Il vient encore de le prouver l'autre soir. Vous trouverez dans la « revue symbolique » de M. Maurice Donnay, *Ailleurs !* la traduction plastique de quelques-unes des idées les plus chères à MM. Lavisse et de Vogüé, ces deux guides autorisés de la jeunesse contemporaine. Car, pour plaire au premier, les vieux adolescents pessimistes et symbolistes y sont traités avec un généreux mépris, et, pour plaire au second, un vague esprit évangélique y circule, un Christ ami du monde moderne y apparaît, et l'aube des temps nouveaux y est saluée. Et l'auteur y a su mettre encore, pour les « gens du monde » éclairés, un peu d'antisémitisme élégant et de socialisme bien porté.

Cette édifiante fantaisie se déroule dans des décors dessinés par M. Henri Rivière. Ce sont tour à tour des paysages parisiens : le pont des Arts, la banlieue, Notre-Dame... et des paysages de rêve : la baie Constantin, ainsi nommée à cause de sa sérénité et de sa douceur, la Clairière, la Forêt heureuse, la Forêt lamentable, etc... La plupart de ces tableaux sont crépusculaires ou nocturnes. Par de subtils artifices dont il est l'inventeur, M. Henri Rivière a su nous montrer des ciels vivants et changeants, où des nuages courent sur la lune, des ciels verts, roses et gris-perle, tout à coup traversés de grands vents et brouillés d'orage, des ciels délicieux ou terribles, et qui se reflètent dans des eaux transparentes. Et sur ces fonds de nacre lumineuse ou assombrie se détachent des silhouettes d'édifices, d'arbres, de rochers et de rivages, d'une noblesse ou d'une grâce harmonieuse et singulière. Dans ce canton détourné de l'Art, qui est l'Ombre chinoise, M. Henri Rivière a su se tailler (c'est le cas de le dire) un petit royaume qui est bien à lui. Il est vraiment poète. Avec des feuilles de métal découpé se profilant sur des toiles diversement éclairées, il nous donne l'impression de la beauté et insinue en nous les plus merveilleux songes.

Quant à la revue, prose et vers, de M. Maurice Donnay, comment vous la raconter? Sarcey, tout en l'admirant fort, la jugeait quelque peu « incohérente. » Elle l'est, cela est incontestable : non dans son fond, mais dans le caprice de son développement.

Avec cela, elle est exquise. C'est le Songe parisien d'une nuit d'automne. Aidé de M. Henri Rivière, M. Maurice Donnay a fait, avec la vie contemporaine, de la poésie lyrique et féerique. Cela eût infiniment plu à Théodore de Banville.

Sous un ciel tout baigné de lune et tout mouvant de beaux nuages, voici l'arc métallique du pont des Arts et la berge de la Seine. Voltaire, descendu de son socle, s'y promène. Il y rencontre le poète Terminus, qui ressemble à Paul Verlaine et qui est venu là pour se jeter à l'eau. Terminus s'y jette en effet. Voltaire aussi. Pourquoi? Vous m'en demandez trop long.

Voltaire et Terminus émergent peu après dans la

baie Constantin. Ils causent. Si j'ai bien compris, Voltaire prie Terminus de le renseigner sur l'état d'âme de la jeunesse d'à présent. Les deux poètes arrivent ainsi dans la banlieue, toute hérissée de tessons de bouteilles, de pieux surmontés d'écriteaux qui tous défendent quelque chose (« Défense d'entrer, de stationner, de pénétrer avec des chiens », etc.), et de palissades tapissées de réclames, telles que : « Ne voyagez pas sans le *Guide* Yves Guyot »... Ils avisent enfin, dans une plaine mélancolique, un jeune homme qui s'ennuie, assis sur un rocher. Ce jeune homme, c'est Adolphe, le sous-pessimiste, le sous-psychologue, le sous-prêtre du « moi », — bref, « le jeune homme triste ». Il est complètement éreinté et paraît peu intelligent. Une ballade lamentable nous raconte sa triste vie et ses sombres avatars.

Il me serait difficile de vous expliquer, avec une clarté suffisante, quel rapport il y a entre Voltaire, Adolphe et les tableaux suivants. Ces tableaux ont, si vous voulez, pour objet de nous faire connaître, dans quelques-unes de ses perversions, la société où ce pauvre Adolphe a été élevé, et à laquelle il doit ses vices et son abrutissement.

Une femme paraît. Elle chante une chanson, énigmatique à force de simplicité, dont le refrain est : « Je suis l'Oseille ». Et elle est, en effet, tout de vert habillée, et coiffée d'une feuille d'oseille, très large. Il m'a paru que cette silhouette représentait l'hétaïre moyenne de ce siècle expirant, celle qui ressemble à toutes les autres et qui est proprement « indiscernable », la petite « grue » des revues de fin d'année, la « gommeuse » des cafés-concerts, ou mieux, sous son aspect le plus récent, ce que j'appellerai la *meretricula vulgaris Linnei*. Si vous demandez à quel titre elle figure ici, c'est sans doute qu'elle a contribué, pour sa part, à la dépression cérébrale du malheureux Adolphe.

Puis nous sommes transportés dans la « Forêt heureuse », quelque chose comme le *Nemus sacrum* de Puvis de Chavannes. D'un côté, sont « les bons poètes », tels qu'Homère, Virgile, Dante et Hugo. Ils sont vêtus de longues robes et portent les lyres. De l'autre côté, sont « les mauvais poètes », tels que Diègue Alcarazas, Adoré Floupette et Tartampion. Ils sont malingres, chétifs, serrés dans d'étroits vestons. Ils ont l'air exotique, et il y a, parmi eux, un nègre. Je ne vous cacherai pas que, dans la pensée de M. Donnay, ce sont les poètes « décadents » et, « symbolistes ». Alors, un des « bons poètes » dit des vers d'amour, qui doivent être « bons », — la situation l'exige, — qui sont bons par définition, et qui, en réalité, sont très mélodieux et très fleuris. Puis, un des mauvais poètes dit de mauvais vers, naturellement, — des vers invertébrés, où il finit par comparer les yeux de sa maîtresse, ces yeux « d'un vert tant flagrant », à deux belles petites huîtres.

Cette scène-là, c'est du Boileau chat-noiresque. Au fond, voyez-vous, le Chat-Noir est académique. Pareillement, le Chat-Noir est patriote et gaulois. Nous n'avons rien, à Paris, de mieux pensant que le Chat-Noir.

Puis, c'est la « Forêt lamentable ». Nous y retrouvons la cohorte étriquée des mauvais poètes. Mais à peine y sont-ils arrivés que, par un truc très bien réglé, les arbres sont soudain dépouillés de leur feuillage, et leur seule carcasse nue déchiquète sèchement l'horizon. Et cela veut dire sans doute que, en passant par les yeux pervertis et par l'imagination trouble des mauvais poètes, la nature s'appauvrit et s'enlaidit, et qu'ils attristent et déshonorent tout ce qu'ils regardent et tout ce qu'ils veulent exprimer.

Les tableaux qui viennent ensuite ne sont pas commodes à expliquer décemment. L'intention du poète est innocente et pure. Il ne veut que nous montrer quelques-unes des fâcheuses fantaisies dont le voisinage et la contagion ont empesté l'âme infortunée d'Adolphe. Mais ces peintures sont vives. C'est une façon de flétrir le vice, où le diable ne trouverait rien à redire.

Voici, devant un petit temple baroque et chantourné comme un sonnet décadent, un jeune homme cagneux qui porte, sur ses épaules rentrantes, deux ailerons déplumés. C'est l'Amour moderne. Il est né d'un bookmaker et d'une des sœurs de l'oseille. Il récite des stances d'une souplesse hardie, où il nous raconte son histoire et ses goûts. J'ai retenu la fin d'une de ces stances :

...... Je suis né
Parmi des roses fanées,
Et je suis l'Eros vanné.

La spécialité de cet Eros, c'est ce que j'appellerai, par la plus atténuante des litotes, le manque de naturel dans les affections...

Ici, une merveille, le dernier mot de l'ombre chinoise. La scène représente un champ désolé couvert de bruyères. Un vent glacé rase la plaine, et *les bruyères remuent*..., et cela, non point sèchement et mécaniquement, mais par frissons qui ondulent... C'est que, derrière le premier plan des bruyères, passe une autre feuille de métal plus finement déchiquetée, dont la silhouette mobile semble communiquer son mouvement à tout l'ensemble des découpures... Comprenez-vous ?... Et au-dessus de ces *lugentes campi* flottent, emportés par le vent, les fantômes des « femmes damnées » de Baudelaire... Puis, dans une façon de péristyle antique que décorent les statues de Cléopâtre, de Sapho, de Vénus et de Diane, voici venir une jeune dame, monocle à l'œil, cheveux courts et frisés, col d'homme, cravate d'homme, gilet d'homme, chapeau d'homme. C'est l'horrible et ridicule « androgyne »... Puis voici les sataniques et la messe noire... Très noire, en effet, car, à ce moment, une obscurité profonde envahit la scène... Ce qui facilite étrangement mon compte rendu.

Après quoi, sans transition, l'histoire de « Moïse sur le Nil » nous est racontée, en vers et en images. A peine la fille de Pharaon a-t-elle retiré le petit Moïse de la corbeille où il dormait, une bande de petits Hébreux accourt sur le rivage, et ils se mettent incontinent à « gueuler autour de la corbeille » — déjà! — tels des agents de change... Puis, loin dans l'avenir, sur les ruines du palais de la Bourse (naïve imagination!), deux silhouettes judaïques, méditant de relever ce nouveau temple de Jérusalem, combinent une petite affaire... Mais tout à coup le fantôme du Christ surgit entre les deux « barons » qui en manifestent un étonnement bien compréhensible. — Après son horreur de la Finance, le poète exprime son horreur du Militarisme. Sous nos yeux, dans les trois pieds carrés de la lucarne lumineuse, se déroule un immense champ de bataille où les mares de sang ressemblent aux flaques des eaux d'orage, et les traînées de cadavres aux traînées d'herbes des terres stériles ; seulement, ici, au lieu du hérissement des herbes bourrues, ce sont des angles aigus de cadavres mal tombés et des jambes rigides de chevaux morts qui s'entre-croisent sur le ciel bas...

Enfin, voici la cité de l'avenir, le temple du socialisme. Cela ressemble à la fois, en plus grand, au palais du Trocadéro et à la galerie des Machines. Un peuple heureux y grouille ; et ce peuple chante *la Marseillaise* des temps nouveaux sur l'air de *la Car-*

magnole, cet air dont la chute des têtes coupées marquait jadis le refrain, mais qui n'en est pas moins idyllique pour cela, qui sonne naïvement et gaiement comme un air de danse villageoise, et qu'on jurerait avoir été composé par la reine Marie-Antoinette.

On a beaucoup applaudi. J'ignore tout à fait si la révolution sociale suivra chez nous, à quelque cent ans de distance, la révolution politique. Mais une partie au moins de la bourgeoisie, — dont nous sommes, — me paraît dans un état d'esprit tout à fait analogue à celui de la noblesse du siècle dernier. Nous sommes pleins d'une curiosité attendrie pour ce qui nous dévorera… Bah ! nous verrons bien ! Et l'on doit vivre avec une intensité très particulière à l'instant où l'on est dévoré.

Et Adolphe ?

Plus de nouvelles ; et je crains que M. Maurice Donnay n'ait lui-même oublié cet intéressant jeune homme. Et il a bien fait. Je suis tenté de croire que l'éclosion des Adolphes est un accident négligeable dans l'histoire de notre littérature.

Et Voltaire ? Et Terminus ?

Ce Dante et ce Virgile du loufoque Enfer parisien se retrouvent sur la berge où ils se sont d'abord rencontrés. Un dernier paysage lunaire nous fait voir, coupant de sa proue l'argent du fleuve, l'île de la Cité et les tours sereines de Notre-Dame, les deux vieilles tours maternelles, raconteuses du passé, où les ancêtres ont scellé leur âme... Et Voltaire regagne son piédestal, et Terminus s'en retourne à la brasserie.

— Mais, redirez-vous, pourquoi Voltaire ? — C'est qu'apparemment Voltaire, c'est l'esprit français, le bon sens et (avec un peu de bonne volonté) la nature, — toutes choses menacées par ce ténébreux Adolphe... Et peut-être aussi que Donnay a pris Voltaire tout simplement parce que Voltaire demeure au coin du quai, et que Rivière avait besoin de la Seine pour ses paysages. Et puis qu'est-ce que ça vous fait ?

Ce poème satirique, classique, gaulois, mystique, optimiste, socialiste et incohérent, M. Maurice Donnay l'a récité tranquillement, d'une voix monotone et douce, sans gestes, presque sans inflexions, comme un mandarin éminent en sagesse et qui craint le mouvement. C'était un charme.

LE 14 JUILLET

20 juillet 1891.

Il est évident que, cette semaine, le spectacle le plus intéressant a été dans la rue.

Je n'irai point jusqu'à blâmer les personnes délicates qui, pour rien au monde, ne consentiraient à passer à Paris la journée du 14 juillet, et qui fuient soigneusement le tapage, la cohue, la poussière et l'odeur de cette fête populaire. Toutefois, ces dédains excusables me peinent un peu, et m'inquiètent. Que les classes riches soient devenues incapables, je ne dis pas de se mêler activement aux réjouissances de la foule, mais d'en supporter la vue, ce ne saurait être un bon signe pour l'avenir de notre société. Les classes supérieures de l'ancien régime se montraient moins renchéries. Il est très vrai que l'égalité des citoyens est inscrite dans nos lois, qu'il n'y a plus de castes fermées et que, en théorie, tout est devenu accessible à tous ; mais, en fait, les riches et les pauvres sont peut-être plus profondément séparés aujourd'hui par les mœurs qu'ils ne l'étaient autrefois par les institutions.

Les historiens et les moralistes vous diront les raisons de ce mal. C'est sans doute que les liens sont plus nombreux et plus naturels entre les membres d'une société fortement hiérarchisée qu'entre dix millions de têtes supposées égales. Mais nous trouverions le remède si nous le voulions bien. Que dis-je ? le vouloir, ce serait déjà presque l'avoir trouvé. Seulement, il faudrait le vouloir tous à la fois ; car justement, dans cette sorte d'émiettement social où nous vivons et où notre égoïsme trouve son compte, le mal ne pourrait être conjuré ou atténué que par la multiplicité des bonnes volontés individuelles. Depuis que nous n'avons plus de devoirs de caste et de corporation, notre devoir d'homme, si je puis dire, se trouve accru d'autant. C'est à quoi nous devrions songer un peu plus.

Il faudrait d'abord renoncer à certains dédains, à certaines abstentions qui semblent signifier que nous séparons volontairement notre vie, notre pensée, nos goûts, nos plaisirs, nos intérêts de ceux de la multitude, et qu'il n'y a rien de commun entre elle et nous. Un de mes chagrins en parcourant les rues de Paris le 14 juillet, ç'a été de voir la nudité arrogante et glaciale de certaines façades d'hôtels, l'abstention presque universelle des quartiers riches. Les rues les plus misérables étaient, comme toujours, les plus pieusement pavoisées et enguirlandées. J'avoue que ce contraste m'a irrité. Ainsi, le seul jour de l'année où tous les citoyens sont censés unis dans le même sentiment est précisément le jour où les murs et les fenêtres des maisons disent le plus crûment aux yeux la séparation des cœurs et l'éternelle hostilité des pensées dans la monstrueuse inégalité des fortunes. Quelle devait être, à votre avis, l'impression des pauvres gens, même de ceux qui sont résignés et sans haine, en passant devant ces hôtels clos où ne flottait même pas un bout d'étoffe tricolore, eux qui venaient d'orner leur méchante fenêtre avec un zèle si joyeux et qui, la veille, avaient envoyé leurs femmes tresser des guirlandes pour l'arc de triomphe de leur pauvre rue ?

« Ainsi, songeaient-ils sans doute, ces riches considèrent notre joie comme une ennemie, et ils ne daigneraient même pas faire semblant d'avoir un sentiment en commun avec nous ! » Ces riches ont tort, décidément. Rien de plus triste que cette brutale juxtaposition d'un Paris indigent qui s'amuse et d'un Paris opulent qui s'abstient et qui dédaigne. Cela coûte pourtant bien peu de mettre un drapeau sur son balcon, — ou de l'y faire mettre, si on est à Dieppe ou à Trouville, — et de condescendre ainsi, fût-ce de loin, à cet aveu : « Après tout, nous sommes la même race, la même patrie, le même sang ; et je suis bien content que les pauvres gens de mon pays oublient aujourd'hui leur misère. »

Et ne dites point que, pour que cette communion de vingt-quatre heures fût possible, votre esprit critique exigerait un autre anniversaire que celui de la prise de la Bastille. Ne dites point que vous ne pouvez, en conscience, vous réjouir avec le peuple, parce que vous pensez autrement que lui sur les œuvres et les hommes de la Révolution. Oh! que ce scrupule serait pédant et hypocrite!

Premièrement, le peuple n'en cherche pas si long ce jour-là, et ce qu'il ressent, c'est surtout une impression de joie et un désir de vague fraternité. Secondement, s'il prenait le temps de réfléchir, l'idée de la Patrie lui serait plutôt présente que l'idée de la Révolution. Et, enfin, ce qu'il fête officiellement, il est évident que ce n'est point la Révolution telle qu'elle fut, mais telle qu'il la rêve. Ce qu'il célèbre, ce sont les bienfaits qu'il lui attribue ; et ce qu'il glorifie dans ses hommes, ce sont les vertus qu'il leur prête. Malgré nous, en dépit de la critique historique, dont vous savez combien les résultats ont été jusqu'ici incertains et contradictoires, l'histoire de la Révolution est en train de devenir purement symbolique et légendaire...

Eh bien, qu'est-ce que cela fait? Je dis plus : cela n'est-il pas excellent? Pourquoi ne pas laisser cette transformation de l'histoire s'achever spontanément dans l'imagination de la foule? Pourquoi même ne pas y aider ? André Heurteau nous rappelait l'autre jour, dans un article d'une nerveuse éloquence, que Danton fut, au moins deux fois dans sa vie, un criminel. Mais le peuple ne voudra jamais le croire. Alors à quoi bon le dire (sinon dans des journaux comme celui-ci, ou dans des livres à 7 fr. 50 c.) ? Laissons le peuple purifier Danton. Laissons le peuple se représenter les hommes de la Révolution comme des héros, c'est-à-dire les voir extrêmement différents de ce qu'ils ont été. Intervenons plutôt pour blanchir ceux d'entre eux qui furent les moins atroces; faisons peser uniquement la responsabilité des violences sur ceux qui furent d'authentiques scélérats ; mais quant à ceux qui sont à la rigueur défendables, transfigurons-les bravement et osons nier leurs mauvaises actions, afin d'empêcher le peuple, qui aime ces hommes en bloc, de vénérer des crimes.

A ces conditions pourra se former sans danger une sorte de religion de la Révolution française, religion dont vous hésiterez à entraver les progrès si vous songez qu'une grande partie du prolétariat n'en a plus d'autre et que, par bonheur, cette religion récente tend à se confondre avec celle de la patrie. Partout, déjà, on peut surprendre des commencements de ce *culte* national. Un de mes amis, qui garde, à Paris, l'amour du municipe natal, a reçu de son maire, à l'occasion de la fête du 14 juillet, une lettre d'invitation dont je cite textuellement la fin : « J'ose espérer que vous voudrez bien nous faire l'honneur et le plaisir de venir assister à notre modeste fête nationale. Nous ferons de notre mieux ; mais, hélas ! il faut bien en convenir, quoique nos ressources soient suffisantes, nous n'approchons pas, comme solennité et poésie, des cérémonies religieuses ; cela est regrettable, et l'on devrait chercher les moyens de faire aussi bien que les prêtres. » Ce maire est un vigneron, et qui fait lui-même ses vignes. Sa lettre n'est-elle pas l'indice d'un intéressant état d'esprit ? Et je pourrais vous apporter beaucoup d'autres documents de la même espèce.

PAUL DESJARDINS

Théatre d'application : Conférence de M. Paul Desjardins sur les néo-bouddhistes.

19 janvier.

M. Paul Desjardins a fait, mercredi dernier, une conférence charmante et inquiète, après laquelle nous savions sans doute qu'il ne faut pas se contenter d'être bouddhiste, mais nous savions surtout que M. Paul Desjardins ne s'en contente point, et qu'il aspire, avec trouble, à la foi, à l'action, à la vertu.

Il nous a conté l'histoire délicieuse de Çakia-Mouni, et ce que c'est que la Maïa, et ce que c'est que le Nirvana : puis il nous a dit, en substance et à peu près :

« Ils sont deux cent millions de bouddhistes dans l'Inde, et surtout dans le Thibet et dans la Chine. Et il faut joindre à cela les trente mille bouddhistes qui sont à Paris.

« Qu'est-ce qu'un bouddhiste de chez nous, à

prendre le mot au sens courant ? C'est un lettré d'humeur douce, qui est persuadé que tout est vain et que le monde n'est qu'apparences, qui a des habitudes de bonté inactive et de pitié, et qui a quelquefois dans son appartement une image du Bouddha, c'est-à-dire l'effigie dorée d'un gros homme assis, corpulent et bienveillant, qui ressemble à M. Meilhac. Depuis quelques années, on trouve des bouddhas très convenables dans les magasins du Louvre et du Bon Marché.

« Le bouddhisme est une religion commode, car c'est une sorte d'athéisme religieux, une agréable combinaison d'incroyance et de pieuse douceur. Il n'a point vilaine apparence, car le bouddhiste, s'il est persuadé que tout est vain, croit que ce qui l'est encore le moins, c'est la bonté. Il faut lui savoir gré de cette espèce de restriction. Lui-même s'en sait gré tout le premier.

« Les bouddhistes abondent aujourd'hui dans notre littérature. M. Leconte de Lisle en est un, encore qu'il soit peut-être, plus exactement, un brahmane. Bouddhiste, M. Henri Cazalis. Bouddhiste, M. Pierre Loti. Bouddhiste, M. Taine, ainsi qu'il apparaît dans l'introduction de son livre de l'*Intelligence*. Bouddhiste encore, M. Emile Zola, car la conclusion de la philosophie du Bouddha, c'est l'inutilité de l'action, et nous voyons en effet que les personnages de M. Zola n'agissent point, mais subissent la pression du milieu où ils sont plongés : aussi dépendants de la réalité ambiante et aussi peu détachés d'elle que des figures tramées le peuvent être d'un fond de tapisserie.

« Le bouddhisme n'est point absent de la critique, où il rend même de grands services aux esprits nonchalants. Bouddhiste, M. Anatole France, qui, lorsqu'il veut se dispenser de juger un livre ou même de le lire, se souvient fort à propos que tout est vanité. Bouddhiste, tel critique à qui il plaît de trouver autant de philosophie et de beauté dans un ballet que dans les chefs-d'œuvre de l'esprit humain : ce qui est aussi plausible qu'autre chose, puisque rien n'existe, vous dis-je, et que tout n'est qu'apparences.

« Moi-même, continue M. Paul Desjardins, il a pu m'arriver de me complaire et de m'exercer à ces jeux. Mais un jour j'ai fait une remarque bien simple. Que le monde existe ou qu'il n'existe pas, peu importe, et ce n'est là qu'un détail curieux, puisque, en fait, c'est pour nous comme s'il existait et puisque les rapports des choses entre elles, ou des choses avec nous, restent absolument les mêmes. Mais il y a plus : ce n'est pas parce que tout nous paraît vain que nous ne savons plus vouloir ; c'est parce que nous ne savons pas vouloir que tout nous paraît vain. Agissons d'abord, et nous ne douterons plus de la réalité du monde, et nous croirons que nous avons quelque chose à y faire. Le rêve indolent où nous vivons comme enveloppés et que nous avons mis entre l'univers et nous se déchirera comme un voile fragile. L'eau stagnante se revêt d'une pellicule irisée où les spectacles du ciel et de la rive ont des reflets changeants et menteurs ; mais que l'eau se mette à couler, et toute cette mince fantasmagorie se dissout, et la surface de l'eau ne ment plus, du moment que l'eau fait son métier, qui est de courir en fécondant... »

Certes, en reproduisant ici, trop sommairement, la parole de M. Paul Desjardins, je lui ai ôté la grâce, l'esprit, la clarté des développements et, vers la fin, la générosité contagieuse de l'accent. Mais, naturellement, je n'ai pu lui enlever ce qu'elle n'avait pas : la rigueur de la pensée et la solidité de la démonstration. De cela, à vrai dire, il ne paraît pas que M. Desjardins se soit soucié beaucoup. Il n'a voulu faire qu'une homélie, ou mieux une « élévation », et c'est surtout à notre cœur qu'il a prétendu parler.

Les bons bouddhistes ont cet avantage, que leur position est absolument inexpugnable. M. Desjardins leur dit : « Qu'est-ce que cela fait que le monde n'existe pas, puisque tout se passe comme s'il existait ? » Ils répondent : « Qu'est-ce que cela fait que le monde existe, puisque le sens nous en échappe et que c'est donc comme si rien n'était réel ? »

Mais, au reste, M. Desjardins s'exagère un peu le bouddhisme de chez nous. Etre bouddhiste, du moins bouddhiste de Paris, ce n'est nullement nier la réalité objective des phénomènes. C'est plutôt avoir cette pensée souvent présente, que chacun de nous n'occupe qu'une place fort négligeable sur la planète Terre, qui n'est elle-même qu'un point imperceptible dans l'espace, et dont la durée n'aura été qu'un point imperceptible dans le temps ; et qu'enfin, comme dit l'autre, l'univers n'est peut-être pas quelque chose de bien sérieux, à plus forte raison la Terre, à plus forte raison un homme. — Hé, oui ! reprend l'antibouddhiste. Ce n'est qu'une pauvre petite créature, mais qui peut être grande, si elle comprend le sens de l'univers où elle est perdue, et si elle conspire volontairement à ses fins. (Oh ! qu'il y a donc là-dessus une belle ode de Lamartine :

> Roulez dans vos sentiers de flamme
> Astres, rois de l'immensité ! etc.)

— Mais ces fins, les savez-vous ? Ce sens, l'avez-vous pénétré ? — Eh ! le sens du monde, on le crée en l'affirmant et en agissant selon cette affirmation. — Mais encore que voulez-vous que j'affirme ? et au nom de quoi le voulez-vous ? Vous me conseillez l'action pour rompre l'enchantement bouddhique; mais quelle action ? L'action peut être malfaisante. Le bookmaker et l'escarpe sont affranchis du bouddhisme tout aussi bien que le héros et le saint. Il me semble qu'ici vous ne pouvez plus parler avec quelque autorité et avec quelque précision qu'au nom d'une foi positive. Etes-vous chrétien ? Croyez-vous au péché originel et à la divinité de Jésus ? Croyez-vous à la révélation ? Etes-vous catholique ? Croyez-vous à la perpétuité de la révélation et au Pape infaillible ? Etes-vous déiste ? Croyez-vous à un Dieu créateur, à un Dieu providence et à la vie future ? Dites-nous cela une bonne fois ! dites-le-nous donc ! Autrement, votre discours n'est qu'une exhortation vague et généreuse à être bon, et il est vrai que c'est déjà quelque chose.

... Je feuillette les *Esquisses et impressions* de M. Paul Desjardins, ce recueil de « critique sentimentale », comme il l'appelle, de critique à la fois pénétrante et candide ; et voici ce que j'y trouve de plus explicite :

A propos du *Bonheur* de Sully-Prudhomme : « Ce poème est l'annonce du néo-christianisme que le vingtième siècle nous promet : en établissant que le mot vulgaire de bonheur recouvre une contradiction radicale, un pur néant, il est le signe qu'une orientation nouvelle de la vie va être trouvée ; il contient la plus haute affirmation d'une époque peu affirmative. »

Puis cet aveu, très précieux : « Il y a plusieurs années déjà que je suis détaché du christianisme... Je ne suis plus en communication avec la sève vive de sa morale et de sa doctrine d'édification. Est-ce encore son influence que je subis ? Je ne sais ; mais au moment où je viens de faire quelque acte mauvais, je sens nettement l'amoindrissement, la plaie encore saignante et gémissante, celle-là même que l'Eglise appelle la misère du péché, péché mortel, mots vrais, d'une vérité non théologique, mais humaine et éternelle... »

Et ces propos du doux prieur Zacharias : «... Sachez-le : quelque chose de dogmatique et d'assuré, mais de fondé sur la charité seule, va sortir des contradictions où ce temps s'agite. On ne l'entrevoit pas encore : on y aspire déjà. Le monde est revenu au point où le trouva jadis le christianisme naissant ; et souvent, en lisant les Pères de l'Eglise latine, j'ai eu l'illusion d'entendre parler des contemporains. Même dégoût du réel, même soif des miracles, même besoin d'unanimité intime. La religion tient encore la clef des contradictions profondes de notre nature morale. Les mots de grâce, de péché, de rédemption vont être entendus *dans leur exactitude actuelle*, comme on ne l'a pas encore fait... Le symbole renaît, les hommes ne parlent plus que par allégories, du moins les poètes, et le sens qu'ils y enferment est à la fois très idéaliste et empreint d'une humilité profonde... Les âmes sont toutes prêtes à être dirigées. Qu'on leur dise seulement : « Essayez de ceci, es-« sayez de cela, afin de trouver le repos. » Et elles écouteront. »

Il me semble que ces belles rêveries morales se ramènent à deux points. Il y a une chose que M. Desjardins pressent et désire: c'est une sorte de christianisme symbolique que je ne me chargerai pas de vous définir, puisque lui-même ne l'essaye point. Et il y a une chose qu'il affirme et rappelle sans cesse, — avec une vraie profondeur d'accent et en y mettant tout son cœur, avec humilité aussi et sans rien de pharisaïque, sans se séparer de nous ni s'en faire accroire sur sa découverte, — c'est le devoir de la charité. En quelques années (et cette évolution morale, et presque cette conversion, serait intéressante à suivre dans ses écrits), M. Paul Desjardins a passé, je ne sais comment, de quelque chose d'assez voisin du dilettantisme à quelque chose d'assez proche de l'apostolat. Cette voluptueuse curiosité intellectuelle, qui est l'état ordinaire d'un Anatole France, et où moi-même, si j'ose me citer après un tel maître, je me suis trop souvent reposé, M. Paul Desjardins en a de bonne heure senti le vide, et il s'en est dépris peu à peu. Pourquoi ? Sans doute parce qu'il est plus jeune que nous ; parce que, au moment où il est entré dans la vie littéraire, cette charmante philosophie qu'il appelle le bouddhisme parisien était déjà parvenue, chez certains esprits, à son plus haut point de perfection ; qu'ainsi M. Paul Desjardins a pu, du premier coup, la connaître et l'éprouver tout entière ; qu'il a pu, si j'ose dire, la brûler comme une première étape et considérer comme un point de départ ce qui était pour ses aînés un aboutissement. Et c'est sans doute aussi qu'il avait l'âme, au fond, très chrétienne.

Mais enfin, ce qu'il abjure aujourd'hui et ce dont il veut s'affranchir, il l'a connu. Il l'a même défini, dans ses premières *Notes contemporaines*, avec une intelligence de son sujet qui ne saurait aller sans un peu de tendresse. Il traîne encore après lui, comme dit Perse, les bouts de sa chaîne rompue. Il nous dit faire peu de cas de la littérature, et il ne peut se défendre d'écrire très bien, et d'une façon qu'on ne peut attraper qu'en le faisant exprès : avec finesse, avec subtilité, souvent avec une malice incomparable. De tout son cœur il aspire à la bonté ; mais il ne sait pas toujours, dans sa critique, atteindre à l'indulgence. Il rêve d'ascétisme et de « pauvreté en esprit » ; mais cela ne l'empêche point d'avoir un faible, à la manière de Fénelon, pour les correspondances délicates et un peu mystérieuses avec des âmes choisies, un goût de chapelle triée et d'amitiés séraphiques, d'où une sorte de volupté spirituelle ne saurait être absente. Ses *Compagnons de la vie nouvelle* donnent l'idée d'une société secrète des âmes exquises, et comme d'un carbonarisme mystique. — Sa parole, l'autre jour, chez Bodinier, était singulière et composite. Des plaisanteries de pince sans rire s'y mêlaient aux effusions morales. Il combattait les j'm'enfichistes avec les tours de phrases du j'm'enfichisme. Même, et sauf dans la dernière partie de son discours, il semblait que sa diction se moquât de sa pensée ; par timidité ou par jeu, il nous annonçait la bonne nouvelle avec les inflexions familières à M. Renan. Toutes ces contrariétés, il doit les sentir, car il est parfaitement sincère et jusqu'à la candeur. Souvenez-vous du scrupule généreux qu'il exprimait naguère dans son beau dialogue sur l'hypocrisie littéraire...

Mais, parmi toutes ces contradictions et ces inquiétudes, ce qui est de plus en plus sensible dans ses écrits, c'est une grande et touchante bonne volonté, une soif de charité et de pureté, enfin une telle ardeur de vie spirituelle, — et cela en dehors de toute croyance formulée, — que, pour trouver quelque chose qui y ressemble un peu par l'accent, ce n'est point chez les auteurs profanes, sinon peut-être dans certains livres de Michelet, mais c'est chez les écrivains mystiques qu'il faudrait chercher. (Avez-vous lu *Au revoir !* une nouvelle parue dernièrement dans la *Revue bleue ?*) Et ce qui demeure en lui de faiblesse, d'incertitude et de curiosité vaine, ces restes du vieil homme qu'il traîne en s'en indignant, ne font que communiquer une vie plus frémissante à sa foi néo-évangélique, qui semble toujours neuve étant toujours menacée.

Il faut le remercier. Nous avons sans cesse besoin qu'on nous le rappelle, ce devoir si connu et si oublié de la charité, qui est peut-être toute la Loi. Ce devoir, personne ne le nie, mais personne aussi ne le pratique. Non, non, prenez-y garde, personne de nous ne fait son devoir. C'est peu de chose que la dîme. Or, c'est déjà très difficile et très rare de donner aux pauvres la dîme de son revenu. Et ce qui est plus rare encore, c'est de la donner soi-même, sans intermédiaire, de faire la charité aux âmes en la faisant aux corps, de « servir les pauvres pauvrement, » selon le mot de Pascal, en se rapprochant d'eux, en se faisant réellement leur ami, en se mettant avec eux de plain-pied. Là, pourtant, et non point dans les progrès de la civilisation industrielle ou dans le développement des institutions dites démocratiques, là seulement, s'il est quelque part, est le salut de l'humanité. Mais il faut, pour cette tâche, soit une vocation spéciale, — soit le support d'une foi positive et d'un rite religieux ; et un support de ce genre, M. Desjardins, comme je vous l'ai dit, n'en a pas encore à nous proposer.

Et c'est pourquoi il eût dû, à mon sens, être plus indulgent aux bouddhistes, même de Paris. Les bouddhistes n'ont guère la charité efficace ; mais ils ne sont pas les ennemis de la charité ; ils le sont beaucoup moins que les personnes engagées dans le négoce, la banque ou la politique. Je ne sais même si un bouddhiste parisien n'aurait pas pu répondre l'autre jour : « Oui, la douleur, fille de l'égoïsme, sévit dans le monde. Oui, nous sommes d'inutiles et méprisables créatures, car nous ne faisons rien pour les autres, et cependant, le salut de l'univers, ce serait que chacun de nous agît comme s'il se sentait responsable de la misère universelle. Oui, c'est

fort triste de ne croire à rien, et peut-être aussi que c'est très lâche... Mais attendez seulement quelques siècles, ou tout au plus quelques milliers d'années. Supposez que l'humanité tout entière ait perdu toute espèce de croyance, et qu'en même temps elle soit devenue bouddhiste comme nous; que l'énergie de ses passions se soit usée (ce qu'on peut entrevoir déjà), qu'elle ait enfin reconnu que l'égoïsme même est vain, et qu'elle soit revenue de l'égoïsme, comme de tout le reste, par la longue constatation de l'incapacité où il est d'assurer une vie heureuse, même aux plus forts. Alors les hommes se diront : « Puis-
« que nous ne savons rien, puisque nous n'avons
« rien à attendre et rien à espérer, puisque nous
« n'apparaissons un instant sur la surface d'une des
« plus petites planètes du système solaire que pour
« rentrer aussitôt dans l'éternelle nuit, arrangeons-
« nous pour que ce passage ne nous soit pas trop
« douloureux, ou pour qu'il ne le soit qu'au plus
« petit nombre possible d'entre nous. Supportons-
« nous et aidons-nous mutuellement. Il est même
« naturel, à présent, que nous nous aimions tous les
« uns les autres. Car la conviction où nous sommes,
« tous sans exception, de notre misère et de la vanité
« des choses, ce renoncement de tous à l'espoir, n'est-
« ce pas là précisément ce que toutes les généra-
« tions d'autrefois avaient cherché sans le trouver :
« à savoir un lien réel des âmes, la communion dans
« un sentiment vraiment universel? S'il faut que

« les hommes s'accordent pour être sauvés, qui ne
« voit que c'est uniquement dans l'abstention méta-
« physique, et non point dans l'affirmation, qu'ils
« peuvent s'accorder, — et même s'accorder ten-
« drement, — comme des frères en ignorance et en
« résignation ?... » Vous dites que cela n'est pas
« possible ? Qui sait ? Dans cent mille ans ! »

MAURICE BOUCHOR

Théatre des Marionnettes : *Noël* ou *le Mystère de la Nativité*, en vers, en quatre tableaux, par M. Maurice Bouchor, musique de M. Paul Vidal, marionnettes de MM. Henry Lombard et J. Belloc, décors de MM. Félix Bouchor, Henri Lerolle et Marcelle Riéder.

Le *Noël* de M. Maurice Bouchor me paraît un petit chef-d'œuvre de grâce et d'onction. Quelques-uns ont dit que c'était de la « fausse naïveté ». Ce n'est nullement mon avis. La naïveté n'est pas nécessairement enfance et brièveté d'esprit. On peut être naïf même en exprimant un état de conscience qui suppose beaucoup de réflexion et de culture.

Le sentiment qui anime le poème très simple et très sincère de M. Maurice Bouchor, c'est un sentiment qui, sans avoir été peut-être tout à fait inconnu des âges précédents, semble appartenir surtout à notre siècle; que Michelet a souvent traduit avec beaucoup de passion, et M. Renan avec beaucoup de finesse, — et que le poète du *Mystère de la Nativité* exprime, à son tour, avec plus de candeur et de sérénité qu'on n'avait fait avant lui : *la piété sans la foi*.

Ce sentiment, il ne faut pas le confondre avec un autre, qui peut en paraître d'abord assez voisin et qui est également à la mode depuis plusieurs années : *la foi sans objet* ; le sentiment qui fait dire : « Croyons ! croyons d'abord !... Nous verrons ensuite à quoi il convient de croire. » Celui-là implique une extrême agitation et comme une gesticulation intellectuelle dans le vide, le malaise d'un instinct qui cherche vainement où se satisfaire et, si j'ose le dire, une contradiction secrète. Le sentiment de M. Maurice Bouchor est plus intelligible, et il n'est point incompatible avec la paix de l'esprit et du cœur.

La piété sans la foi, — et cette alliance de mots l'indique d'ailleurs assez clairement — consiste à bien comprendre, à respecter et à goûter, pour la bienfaisance de leurs effets, pour la beauté de leur signification et aussi pour la grâce de leurs représentations plastiques, les dogmes religieux auxquels on ne croit pas, auxquels même on ne souffre point de ne pas croire : car, si on en souffrait, on retomberait dans cet autre état que je signalais tout à l'heure, la foi sans objet ou, plus clairement, le besoin invincible de croire coexistant avec l'incertitude non moins invincible sur l'objet de la croyance. Cela, c'est encore la vieille angoisse romantique, aussi rajeunie qu'il vous plaira. Mais, au contraire, la piété sans la foi peut être sereine. On a pris très réellement son parti de l'impossibilité où nous sommes de connaître le sens de la création et le but de la vie, et l'on a renoncé, une fois pour toutes, à suppléer à cette ignorance naturelle et fatale par un acte de foi. Mais cette piété n'est pourtant ni un mensonge, ni une hypocrisie. C'est très sincèrement qu'on vénère et qu'on chérit les grandes doctrines religieuses qui ont consolé et soutenu les hommes dans le cours des siècles, et particulièrement la plus belle et la plus émouvante de toutes, la doctrine chrétienne. On aime les vertus et les rêves qu'elle a suscités dans des millions et des millions de têtes et de cœurs; on aime les innombrables inconnus qui, dans le passé profond, ont fait ces rêves et pratiqué ces vertus... Et, je le répète, cet amour-là n'implique nullement la communauté de foi. Que dis-je? Croire à une religion, ce ne serait communier qu'avec une portion de l'humanité; aimer les religions, c'est communier avec toute l'humanité écoulée... En outre, comme toute explication religieuse du monde est nécessairement dramatique, car, ce qu'il s'agit d'expliquer, c'est toujours pourquoi l'humanité est si misérable et comment elle sera sauvée; comme le Dieu qui lui apporte le salut est toujours en quelque façon un Dieu-homme, et que c'est toujours, au fond, de rédemption et de sacrifice qu'il s'agit, on aime, pour leur grandeur et pour l'émotion dont elles sont toutes remplies, les représentations concrètes et populaires de ces drames surnaturels, où des personnages divins éprouvent forcément des sentiments humains, puisque, étant hommes, nous n'en pouvons concevoir d'autres. On aime aussi la poésie, la douceur et tour à tour l'allégresse espérante et les lamentations des chants liturgiques ; on les aime pour ce qu'ils ont d'éternellement vrai, l'humanité étant l'éternelle suppliante. On aime enfin, dans un Mystère comme celui de la Nativité, sous le sens littéral, le sens symbolique. Il n'est certes pas besoin de croire à un dogme révélé pour être profondément sincère en appelant un Sauveur. Depuis dix-neuf siècles, on chante tous les ans : « Venez, divin Messie », comme si le Messie n'était pas venu encore. S'il est un cri que tout le monde, croyants ou incroyants, peut pousser du fond du cœur et sans nulle feintise, c'est apparemment celui-là. Quand la race humaine disparaîtra, ce sera encore en appelant au secours, et peut-être en essayant de rêver que le secours lui est venu.

Je ne vois point, après cela, que la piété sans la foi doive se confondre avec la « fausse naïveté », ni même qu'elle suppose de toute force un état d'esprit particulièrement subtil et instable.

J'ai dit, en commençant, que la disposition d'âme de M. Maurice Bouchor me semblait surtout chose d'aujourd'hui. J'ajoute cependant qu'elle a dû être assez fréquente dans les religions antiques, chez les personnes distinguées. La piété sans la foi ne souffrait alors aucune difficulté, puisque ces religions n'avaient point de dogmes précis auxquels on fût tenu de croire sous peine de perdition. J'imagine que les artistes et les philosophes de l'ancienne Grèce célébraient les fêtes symboliques des mystères d'Eleusis et assistaient à la passion du divin Iacchos un peu comme le poète des *Aurores* pourrait assister aux cérémonies du culte catholique. Il me semble, toute proportion gardée, que le mystique Euripide a pu écrire ses *Bacchantes* à peu près dans le même esprit que M. Maurice Bouchor a composé son *Noël*, et que l'auteur d'*Hippolyte Porte-Couronne*, faisant parler la chaste Artémis à l'existence de laquelle il ne croyait assurément pas, a dû connaître la même espèce de sentiment pieux qui a dicté à M. Maurice Bouchor la délicieuse complainte de la Sainte Vierge.

M. Bouchor se trouvait ici plus à l'aise que M. Edmond Haraucourt, écrivant son poème de *la Passion*. M. Bouchor n'avait point à faire parler Jésus : il n'avait point à courir la périlleuse aventure d'amplifier et « d'illustrer », par les procédés de la rhétorique humaine, des paroles divines consacrées par l'adoration des siècles. Il s'est contenté de faire parler les êtres qui attendent la venue du Sauveur : les animaux, les bergers et les rois d'Orient. Il a prêté au bon saint Joseph quelques propos simples et modestes. Quant à la Sainte Vierge, elle ne parle point, car on n'exprime pas l'ineffable ; elle chante seulement, tout à la fin.

Voici l'argument du poème :

Premier tableau : l'Etable de Bethléem. — L'âne et le bœuf, à qui l'archange Gabriel a délié la langue, conversent entre eux. Ils se demandent pardon des torts qu'ils peuvent avoir eus l'un envers l'autre ; puis, ils annoncent la naissance de l'Enfant-Dieu et les belles choses qui s'ensuivront. Leur maître arrive et les maltraite, car c'est un paysan ivrogne et brutal. Les deux bonnes bêtes répondent par de bonnes paroles et prient pour cet ignorant. Saint Joseph se présente et demande asile. Les bons animaux intercèdent pour le bon saint. Le paysan hésite ; mais une musique céleste se fait entendre, son cœur est subitement retourné : il fait entrer le voyageur et sa compagne.

Ce tableau eût beaucoup plu à François d'Assise : cet ami des bêtes eût approuvé la pensée de M. Maurice Bouchor... Car ce dialogue du bœuf et de l'âne montre d'abord que toute la terre appartient à Dieu et que toute la création attend sa venue. Il signifie aussi que ce qui doit advenir, c'est le règne de l'universelle charité ; que les hommes se sentiront solidaires, non seulement entre eux, mais avec toutes les créatures de Dieu ; que le nouvel esprit dont ils seront animés les inclinera à traiter les bêtes elles-mêmes avec plus de douceur, et qu'ainsi les bêtes bénéficieront, comme les hommes, de l'avènement du Messie...

Deuxième tableau : les Bergers. — Les bergers, c'est d'abord le bon Farigoul, un digne paysan de l'Ile-de-France, qui représente les paysans de tous les temps ; ce sont Myrtil et Marjolaine, des bergers d'idylle, qui figurent les amoureux de tous les siècles ; et c'est l'avare et riche Barthomieu, en qui il nous est loisible de voir le bourgeois de toutes les époques. Myrtil, Marjolaine et Farigoul écoutent chanter le rossignol qui, comme le bœuf et l'âne, annonce à son tour le Sauveur. — Restés seuls, Myrtil et Marjolaine se disent leur amour ; mais Barthomieu, le père de Myrtil, un vieil avare qui ne veut point que son fils épouse une pauvresse, maltraite et bouscule les deux amoureux, chasse Marjolaine, enferme Myrtil et rentre lui-même se coucher... Tout à coup l'archange Gabriel se met à chanter à la porte de Barthomieu. Myrtil, puis le vieux paysan, sortent de la maison pour l'entendre. Barthomieu raille d'abord les paroles de l'ange, mais il sent peu à peu son dur cœur se fondre. Il consent que son fils épouse la pauvre bergerette Marjolaine. Et ceci exprime que le règne de Dieu, ce sera le règne des sentiments désintéressés ; que c'est surtout l'argent qui empêche de trouver Dieu ; que le grand obstacle à l'établissement du règne de Dieu sur la terre, ce ne seront ni les passions de l'amour, ni les vices ou l'ignorance des pauvres diables, ce sera l'ardeur de posséder ; la dureté, l'égoïsme, l'orgueil et les préjugés hypocrites que la richesse a coutume d'engendrer ; et que le véritable ennemi de Jésus à travers tous les âges et tous les pays, ce sera le bourgeois : car si Barthomieu croit à la bonne nouvelle, il n'y croit que longtemps après les autres ; et apparemment les Barthomieu de l'avenir, qui n'auront point vu l'ange, n'y croiront plus du tout.

Voilà donc Myrtil et Marjolaine contents, puisqu'on va les marier. Mais leur joie d'amoureux n'est point égoïste, et son expression n'a rien de fade, car ils sont enfants de Dieu, et toutes leurs affections particulières se subordonnent à un autre amour, qui vit immuable au plus profond de leur être, comme l'expliquent ces strophes délicieuses :

MYRTIL

J'adore mon amie ; elle m'est bien plus douce
Qu'à l'oiseau nouveau-né son nid d'herbe et de mousse,
Au jeune agneau son lait ou l'ombre au moissonneur ;
Mais je rêve à l'enfant qu'un Dieu bon nous envoie,
Et le bonheur de tous me donne plus de joie
    Que mon propre bonheur.

MARJOLAINE

Va, je suis bien heureuse, et je perdrai la tête
Lorsque les violons, jouant un air de fête,
Viendront me réveiller à l'aube du grand jour ;
Mais je rêve à Jésus, qui près d'ici repose,
Et tout au fond de moi je ressens quelque chose
    De plus doux que l'amour.

Cependant, les bergers se préparent à aller adorer

l'enfant. Le bon Farigoul demande si l'on mangera au retour. Barthomieu déclare qu'on fera le réveillon chez lui, et tout finit par un très joli « Noël » dont Marjolaine chante les couplets, et dont les hommes reprennent le refrain en chœur.

Troisième tableau : l'Etoile des Mages. — Les précédents tableaux nous montrent le mystère de Noël interprété par des âmes simples et rustiques. Les paysans y dialoguaient, avec une simplicité familière et, parfois, une humble gaieté, en vers octosyllabiques à rimes plates, comme dans les moralités et les fabliaux. Le troisième tableau, c'est l'interprétation du même mystère par les esprits cultivés et réfléchis.

Les trois rois sont arrivés dans un lieu désert aux environs de Bethléem. Là, l'étoile qui les guidait a subitement disparu. Le roi chaldéen et le roi indien se désolent. Ils nous disent combien ils aimaient cette étoile et pourquoi ils l'ont suivie. Le roi indien a connu les ascètes de son pays. Mais la sagesse même de Çakia-Mouni n'a pas contenté son cœur :

. . . . . Un seul, presque divin,
Autrefois avait dit que la vertu suprême
Est cette charité qui s'oublie elle-même,
Et, gardant une part d'amour aux animaux,
Fait de tous les malheurs humains ses propres maux
Mais il croyait aussi toute joie insensée ;
Jamais un Dieu vivant ne hanta sa pensée ;

> Le seul prix du devoir saintement accompli
> Sera, disait cet homme, un éternel oubli...
> Moi, tout en bénissant le sage à l'âme tendre,
> J'attendis mon Sauveur, triste et las de l'attendre...

Le roi nègre rejoint alors les deux rois blancs. Sa foi est plus ferme que la leur, d'abord parce qu'il a l'esprit plus simple, et puis parce que sa race, plus misérable et plus opprimée que les autres, a plus grand besoin encore d'un consolateur et d'un sauveur. Donc il réconforte le roi chaldéen et le roi indien. Il affirme que la disparition de l'étoile n'est qu'une épreuve. Les rois blancs rentrent en eux-mêmes, s'humilient. Le Chaldéen exprime un scrupule charmant : il craint d'avoir aimé pour elle-même l'étoile bénie, l'étoile qui ressemblait à un visage de femme :

> ... Peut-être aussi, car l'homme est chose bien fragile
> Et l'ouvrier divin nous a pétris d'argile,
> L'amour que cette Vierge épanouie aux cieux
> Tout à coup fit éclore en nos cœurs anxieux
> Fut-il trop violent dans sa pureté même...
> Moi, du moins, j'ai péché...

Là-dessus, l'étoile reparaît. Elle est très pure, très blanche ; une tête virginale y est vaguement dessinée. Elle chante ; les trois rois se remettent en marche ; et le tableau finit par le défilé du cortège qui les accompagne, éléphants, chameaux avec leurs conducteurs, zèbres, girafes, autruches, toute une procession bizarre que le paysan Farigoul nous décrit à mesure avec un étonnement candide et une innocente gaieté.

Quatrième tableau : l'Adoration. — Au fond de l'étable, la Vierge est assise, serrant dans ses bras Jésus endormi. Saint Joseph, debout auprès d'elle, tient un lys à la main. L'âne et le bœuf sont à droite et à gauche. Barthomieu, Myrtil et Marjolaine apportent leurs rustiques présents. Puis, le roi indien offre de l'or à Jésus-Roi ; le roi chaldéen offre à Jésus, qui souffrira et mourra, « la myrrhe embaumeuse des morts » ; le roi nègre offre l'encens à Jésus-Dieu ; mais ses discours s'adressent plutôt à Marie ; et cela signifie sans doute que les humbles, représentés par le monarque noir, sentiront les premiers le besoin d'un intermédiaire entre eux et Dieu et seront les plus fervents dévots de la Sainte Vierge. Et les trois rois expliquent le sens de leurs présents dans des strophes pareilles à des proses liturgiques ; et, après chaque offrande, la sainte Vierge chante une berceuse qui est une pure merveille de grâce et de tendresse, et dont je veux au moins vous citer deux couplets. Lorsque le roi chaldéen lui a parlé de la croix où doit mourir Jésus, elle l'interrompt pour chanter :

> Jésus, mon Jésus, pauvre agneau si tendre,
> Ah ! les mots cruels que je viens d'entendre !
> J'ai le cœur percé d'un glaive de feu,
>   Mon Jésus ! mon Dieu !

Et quand le roi chaldéen a terminé son discours, elle reprend :

> Si tu dois mourir pour sauver la terre,
> Que cela, du moins, te soit un mystère.
> Sans même rêver que tu souffriras,
>   Dors entre mes bras.

Nous avons eu là quelques minutes rares et vraiment exquises. La musique que M. Paul Vidal a écrite pour ces paroles et toute celle, d'ailleurs, dont il a enveloppé tout ce pieux poème comme d'une gaze légère de mélodies, est d'un charme inexprimable. C'est proprement une musique aérienne, une musique qui semble venir du ciel, ainsi qu'il convenait. La poupée qui figure la Vierge, presque immobile et dont le front s'incline seulement un peu vers l'enfant pour chanter la berceuse, est adorable de candeur liliale, et aussi belle, en vérité, dans la lumière dont elle est baignée, que les plus pures et les plus naïves vierges des Primitifs. Et les autres marionnettes, avec leurs faces immuables et leurs gestes simplifiés, sont bien les personnages qui conviennent, — et qui conviennent uniquement, — pour représenter des types extrêmement généraux mêlés à un drame surnaturel. Ces formes apparaissent très lointaines dans le temps et dans l'espace, et ainsi l'on peut croire que c'est cette double perspective qui les simplifie et qui les diminue, et non l'art du statuaire et du décorateur ; on se figure presque assister à une action très reculée vers l'horizon des yeux et de la mémoire, et que les paroles des acteurs ne sont rythmées et psalmodiées que pour pouvoir être entendues de très loin ; et ainsi le drame paraît aussi réel que possible, justement parce que les personnages ne le sont point.

Le Mystère de M. Bouchor vient de paraître chez l'éditeur Kolb. On peut le relire après l'avoir vu jouer. Cela est d'une pureté, d'une fluidité et d'une douceur singulières ; l'invention verbale y est assez restreinte, mais vous serez frappés de l'harmonie de l'œuvre, de la spontanéité ininterrompue de l'inspiration : c'est une parole qui s'épand, d'un bout à l'autre du poème, avec l'aisance d'un flot... Lisez aussi la Dédicace et l'Avertissement. Il y a là des réflexions qui, je ne sais comment, m'ont rappelé, par le ton, la bonhomie scrupuleuse des Préfaces du grand Corneille ; ceci, par exemple : « Je n'ai point négligé l'élément comique ; la tradition même me l'imposait. Le comique dont je parle est fort inoffensif, et il faudrait être bien ombrageux pour y voir un objet de scandale... Il faut, dans un ouvrage de ce genre, amuser le plus sceptique sans choquer le plus croyant. J'espère que je ne scandaliserai personne. Mais ne serait-ce pas rendre à la religion un bien mauvais service que de la faire paraître ennuyeuse ? »

TABLE DES MATIÈRES

EURIPIDE

Odéon : *Alceste*, drame lyrique en cinq actes, en vers, d'après Euripide, par M. Alfred Gassier, musique de M. Alexandre Georges. 1

TÉRENCE ET MOLIÈRE

Comédie française : *Phormion* et *Les Fourberis de Scapin*. 15

IBSEN

Théatre-libre : *Le Canard sauvage*, drame en cinq actes, de Henrik Ibsen. 29

Vaudeville : *Hedda Gabler*, drame en quatre actes, d'Henrik Ibsen. 49

SHAKESPEARE

Odéon : *Macbeth*, traduction en vers, de Paul Lacroix. 63

AUGUSTE DORCHAIN

Odéon : Reprise de *Conte d'Avril*, comédie en quatre actes et six tableaux, en vers, de M. Auguste Dorchain. 75

FRANCISQUE SARCEY

Odéon : Conférence de M. Francisque Sarcey sur *le Misanthrope*. 89

MOLIÈRE

Comédie Française : *Le Malade imaginaire*. . . . 101

UN MOLIÉRISTE

M. Georges Monval. 111

FRÉDÉRIC MISTRAL

La Reine Jeanne, tragédie provençale en cinq actes, en vers, avec la traduction française, par Frédéric Mistral (chez Alphonse Lemerre) . . . 115

JEAN-JACQUES ROUSSEAU ET LE THÉATRE. . 131

BALZAC

Théatre-Libre : *Le père Goriot*, drame en cinq actes, tiré du roman de Balzac, par M. Adolphe Tabarant. 143

ALEXANDRE DUMAS

Odéon : reprise de *Kean ou Désordre et Génie*, comédie en cinq actes et six tableaux, d'Alexandre Dumas. 155

LABICHE

Comédie Française : *Les Petits Oiseaux*, comédie en trois actes, d'Eugène Labiche. 169

ALEXANDRE DUMAS FILS

Comédie Française : *Une visite de noces*, comédie en un acte, de M. Alexandre Dumas fils (reprise). . 179

VICTORIEN SARDOU

Vaudeville : Reprise de *Nos Intimes*, comédie en quatre actes, de M. Victorien Sardou. 193

L'interdiction de *Thermidor*. 205

LÉON LAYA

COMÉDIE FRANÇAISE : Reprise du *Duc Job*, comédie en quatre actes, de Léon Laya. 215

HECTOR CRÉMIEUX ET HERVÉ

MENUS-PLAISIRS : Reprise de *l'Œil crevé*, folie musicale en trois actes, de MM. Hector Crémieux et Hervé, musique de M. Hervé. 227

THÉATRE-LIBRE

THÉATRE-LIBRE : *Dans un rêve*, comédie-drame en un acte, de M. Louis Mullem. 241

THÉATRE-LIBRE : *L'Amant de sa femme*, scènes de la vie parisienne, de M. Aurélien Scholl. . . . 253

THÉATRE-LIBRE : *L'Honneur*, comédie en cinq actes, de M. Henri Fèvre. 259

THÉATRE-LIBRE : *L'Envers d'une sainte*, pièce en trois actes, de M. François de Curel. 271

JEAN JULLIEN

ODÉON : *La Mer*, pièce en trois actes, de M. Jean-Jullien. 283

PORTO-RICHE

THÉATRE D'APPLICATION : *L'Infidèle*, comédie en un acte, en vers, de M. Georges de Porto-Riche. . . 297

ODÉON : *Amoureuse*, comédie en trois actes, de M. Georges de Porto-Riche. 314

LE DÉPUTÉ LEVEAU

VAUDEVILLE : *Le député Leveu*, comédie en quatre actes, de M. Jules Lemaître. 323

MARIAGE BLANC

COMÉDIE-FRANÇAISE : *Mariage Blanc*, drame en trois actes, de M. Jules Lemaître. 331

LE CHAT NOIR

Théatre du Chat-Noir : *Ailleurs* ! revue symbolique en deux parties et vingt tableaux, poème de M. Maurice Donnay, dessins de M. Henri Rivière, musique de M. Charles de Sivry. . . .   345

Le 14 juillet.   355

PAUL DESJARDINS

Théatre d'application : Conférence de M. Paul Desjardins sur les néo-bouddhistes.   361

MAURICE BOUCHOR

Théatre des marionnettes : *Noël* ou *le Mystère de la Nativité*, en vers, en quatre tableaux, par M. Maurice Bouchor, musique de M. Paul Vidal, marionnettes de MM. Henry Lombard et J. Belloc, décors de MM. Félix Bouchor, Henri Lerolle et Marcelle Riéder.   375

www.ingramcontent.com/pod-product-compliance
Lightning Source LLC
Chambersburg PA
CBHW052236220526
45471CB00001B/73